Jennifer Subke

Wolkig im Kopf

JENNIFER SUBKE

Wolkig im Kopf

Innere Unruhe, Überforderung und Ängste loslassen

GOLDEGG

Rechte Umschlaggestaltung: Minitta Kandlbauer
Rechte Autor:innenfoto: Lena Matzelberger
Bildrechte: Sonne © iStockPhoto/Olga Listopad; Grafik 1: Personen © iStockPhoto/izumikobayashi, Tiger © iStockPhoto/Homunkulus28; Grafik 2: Person © iStockPhoto/Pikovit44

Aus Gründen der besseren Lesbarkeit wird auf die gleichzeitige Verwendung der Sprachformen männlich, weiblich und divers (m/w/d) verzichtet. Sämtliche Personenbezeichnungen gelten gleichermaßen für alle Geschlechter.

Der Verlag und seine Autor:innen sind für Reaktionen, Hinweise oder Meinungen dankbar. Bitte wenden Sie sich diesbezüglich an verlag@goldegg-verlag.com.

Der Goldegg Verlag achtet bei seinen Büchern und Magazinen auf nachhaltiges Produzieren. Goldegg-Bücher sind umweltfreundlich produziert und orientieren sich in Materialien, Herstellungsorten, Arbeitsbedingungen und Produktionsformen an den Bedürfnissen von Gesellschaft und Umwelt.

ISBN: 978-3-99060-417-5

Unter den Linden 21 • D-10117 Berlin
Telefon: +49 800 505 43 76-0

Goldegg Verlag GmbH, Österreich
Mommsengasse 4/2 • A-1040 Wien
Telefon: +43 1 505 43 76-0

E-Mail: office@goldegg-verlag.com
www.goldegg-verlag.com

Layout, Satz und Herstellung: Goldegg Verlag GmbH, Wien
Printed in the EU

An meinen lieben Partner Stefan
und unsere kleine Maus Emilia

Inhaltsverzeichnis

Vorwort

Jedes menschliche Leben wird von der Sehnsucht getragen, wirklich lebendig zu sein. Die kostbare Zeit, die wir haben, zu nutzen, um sich zu spüren, um einander zu begegnen, um sich zu bewegen, zu erfahren und zu lieben.

Es könnte alles so einfach sein …

Wären da nicht die paar Jahrtausende Kultur, die uns eingetrichtert haben, dass Denken wichtiger als Fühlen ist. Recht haben wichtiger als Lieben. Und Arbeit wichtiger als Spüren.

Eben diese Kultur wäre nicht möglich ohne das Tabu, wirklich *körperlich* zu sein.

Wir sind unweigerlich die Töchter und Söhne dieser Prägung und haben früh gelernt, unser Leben vom Kopf aus zu steuern, statt in der eigenen Lebensenergie zu baden. Diese Strategie hat einen hohen Preis. Denn wir können nicht mehr auf die immense Weisheit unseres Nervensystems, auf die Kraft unserer Instinkte und Intuition zugreifen.

Ein Leben in Hast, Unruhe und Selbstzweifeln ist die Folge. Es ist *die* Epidemie unserer Zeit und wir leben mit der großen Herausforderung, uns davon zu heilen und eine lebendigere, körperlichere Welt an unsere Kinder zu vererben.

Aber wie komme ich zurück in den Körper?

Wie erhole ich mich von meinen kulturellen Prägungen?

Wie koste ich mein Leben *wirklich* aus?

Genau dazu hat Jennifer dieses wunderbare Buch geschrieben. Einen liebevollen, durch und durch praktischen Leitfaden für uns alle, wenn wir uns in unseren Gedanken verheddern, in Ängsten oder Routinen verlieren oder mal wieder Probleme erfinden (auch wenn wir das gar nicht wollen).

Wer die hier beschriebenen Sequenzen tatsächlich umsetzt, wird *unweigerlich* einen Quantensprung erleben – hinein in mehr Energie, Glück und Selbstliebe.

Ich wünsche diesem Buch, dass es »seine Menschen findet«, dass es jede und jeden von uns berührt, bewegt und daran erinnert, dass eigentlich alles ganz einfach ist. *Wenn wir wieder spüren lernen.*

Ilan Stephani

Der Kopf kommt immer als Letztes.

JENNIFER SUBKE

Die Basis – warum und wie du dein Leben erlebst

Dein Erleben ist pure Physiologie!

Wie du das Leben erlebst, ist zu 100 Prozent von deiner Physiologie abhängig. Denn dein Körper sendet Signale an deinen Kopf. Und diese sind sieben- bis zehnmal stärker, als der Kopf sie in Form deiner Gedanken an den Körper sendet.

Um das zu veranschaulichen, stell dir einmal nur den Gedanken »Ich bin glücklich« vor versus folgenden verkörperten Glücksausdruck, den du am besten auch gleich durchführst: Positioniere dich breitbeinig, lass die Knie und Gelenke weich werden, öffne den Mund und atme hörbar durch diesen ein und aus. Beginne dann, dich mit den Füßen fest am Boden zu schütteln. Mach dir dazu gerne eine Gute-Laune-Song an – ich kann dir hier den »Israel Song« von Carioca Chandra Edgar empfehlen. Fang an, deine Hände nach oben zu reißen, nach oben zu springen und die Hände wieder fallen zu lassen. Wiederhole dies, kombiniert mit dem Schütteln, für mindestens drei Minuten. Gleite dann durch den Raum, beginne, deine Mundwinkel nach oben zu ziehen, zu lächeln und zu tanzen. Womöglich möchtest du auch mitsingen oder »Yippie« schreien? Spür nun einmal, wie sich die Freude jetzt in dir anfühlt und wie du über dich denkst im Vergleich zum reinen Gedanken ohne den dazugehörigen körperlichen Ausdruck.

Diese Übung ist sehr einfach und darauf basierend erläutere ich dir nun näher, wie emotionale Zustände – also dein Fühlen und Erleben – in deinem Körper erzeugt werden und wie sie dich über dich fühlen und denken lassen.

Unser autonomes Nervensystem ist ein Ursystem, das in uns Säugetieren angelegt ist. Das heißt, wir können es nicht aktiv beeinflussen. Denn wie der Name bereits verrät, ist es autonom. In diesem System wird zwischen dem Sympathikus und dem Parasympathikus unterschieden. Der Sympathikus ist jener Teil des unwillkürlichen vegetativen Nervensystems, der in Stresssituationen die Leistung des Körpers erhöht, indem unter anderem Herz- und Atemfrequenz ansteigen und der Körper angespannt und gut durchblutet wird. Hingegen ist der Parasympathikus jener Teil des unwillkürlichen vegetativen Nervensystems, der den Körper in den Ruhemodus gleiten lässt, wobei Herz- und Atemfrequenz sinken und Ruhe und Entspannung einkehren. Letzterer ist wiederum eng mit dem Vagusnerv verbunden – dieser ist Teil des parasympathischen Systems jedes Menschen und der zehnte der zwölf Hirnnerven, der im direkten Kontakt zu allen Organen steht und somit aktiv zur Erholung, Verdauung, Ruhe und auch Heilung beiträgt. Und nun ist es so, dass du die Welt stets so erlebst, wie dein Nervensystem geschaltet ist. Kurz gesagt: Bist du im Sympathikus, dann befindet sich dein Körper unter Anspannung und im Kampf- sowie Fluchtmodus, alles wird als bedrohlicher wahrgenommen und die Sinne sind geschärft. Bist du hingegen im Parasympathikus, verweilst du im Erholungs- und Entspannungsmodus. Dabei kann dein Körper sich psychisch und physisch regenerieren.

Jedoch habe ich festgestellt, dass viele Menschen heute nicht mehr in der natürlichen Schwingung des Sympathikus und Parasympathikus sind. Denn so natürlich wie die Bewegung einer Welle schwankt das Nervensystem über den Tag verteilt zwischen diesen zwei Zuständen hin und her. Aufgrund von wenig Regulationsmöglichkeiten sowie vermehrten Triggern, die in den ersten drei Lebensjahren unterbewusst entstanden sind und sich als Entwicklungstraumata in uns Menschen manifestiert haben, zeigt sich bei nahezu allen Menschen ein unreguliertes Dasein in den Extremen – das heißt entweder in der Über- oder der Untererregung. Befinden sich Menschen in der Übererregung, sind sie gewissermaßen »high«. Ständig am Denken, am Machen, sie haben das Gefühl, immer mehr tun zu müssen, und spüren ihren Körper nicht mehr, oft ist das begleitet von Ängsten, innerer Unruhe und/oder Panikattacken. Der gegensätzliche Zustand dazu, in dem sich Menschen befinden, ist die Untererregung. Das heißt, Betroffene liegen wie ein Käfer, der alle viere von sich streckt, auf der Couch, sind in einem Gefühl der Depression, des Nichtstuns, der Gelähmtheit, der Kraftlosigkeit oder auch der Sinnlosigkeit gefangen. Manche wechseln auch permanent zwischen diesen zwei Extremzuständen und das Leben scheint einer Achterbahnfahrt zu gleichen, die sich zwischen extremen Hochs und Tiefs bewegt. Ein gutes Beispiel hierfür sind Menschen, die den ganzen Tag übermäßig ohne Pause arbeiten und ständig »on tour« sind und abends wie tot und geplättet auf der Couch liegen und zu nichts mehr imstande sind. Oft wird dieser Zustand mit Erholung und Entspannung verwechselt. Allerdings können sich der Körper und das Nervensystem in dieser Verfassung nicht mehr erholen und entspannen. Diese Personen befinden sich nämlich im Kollaps. Häufig sind Menschen auch in einem Zwischenzustand gefangen:

das Gefühl, sich im Hamsterrad zu befinden, während das Leben an einem vorbeizieht – ein diffuses Gefühl von »am Leben sein«, das aber weit von wahrer Lebendigkeit entfernt ist. Dabei handelt es sich um ein Anzeichen der chronischen Erstarrung, in der sich viele Menschen befinden.

Ein gut gemeinter Ansatz, in die Entspannung zu finden, sind Techniken wie Meditation, progressive Muskelentspannung oder autogenes Training. Aber es ist uns Säugetieren nicht möglich, in die Entspannung zu kommen, wenn wir zuvor nicht den Ausschlag im Nervensystem in die Anspannung, also den Sympathikus, erlebt haben. Dann versuchen wir, uns in den Entspannungszustand, in den Parasympathikus zu drücken. Dies gelingt jedoch nicht, da wir Menschen stets die Welle mit ihren Ausschlägen brauchen, um tatsächlich in einen tiefen Zustand der Entspannung fallen zu können. Auch das kannst du dir wie bei einer Welle im Meer vorstellen: Sie muss sich zunächst aufbauen, um dann wieder abzuflachen. Ist der Ausschlag zu groß, dann fühlen sich die Hochs und Tiefs überfordernd und somit dramatisch an. Erfolgt kein Ausschlag nach oben, kann es auch keine Kurve nach unten geben. Viele meiner Klienten, die unter Ängsten litten, also in der Übererregung waren, berichteten häufig, dass sie in der Meditation nicht zur Ruhe kommen könnten, sondern ihre Gedanken ständig präsent seien. Das liegt daran, dass die Angst im Nervensystem zuvor nicht richtig abgebaut werden konnte, beispielsweise durch eine Körperpraxis ähnlich der Flucht- und Kampfreaktion des Nervensystems. Wird dies nachgeholt, so findet eine Aktivierung des Sympathikus statt, der die Welle nach oben darstellt, und bei einer anschließenden Meditation oder Hypnose erfolgt dann im Körper ganz natürlich und automatisch eine Aktivierung des Parasympathikus, die Welle kann sich abbauen – und eine Entspannung, ohne von Gedanken gestört zu werden, tritt ein. Das ist wahre Regulation und Entspannung für den Körper – dies entspricht unserem ursprünglichen menschlichen Design. Wir könnten auch sagen: Das ist die Sprache, die unser Körper versteht.

In den kommenden Zeilen und Kapiteln gehe ich detailliert darauf ein, warum wir Menschen dieses natürliche Schwingen zwischen Ent- und Anspannung verlernt haben. Wir beschäftigen uns mit den Auslösern dafür und damit, wie du darauf basierend deinem Nervensystem wieder beibringen kannst, zwischen der Ent- und Anspannung zu pendeln – wodurch sich als natürliche Folge erneut ein Gefühl von Lebendigkeit, Freiheit und Glück einstellt.

Zunächst möchte ich aber über die Folgen der Dysregulation des Nervensystems für dich und dein Leben sprechen. Die Konsequenz ist, dass du dich nicht in der Tiefe spüren kannst, deine Aufmerksamkeit nach außen gelenkt wird, du keine wahre Freude und kein Ankommen in den kleinen Dingen spüren kannst. Du fühlst dich womöglich auch in Angst oder Panik sowie in Depression und Abgeschlagenheit gefangen.

Doch in diesen Zuständen können sich keine Lebendigkeit, Freiheit und/oder Glück einstellen. Zuvor muss dein Nervensystem reguliert sein, damit du deinen Körper wieder bewohnst, anstatt im Kopf zu sein. Dazu ist es aber notwendig, die Auslöser der Nichtregulierung, also die Trigger, aufzulösen.

Ich bringe dir diesbezüglich nun ein kurzes Beispiel, das ich in den kommenden Kapiteln noch näher erläutern werde. Stell dir vor, du bist als Kind nicht genug geliebt worden, dadurch hat sich in dir folgender Glaubenssatz im Körper verfestigt: Ich muss anders sein, um endlich geliebt zu werden. Du hast dir dann die Strategie zunutze gemacht, allen gefallen zu wollen, und dich angepasst, sodass andere Menschen für dich da sind und dich endlich lieben. Dieses Verhalten, das auf dem in deiner Kindheit verinnerlichten Glaubenssatz basiert, überträgst du auch in dein Leben als Erwachsener: Noch immer möchtest du allen gefallen und für dich ist es absolut bedrohlich, Ablehnung einer anderen Person zu erfahren. Dies alles ist in deinem Körper als wahre Bedrohung angelegt. Angenommen, eine Person wirft dir nun einen schrägen Blick zu oder eine Kollegin spricht schlecht über dich. In diesem Moment springt der Angst- und Stresskreislauf der Bedrohung in deinem Nervensystem an. Du gibst dieser Bedrohung aber keinen Raum und lässt dein Nervensystem sich nicht natürlich regulieren, indem es ganz körperlich auf diese Bedrohung reagiert. Daher steckst du fest und gehst in den Kopf und die übermäßige Energie der Angst, die körperlich nicht gelöst werden durfte, bleibt durch Gedanken in deinem Kopf stecken. Du versuchst, durch ein Gedankenkarussell Lösungen zu finden, die du aber nie finden wirst. Denn was es eigentlich braucht, ist die körperliche Reaktion. Täglich passiert dies hundertfach unterbewusst und führt zu einem dysregulierten Zustand sowie diversen Kompensationsstrategien wie beispielsweise Essen, Rauchen oder Alkohol. Bei Frauen sehr beliebt sind hier außerdem der Selbsthass und der Wahn, schöner sein zu müssen.

Ich möchte dir das noch näher veranschaulichen. Stell dir vor, du gehst zurück in die Zeit des Säbelzahntigers. Dort angekommen, spazierst du durch die Steppe, bis plötzlich ein solches Tier vor dir steht. Es fletscht die Zähne und möchte dich angreifen. In diesem Moment mobilisiert sich unbewusst und automatisch dein autonomes Nervensystem und stellt Energie in Form von Angst zur Verfügung. Die Angst soll dich nämlich antreiben und gibt dir Kraft, wenn sie richtig eingesetzt wird. Nun existieren drei Möglichkeiten, auf die Gefahr zu reagieren und die Angst in deinem Nervensystem abzubauen: Du fliehst, du kämpfst oder du erstarrst. Letzteres kommt nur infrage, wenn dein Körper spürt, dass du weder kämpfen noch fliehen kannst. Das heißt, er versucht, unsichtbar zu werden, sodass der Säbelzahntiger dich übersieht. Wenn der Säbelzahntiger dich aber sieht und fressen möchte, gehst du über in den Kollaps. Denn dein Körper spürt, dass du jetzt weder fliehen oder kämpfen noch dich verstecken kannst und dass dein Leben ein Ende nimmt. In diesem Moment fällst du in dich zusammen, du dissoziierst und gleitest aus deinem Körper hinaus (wir Menschen oft in den Kopf), um den Schmerz des Ablebens nicht spüren zu müssen. Jetzt ist es so, dass die Säbelzahntiger der Neuzeit die alten Bindungserfahrungen und traumatisierenden Verletzungen aus der Kindheit sind, auf die du aber in Erinnerungen keinen bewussten Zugriff hast. Doch einer erinnert sich: dein Körper. Denn du hast, wie alle Menschen, ein Körpergedächtnis, das alle Erfahrungen in dir abspeichert und diese deinem autonomen Nervensystem mitteilt.

Nun stell dir vor, du gehst zurück in das Haus deiner Eltern – sofort bist du wieder die Version deiner Kindheit. Denn dein Körper speichert ja alles ab und lebensbedrohliche und traumatische Erlebnisse prägen sich sehr tief in dir ein. Wie schon erklärt, lassen wir Menschen die natürlichen Impulse von Kampf und Flucht aber heute nicht mehr stattfinden, indem wir es unserem Körper ermöglichen würden, sich zu regulieren. Wenn also die Kollegin, die schlecht über dich redet, oder dein volles E-Mail-Postfach ein Gefühl der Ablehnung oder Überforderung in dir erzeugt, dich somit triggert, dann macht dein Nervensystem keinen Unterschied zum Säbelzahntiger und stuft diese Ereignisse, basierend auf den Erlebnissen der Version deiner Kindheit, als bedrohlich ein. Diese Bedrohung aktiviert unbewusst und automatisch deinen Sympathikus und Flucht- oder Kampfreflex. Aber du rennst nicht und du kämpfst auch nicht um dein Leben – stattdessen erstarrst und kollabierst du und spaltest dich immer weiter von deinem Körper ab und gehst in den Kopf. Dort versuchst du, durch strategische Lösungen, Gedankenkarusselle, Zweifel und Sorgen die Angst, die körperlich gelöst werden sollte, im Kopf zu lösen. Dies funktioniert nicht und es entstehen allmählich unangenehme Gefühle, innere Unruhe, Ängste, Depressionen und der Drang, konsumieren zu müssen, um glücklich zu sein.

Oder du nutzt andere Methoden im Außen, mit deren Hilfe du versuchst, Glück und Zufriedenheit herzustellen. Doch eigentlich wäre es notwendig, diese unangenehmen Zustände aufzulösen und dein Nervensystem zu regulieren.

In einem regulierten Nervensystem stellen sich nämlich Glück und Zufriedenheit ganz von selbst ein – ohne dass wir einen anderen Partner, eine Gehaltserhöhung oder ein neues Auto brauchen, um diese Zustände künstlich herzustellen.

Anhand dieser Veranschaulichung kannst du erkennen, wie deine Prägungen, also Erlebnisse aus deiner Kindheit, dich heute als erwachsenen Menschen unterbewusst beeinflussen:

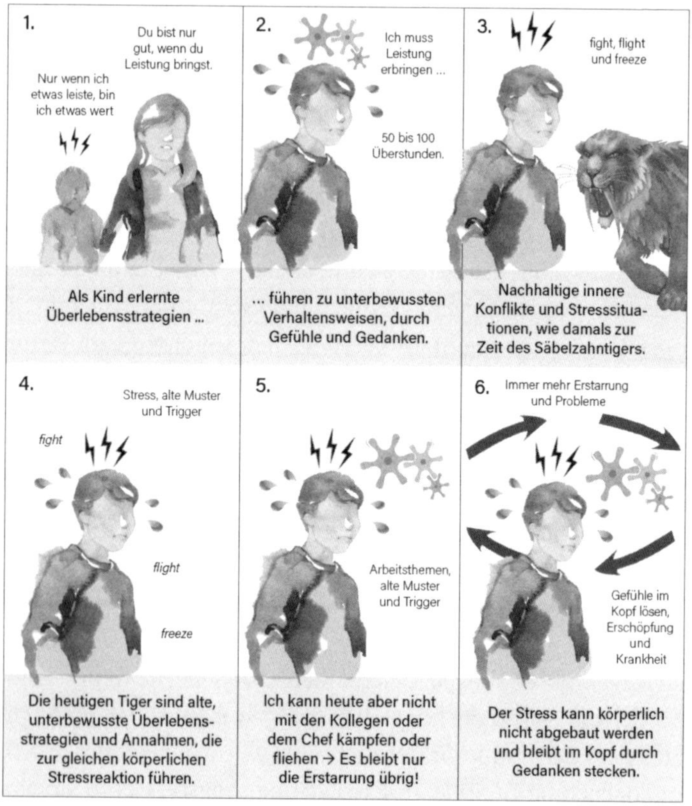

Grafik 1: Traumatische Erfahrungen in der Kindheit prägen das Erleben im Erwachsenenalter unterbewusst (Abb. nach Anne Jonas)

Dein Körpergedächtnis sendet sieben- bis zehnmal stärker als dein Kopf!

Wie du dich in deinem Leben fühlst, hat in der Tiefe so viel mehr mit deinem Nervensystem zu tun, als du zu denken vermagst. Diese Erkenntnis führte für mich zu einer sehr großen Lebensveränderung, als mir nämlich die damit verbundene Tragweite klar wurde – und derer sind wir uns in unserer Gesellschaft absolut nicht bewusst. Und mit »Klarheit« meine ich das stufenweise Einsinken-Lassen in dein Nervensystem und das allmähliche Hochblubbern-Lassen von dem, was es in dir im Grunde bereits weiß. Wie sehr du aber wahrnehmen kannst, dass es letztlich um deinen Körper geht und damit um dein Körpergedächtnis, hängt davon ab, wie tief der Kontakt zu dir möglich ist. Dies wirkt sich darauf aus, wie sehr du von dir selbst und damit auch von deinem Leben und auch Erleben abgespalten oder eben damit verbunden bist. Und diese Abspaltung ist wiederum von deinen Kompensationsstrategien abhängig, mit denen du versuchst, nicht zu spüren, weil es (= dein Unterbewusstsein / dein inneres Ich, geprägt durch die kleine Version von dir) in dir denkt, dass dies zu schmerzhaft ist und viele alte, nicht aufgearbeitete Themen dann nach oben blubbern würden. Genau das gilt es zu verhindern – und das alles passiert ganz automatisch ohne dein bewusstes Zutun.

Um dir das besser erläutern zu können, stell dir nun vor, dass dein Leben und Inneres wie ein Haus ist. Dieses Haus hat einen Keller und ein Dachgeschoss. Je weiter du nach oben kommst, desto bewusster sind dir deine inneren Abläufe und Themen. Im mittleren und oberen Geschoss gibt es sehr viele Partys, ständig kommen Menschen vorbei und das Haus ist überfüllt und lebendig. Dabei bleibt wenig Raum für solche Gäste, die es auch einmal ruhig und entspannt mögen. Sie bewohnen daher den Keller. Das sind jene Anteile in dir, die du abgesondert hast. Die nicht gesellschafts- und lebenstauglich sind. Diese hast du in den Keller verfrachtet und von dir separiert, also abgespalten. Den Keller bewohnst du natürlich nicht und da deine Angst zu groß ist, was dort unten auf dich lauert, hast du ihn abgeschlossen. Manche Menschen haben ihn sogar versiegelt oder spezielle Wächter davor platziert, die verhindern, dass jemals ein kleines Wesen, ein Kind oder ein Anteil entkommen kann. Und diese Anteile werden eben von Lautheit und Lärm abgeschreckt und bleiben daher auch gern selbst dort unten, ohne sich zu melden. Du hältst also das Rad der Ablenkung und der Kompensation stetig am Laufen, um nicht fühlen und nicht hören zu müssen, dass dort unten Kinder und Anteile sind, um die dich du ja eigentlich auch noch kümmern solltest. Allerdings ist nach Jahren der Isolation auch eine große Angst in dir, was da wohl zutage kommen könnte. Und weil wir Menschen lieber den einfachen Weg in unserer Komfortzone gehen und Meister in Sachen Ablenkung und Schönreden sind, fühlt es sich auch für dich stimmiger an, dem lauten Treiben nachzugehen, anstatt dich deinem Keller zuzuwenden.

Das Problem aber ist, dass du dein Haus, also deinen Körper und damit dein Leben, so nie vollständig bewohnen kannst. Das sage ich metaphorisch und dennoch ist das sehr ernst gemeint. Denn dein Körper hat ebenso wie dieses Haus ein Gedächtnis, in dem Erinnerungen, Gefühle und Weiteres gespeichert sind. Dies können wir auch als Unterbewusstsein bezeichnen – und natürlich ist dieses Unterbewusstsein auch in deinem Gehirn durch deine Synapsen repräsentiert. Je nachdem, wie emotional deine Erinnerungen sind, desto mehr Synapsen-Verbindungen werden biologisch auch tatsächlich aufgebaut – und wenn wir analogisch dein Haus anschauen, kannst du dir vorstellen, dass eine größere und intensivere Emotion auch einen größeren

Raum in deinem Haus einnimmt, um die alten Emotionen beherbergen zu können.

Um das genauer zu veranschaulichen, möchte ich dir gern folgendes Beispiel nennen. Stell dir vor, dass du als kleines Wesen, als kleines Kind hier auf der Welt deine Gefühle nie äußern durftest, ohne dabei beschämt worden zu sein. Du hast geweint und deine Eltern sagten zu dir: »Ein Indianer kennt keinen Schmerz!«, oder: »Augen zu und durch!« Dann bist du in der Schule gewesen und wolltest dich beispielsweise in Kunst zum Ausdruck bringen und wurdest mit der Note Fünf bewertet. Viele solcher Momente folgten, bis du dein Herz immer mehr verschlossen und dich weiter in dich zurückgezogen hast. Womöglich hast du irgendwann einmal sogar versucht, um Unterstützung und Hilfe zu bitten, doch wurdest dann ausgelacht. Und das Problem ist, dass du daraufhin nicht gedacht oder gefühlt hast: »Mensch, sind die anderen doof!« Stattdessen hast du gemeint: »Mensch, bin ich doof und falsch!« Das Gefühl, nicht richtig zu sein, die damit verbundene Scham, die Angst, zu versagen, und folglich die absolute Schwierigkeit, zu sich zu stehen und seinen Träumen nachzugehen und somit ein lebendiges, ekstatisches Leben zu führen, steckt in jedem von uns Menschen. Aber damit hast du diesen Teil in deinen Keller gesperrt, den Teil, der denkt, er ist nicht richtig – denn du würdest es nicht aushalten, ihn präsent bei dir zu haben. Als Erwachsener läufst du schließlich blind durch das Leben mit einem leeren Gefäß in deinem Inneren, das ständig fragt: »Bin ich richtig? Kann ich mir meine Belohnung abholen?« Diese holst du dir in Form von guten Noten, einer steilen Karriere oder anderen Goodies ab. Oder du lebst genau das Gegenteil und versuchst um jeden Preis, Verletzung und Scham zu vermeiden, indem du einfach nichts in deinem Leben wagst. Denn wer nichts wagt, kann auch nicht verlieren. Und du versuchst alles, was deinen Selbstwert in irgendeiner Art und Weise gefährdet, möglichst auf Abstand zu halten. Das kann auch durch Aggression und Abweisung geschehen. Zudem kann es durchaus sein, dass du keine tiefen Beziehungen mehr zu dir oder gar zu anderen pflegst. So wie die Taubenfrau im Film »Kevin – Allein in New York«, auf die Kevin traf – sie war stets alleine und erzählte ihm, einmal verlassen und sehr tief verletzt worden zu sein. Seither hatte sie aus eigenem Schutz keinen Menschen mehr an sich herangelassen.

Das Bild der Taubenfrau ist sehr sinnbildlich für das Leben und das Fazit lautet klar: Du kannst nur Tiefe im Leben wahrnehmen, wenn du durch deine Schattenthemen gegangen bist – je intensiver, desto mehr Tiefe nimmst du wahr. Je mehr Kinder und Anteile aus deinem Keller also nach oben kommen dürfen und je mehr alten Schmerz du gelüftet hast – also je mehr Räume deines Hauses, also deines Körpers, du bewohnst, umso mehr Tiefe kannst du erkennen.

Deinen Körper zu spüren, einen Zugang zu dir zu haben und somit auch über einen Zugang zur Welt zu verfügen, hat zahlreiche Vorteile. Der erste ist: Dein Leben beginnt. Ja, du hast richtig gelesen! Denn ganz ehrlich, wenn du deinen Körper nicht bewohnst und stattdessen deine Ratio, also deinen Kopf, die Oberhand gewinnen lässt, dann lebst du einfach nicht. Die Geschichten deines Kopfes halten dich nämlich in alten Gefühlen, einstigen Erlebnissen und verhindern es, dass du wirklich in der Gegenwart ankommst. Im Hier und Jetzt zu sein, bedeutet, die Welt und deinen Körper zu bewohnen und wahrzunehmen – egal, was ist. Dabei tritt deine Sensorik stark in den Hintergrund und du tauchst ein in das Leben und bist sicher und stabil darin eingebettet. Du fühlst dich auch sicher und kannst die Geschichten als einen Teil von dir wahrnehmen. Jedoch identifizierst du dich nicht komplett mit ihnen, sodass du denkst, du bist diese Geschichte oder dieser Anteil. Deshalb kannst du auch wie eine liebevolle Mama oder ein liebevoller Papa für deinen inneren Anteil / für das Kind in dir da sein und ihn/es nähren und halten. So kann sich die Abspaltung, das Mosaik langsam wieder zusammenfügen und du wirst vollständig – und damit auch dein Leben und Erleben vollständiger. Dabei handelt es sich um einen wunderschönen Prozess der Selbstfindung und des Ankommens. Ich selbst habe diesen Prozess mit Anfang 20 begonnen. Im Alter von 25 Jahren ist mir schließlich aufgefallen, dass ich ein Vierteljahrhundert nicht gelebt hatte. So sehr war ich damit beschäftigt, meinen Kessel des Nicht-genug- und -geliebt-Fühlens mit guten Noten, Leistung und Schönheit zu füllen, dass ich nicht wirklich Zugang zu mir selbst hatte. Allerdings dachte ich: Ich bin halt so. Das stimmt aber nicht, denn ich bin in der Tiefe heute ein völlig anderer Mensch. Ich lebe und verhalte mich 180 Grad anders als damals. Meine Werte haben sich komplett verschoben. In diesem graduellen Prozess der Aufarbeitung meiner Traumata sowie der Annäherung und Bewohnung meines Körpers habe ich immer mehr gespürt. Ich habe das Leben gespürt. Dass ich das vorher nicht getan hatte, war mir allerdings nicht bewusst, denn ich hatte ja keinen Vergleich und war schon immer mit mir. Und das ist wohl auch die größte Schwierigkeit: Wir Menschen sind einfach betriebsblind.

Dennoch möchte ich dir jetzt ein paar Anleitungen an die Hand geben, um zu überprüfen, wie sehr du mit dir verbunden bist:

1. **Wenn du die Augen schließt und deinen Körper betrachtest, hast du dann das Gefühl, ihn von innen zu fühlen? Also beispielsweise deinen rechten Fuß zu spüren – oder hast du das Gefühl, dich von oben herab oder auch von außen zu betrachten?**

Gern kannst du das auf einer Skala von 1 bis 10 einordnen. Je mehr du dich betrachtest, in dem Fall in Richtung 10 gehst, umso eher ist das ein Indiz dafür, dass du deinen Körper nicht bewohnst, sondern momentan noch mehr mit deinem Kopf unterwegs bist.

2. **Wie viele Sorgen hast du? Wie sehr dominieren Ängste dein Leben und wie sehr bist du in Ruhe und Entspannung?**
   Je mehr und dauerhafter du Sorgen und Gedankenschleifen hast, desto eher kannst du davon ausgehen, dass du mehr deinen Kopf als deinen Körper bewohnst.

3. **Wie viel lenkst du dich ab? Und wie leicht fällt es dir, einfach einmal nichts zu tun?**
   Damit meine ich wirklich, nichts zu tun. Gehe in den Wald – leg dich auf den Boden und schau, wie lange du mit dir sein kannst, bis der Impuls aufkommt, etwas tun zu müssen. Du kannst dich auch auf dein Sofa legen und zur Decke schauen. Parallel kannst du sehr gern ein Tagebuch führen, in dem du die Ereignisse deiner Tage, deine Tagesabläufe notierst – achte dabei darauf, wie geschäftig du bist. Übrigens: Dazu zählt auch, in Gedanken zu sein, zu lesen, TV zu schauen, auf Instagram oder sonstigen Sozialmedien unterwegs zu sein.
   Je mehr du dich ablenkst, desto höher ist die Wahrscheinlichkeit, dass du im Kopf bist, um dort Sicherheit herzustellen und deine vorhandene Unsicherheit zu kompensieren. Dabei bist du weniger lebendig und hast vermutlich einige alte Anteile, die deinen Keller bewohnen – oder anders gesagt, desto weniger bewohnst du deinen Körper oder kannst in der Tiefe für deine inneren Anteile da sein.

4. **Wie sehr lässt du dich von der Welt beeindrucken?**
   Damit meine ich: Wie sehr kannst du die Wellen des Lebens surfen und wie sehr lässt du dich von ihnen überrollen? Dazu gibt es auch im Kapitel zum Thema Selbstregulation noch ein-

mal extra Input von mir. Für den Moment kannst du dir das aber so vorstellen, dass dich Nachrichten oder Ereignisse, die in deinem Leben passieren, oft nachhaltig beeinträchtigen. Das können teilweise auch banale Situationen sein, wie dass ein Nachbar dich nicht grüßt oder dein Kollege anfängt, zu tuscheln, wenn du den Raum betrittst, und du das auf dich beziehst und tagelang darüber nachdenkst, was es mit diesen Ereignissen auf sich hat, und du diese gerne ändern würdest oder ein Gespräch mit anderen brauchst, um Frieden zu finden und damit abschließen zu können. Je häufiger das passiert, desto mehr fühlt es sich in deinem Leben an, als wäre viel Drama da!

Dies soll dir ein erster Wegweiser sein, um wahrzunehmen, was bei dir los ist. Es soll dir helfen, ein Gefühl dafür zu bekommen, mehr zu verstehen, was in deinem Leben abläuft. An dieser Stelle möchte ich erneut auf das Senden deines Körpergedächtnisses an dein Gehirn eingehen. Denn es ist so, dass der Zustand deines Körpergedächtnisses und der Modus deines Nervensystems darüber entscheiden, wie du das Leben erlebst, und folglich darüber, wie es dir geht.

In der Verhaltenstherapie versuchen die Therapeuten, gemeinsam mit dir deine Gedanken umzustrukturieren. Dabei arbeiten sie auf der Verhaltens- und Gedankenebene, die ich als die oberste ansiedle. Hingegen betrifft es die tiefste Ebene, mit deinem Körpergedächtnis und Unterbewusstsein zu arbeiten. Bei der obersten und oberflächlichen Ebene hast du aber nur einen kleinen Hebel, weil du den Ursprung dessen, weshalb du so denkst und fühlst, nicht erreichst. Das kannst du gut und gern mit unreiner Haut vergleichen. Du kannst deshalb verschiedene Cremes in deinem Gesicht auftragen oder gar die Antibabypille für ein künstlich erzeugtes klareres Hautbild einnehmen und somit auf der Symptomebene an der Oberfläche einwirken, oder du kannst dem Ursprung auf den Grund gehen, deinen Hormonhaushalt auf natürliche Art ausgleichen, deine Ernährung anpassen und dein Stresslevel reduzieren sowie weitere Faktoren ergründen. Dieser Weg dauert meist länger, erfordert mehr Geduld und Loslassen sowie eine Portion Selbstliebe und kindlichen Forscherdrang. Allerdings ist es der nachhaltige Weg, der dich deinem Inneren und natürlichen Dasein näherbringt und dich wachsen lässt, anstatt mit Make-up oder Cremes das abzudecken, was es zu erforschen gibt.

Nun kannst du dir das ebenso auf psychischer Ebene vorstellen. Sagen wir einmal plump: Du hast Angst, vor der Klasse zu sprechen. Hier kannst du auf der Gedankenebene den Gedanken umstrukturieren in: Ich fühle mich sicher und selbstbewusst – ich schaffe das! Dann gehst du in die Klasse und hältst dein Referat. Dabei zwingst du dich, durchzuhalten und es zu schaffen – ähnlich der Konfrontationstherapie, die ich in diesem Setting von Trauma, um das es sich hier handelt, jedoch als völlig unangemessen erachte. Wie geht es weiter? Dein Gehirn sagt dir den Satz vor: Alles ist gut! Ich schaffe das und ich bin selbstbewusst. Immer wieder in einem Loop und so trittst du vor die Klasse. Doch sofort springt dein Nervensystem an: Du schwitzt, wirst rot, beginnst zu stottern, vergisst Inhalte und möchtest einfach weglaufen oder in einem tiefen Erdloch versinken. Das ist Angst und gleichzeitig auch Scham, die in dir anspringt. In der Tiefe: die Angst, nicht gut genug zu sein, was die Übersetzung von Scham ist. Und auch die Angst, es nicht zu schaffen, die Angst, nicht richtig zu sein. Die Angst, abgelehnt zu werden, und das Gefühl, dass alle anderen Menschen bei einem scheinbaren »Versagen« mit dem Finger auf einen zeigen, ist weltweit übrigens die Hauptursache, weshalb Menschen es nicht mehr wagen, ihren Träumen nachzugehen und in ihre eigentliche größere und somit wahre innere Essenz zu kommen. Kannst du dir in der Situation jetzt vorstellen, wie dein Körper das Referat in sich abspeichern wird? Und zwar nicht als ein: Ich schaffe das, weil ich mir das so eingeredet habe. Sondern als eine schlimme Situation, in der es keinen Ausweg gab, du nicht für deine Sicherheit gesorgt hast, und als ein Versagen. Denn dein Körper entscheidet darüber, was du in Situationen fühlst und mit Ereignissen verknüpfst, also was es in dir denkt und fühlt. Und die Reaktionen deines Nervensystems sind in deinem Körpergedächtnis abgespeichert. Beispielsweise ist das bei Scham der Solarplexus, welcher der Bereich unter deiner Brust ist und für dein Selbstbewusstsein und auch damit verbundene Minderwertigkeitsgefühle steht. Der Weg ist also nicht »Augen zu und durch!«, sondern diese Situation oft zu trainieren – in einem Setting von: Ich bleibe groß, ich stehe zu mir, ich kämpfe, ich fliehe um mein Leben, egal, was der Rest der Welt denkt, tut oder sagt. Schamresilienz, Wut- und Angstkraft, wenn diese richtig ausgedrückt werden, sind die mächtigsten Mittel, um dein Leben stark, authentisch und lebendig zu gestalten und dein Körpergedächtnis umzuprogrammieren, wie es dir zuträglich ist. Dann gehst du als innerlicher Gewinner heraus und wächst positiv an der Situation, anstatt dich zu retraumatisieren. Daher geht der Körper immer über den Kopf, also deine Gedanken: immer!

Ist alles, was du fühlst, auch wahr und ein guter Richtungsweiser?

Sehr häufig erlebe ich, dass Menschen mit Ängsten oder Zweifeln zu mir kommen und sich sehr stark mit ihren Gefühlen identifizieren. Dabei nehmen sie die Gefühle als ihre Wahrheit und ihren Richtungsgeber an. Doch Gefühle eignen sich in den meisten Fällen nicht als adäquate Richtungsweiser. Denn diese Gefühle kannst du dir wie ein Fahrwasser vorstellen, in dem du in deinem Boot sitzt. Die Wege und Abzweigungen, die dir bekannt vorkommen, wirst du eher und lieber nehmen als die unbekannten. Sie werden sich daher auch sicherer und somit richtiger anfühlen. Alte Gefühle leiten dich also immer wieder in dieselben Bahnen, in dasselbe Gewässer und zu den gleichen Ergebnissen.

Die Frage ist: Willst du die gleichen Ergebnisse oder wünschst du dir andere? Wie die Menschen, die zu mir kommen, vermute ich, weil du dieses Buch liest, dass auch du gerne andere Ergebnisse in deinem Leben haben möchtest. Ein neues Fühlen, Erleben und eine neue Wirklichkeit erschaffen, die sich sicherer, leichter und geborgener anfühlt. Allerdings wirst du das nicht schaffen, wenn du auf deine alten Gefühle hörst. Denn diese bringen dich zu dem Erleben, das gerade deine Wirklichkeit ist.

Ich habe in einem Buch gelesen, dass wir Menschen durch unsere Gedanken imstande sind, auf neue Wirklichkeiten zuzugreifen und eine neue Realität zu erschaffen. Die moderne Szene der Spiritualität und Meditation rät dabei, einfach nur die Gedanken zu ändern, und schwuppdiwupp hast du ein neues Leben. Ganz so einfach ist es aber nicht. Also falls du bereits versucht hast, dir durch deine Gedanken dein neues Leben zu erschaffen, dann kann ich dich jetzt beruhigen: Nein, du hast nichts falsch gemacht, und nein, es liegt nicht an dir, dass du die neue Realität, die du dir wünschst, noch nicht in deinem Leben hast. Falls du von dieser Art und Weise der Lebensveränderung jetzt zum ersten Mal hörst, ist auch das fein. Dann kannst du direkt einen anderen Weg gehen und sparst dir unnötige Umwege.

Denn was sich tatsächlich deinem Leben manifestiert, fußt auf deinen Gefühlen und damit deinem körperlichen Erleben. Deine Gefühle und dein körperliches Erleben basieren auf deiner Vergangenheit. Das merkst du natürlich nicht bewusst, deshalb ist dir dieser Hebel der Erlebensveränderung vermutlich auch noch nicht in den Sinn gekommen. Doch genau so ist es – und ich finde das äußerst faszinierend, weil doch so viele Menschen und Ratgeber immer noch empfehlen, nur die Gedanken zu verändern und den Körper zu vernachlässigen. Ebenso heißt es oft: Es muss sich stimmig und richtig anfühlen. Ich kann dir diese Illusion bereits hier nehmen: Das wird es nicht – denn dein Körper erzählt dir gerne einmal die alten Geschichten, die dich dann durch deine Gedanken in deinem alten Leben und Erleben halten. Ich gehe in diesem Buch öfters auf dieses Thema ein, weil ich es so wichtig finde.

Vor Kurzem erlebte ich eine Situation, die mich sehr zum Nachdenken und Hinterfragen gebracht hat. Deshalb teile ich diese Gedankengänge auch gerne mit dir. Ein Mann hatte bei mir für ein Erstgespräch angefragt. Daraufhin habe ich mich zeitnah bei ihm gemeldet, um ein solches zu vereinbaren. Dieses kam aber zunächst nicht zustande, da der besagte Herr mir vorab bereits schrieb, dass er es ja eh nicht schaffen könne und sich nichts verändern werde. Darauf habe ich ihm geantwortet, dass ich ihn verstehen könne und uns alte Rückschläge oft als Beweis dienen würden, nicht mehr ins Tun zu kommen, und auch als Ausrede, es einfach zu lassen. Wenn er aber nichts ändern würde, würde sich in seinem (Er-)Leben zu 100 Prozent nichts ändern. Würde er es hingegen versuchen, dann würde er die Möglichkeit haben, etwas zu verändern.

Einmal ganz ehrlich: Wir Menschen haben einen sehr linearen Gedankengang von Input zu Output. Das heißt, wir geben X Summe oder Zeit in etwas hinein und erwarten, dass Y Summe oder Zeit hinten herauskommt. Ist dem nicht so, dann haben wir sofort das Gefühl, es hätte sich nicht gelohnt, und wir werden vorsichtiger und wagen nicht mehr. Doch wie heißt es so schön: Wer nicht wagt, der nicht gewinnt! Häufig sehen wir auch nur das, was wir sehen wollen. Dabei können wir nicht erkennen, dass Ereignis X zwar nicht zum erwünschten Ergebnis Y geführt hat, jedoch zu einem umfassenden Lerneffekt oder eben einer anderen Erfahrung, die wir gar nicht bedacht haben. Das bedeutet: Nichts im Leben hat sich nie gelohnt! Weil es sich wegen der Sache an sich gelohnt hat. Je mehr wir von diesen abstrusen Vorstellungen von In- und Output weggehen und die Sache an sich spüren und aktiv durchleben, desto weniger wird das Gefühl des Sich-nicht-gelohnt-Habens eintreten. Und je mehr du das Gefühl hast, nach diesen Prinzipien zu leben, desto weniger lebst du in dem Moment. Es ist dann eher, als würdest du eine Sache benutzen, als sie zu leben. Deshalb lebst du in diesem Moment nicht und daher kannst du nachher auch nur ein gutes Gefühl haben, wenn genau der erwartete Benefit eingetreten ist.

In der erwähnten Situation mit meinem Klienten hat dieser sich übrigens nach zwei Wochen und einigen Folgen meines Podcasts später wieder bei mir gemeldet und erzählt, wie sehr er sich in dem Gehörten wiederfindet. Daraufhin führten wir ein längeres Gespräch – und alles erwies sich als sehr stimmig. Der Mann berichtete mir nämlich, dass er von Kindheit an das Gefühl habe, es nicht zu schaffen und es nicht verdient zu haben, glücklich zu sein. Damals ist seine Schwester von einem Auto überfahren worden und gestorben. Und ab diesem Zeitpunkt hatte er das Gefühl, das falsche Kind sei gestorben und er habe kein Recht, zu leben. Er fühlte sich minderwertig, konnte später zum Beispiel auch nur schwer die Liebe der Kinder seiner neuen Frau annehmen und war oft krank, weil er sich in seinem Job ebenfalls nicht wohlfühlte. Doch er hatte Zweifel und Sorgen und traute sich nicht, etwas in seinem Leben zu ändern oder einen neuen Job zu suchen, da er dachte, er würde die Einarbeitung ohnehin nicht schaffen. Zweifel und Sorgen beherrschten sein Leben – und das seit 50 Jahren. Seine Gedanken hielten ihn in diesem Leben gefangen – ebenso seine Gefühle, auf denen diese Gedanken basierten.

Nun aber wollten wir die Begleitung starten, um diese Themen rasch und nachhaltig aufzulösen. Ich hatte ihm in unserem Gespräch bereits gesagt, dass er sich darauf vorbereiten solle, dass sehr bald seine Gedanken diese Entscheidung infrage stellen und Sorgen und Zweifel aufkommen würden. Jetzt zum Thema Stimmigkeit: In dem Moment, als wir telefoniert haben, ich da war und wir seinen Gefühlen auf die Spur gekommen sind – da hat es sich für ihn stimmig angefühlt, etwas zu ändern und diese Themen anzugehen. Doch drei Stunden später berichtete er, dass bereits Sorgen und Zweifel kämen, ob es der richtige Weg sei. Das ist per se nicht schlimm, außer wenn man sich mit diesen Gefühlen identifiziert und diese als wahr wahrnimmt. Dies ist dann auch so geschehen. Daraufhin habe ich ihm geschrieben, was er machen darf und soll, um diesen Gefühlen Raum zu geben und dennoch nicht nach ihnen zu handeln. Am nächsten Tag schrieb er mir, dass seine Frau das alles nicht gut finde. Auch das hat mich nicht gewundert, da sie vermutlich selbst ihre Angst auf ihren Mann projizierte, dass dieser sich verändern und dann die Beziehung womöglich nicht mehr passen könnte. Oder es handelte sich bei ihr um etwaige Ängste, die mit der Veränderung und dem Freigeben einer anderen Person aufkommen.

Letztlich schrieb er aber, es fühle sich für ihn nicht stimmig an, und deshalb haben wir die Begleitung nicht begonnen. Dieser Fall hat mich einige Tage beschäftigt. Nicht wegen mir – sondern aufgrund der Kraft der Identifikation von Gedanken und alten Gefühlen. Ein Teil von mir konnte einfach nicht glauben, dass es keine Instanz in diesem Menschen gab, die stärker war und diese Gedanken zwar als einen Teil, jedoch nicht als seine ganze Wahrheit annahm, mit der er sich komplett identifizierte. Wie dem auch sei: Ich denke, es war eine Mischung – die Bequemlichkeit, in der Komfortzone und dem Alten zu bleiben, und gleichzeitig der Glaube und die Identifikation mit den alten Gefühlen, die das Sich-nicht-Ändern und das Ja-nichts-Angehen als stimmig erachten. So lebt dieser Mensch jetzt weiter – ohne in der Tiefe etwas verändert zu haben. Vielleicht bis zu seinem Tod und vermutlich denkt er dann im Rückblick: Oh, ich habe mein ganzes Leben nicht gelebt!

Ich finde, diese Geschichte hat eine gewisse Tragik. Denn viele Menschen, die sich im Überlebens- und Kampfmodus befinden, wissen im Geiste, was los ist, und kommen dennoch nicht in Gang und denken sich: Ach, irgendwie wird es schon weitergehen – wie bisher halt auch. Für mich ist das ein absolutes No-Go für mein Leben und für das Leben meiner Klienten. Denn ein Leben im Schatten, ein geducktes, kleines Leben, in dem die Welt und das Alte dich im Leid halten – das ist einfach keine Option. Mit Mitte 20, als meine Ängste so reguliert waren, dass ich es endlich schaffte, einen Moment im Hier und Jetzt zu genießen, begann für mich das Leben und ich verstand in der Tiefe, was die Basis von Leben ist: ein reguliertes Nervensystem und die darauffolgende Sicherheit. Die weiteren Momente des Flows, des Einfließens und Einsinkens in den Moment – diese sind das Leben für mich, auch heute noch. Denn wenn wir Menschen in Angst leben, sind diese Zustände nicht möglich, sie schalten sich nicht frei. Alles, was wir dann erleben, ist durch den Schleier von Angst geprägt. Die Zeit mit dem Partner, das neue Auto oder die Reise in andere Länder – das alles können wir nicht genießen, wenn das Nervensystem keine Sicherheit zur Verfügung stellt. Ich gehe sogar so weit, zu sagen, dass Dinge im Außen dann gar nicht im Hier und Jetzt wahrgenommen werden können. Da das Hier und Jetzt nur möglich ist, wenn Sicherheit da ist. Angst im Körper bedeutet immer, dass wir uns mit vergangenen Leiden oder zukünftigen Worst-Case-Szenarien beschäftigen. Ich weiß: Die Aussage »Das Leben findet im Hier und Jetzt statt!« ist mittlerweile schon ziemlich verbraucht. Doch tief verkörpert spiegelt sie die Essenz des

Lebens. Denn in diesem Moment des Versinkens in der Welt gibt es kein Gut und Böse mehr, nichts mehr zu tun, nichts mehr zu kämpfen oder zu fürchten. Auch viele Sterbende berichten von diesem Seinszustand – doch die Frage lautet: Möchtest du bis zu deinem Tod warten, bis deine Seele wieder deinen Körper verlässt und du von all den menschlichen Egoanteilen befreit wirst und pure Liebe und Freiheit bist, wenn du das im Hier und Jetzt – in diesem Leben – auch erleben kannst? Übrigens habe ich diesen Zustand des vollständigen Friedens und Loslassens auch bei meiner Schwester nach der Geburt ihres Kindes erlebt. So besonnen und friedlich habe ich sie noch nie gesehen. Denn eine Geburt findet ebenfalls am Portal zwischen Leben und Tod statt – in dem wir uns völlig auf das Hier und Jetzt konzentrieren. Magisch!

Doch du musst nicht auf die Geburt deines Kindes warten oder auf dein eigenes Ableben. Und du musst nicht mit 95 Jahren im Schaukelstuhl sitzen und denken: Ich habe nie gelebt, weil meine alten Themen, Ängste und Sorgen mich so traktiert haben. Nein: Du kannst dich jetzt auf den Weg machen! Das Geschenk habe ich mir selbst im Alter von 25 Jahren gemacht und genau in dem Moment hatte ich mich vor meinem inneren Auge als alte Granny im Schaukelstuhl sitzen sehen. Es war ein bisschen wie bei »Zurück in die Zukunft«, als Marty seine Eltern verkuppelt hatte und somit auf seinem Foto aus der Zukunft sein Körper und die seiner Geschwister wieder auftauchten. So habe ich gesehen, dass sich meine Version von einer traurigen Granny in die einer freudigen, zufriedenen verwandelte.

Kürzlich habe ich die Nachricht einer Klientin erhalten, sie sei an einem Friedhof vorbeigegangen und auf einem Grabstein stand: »Sie war stets auf der Flucht.« Allerdings gibt es im Vergleich zu alten Säbelzahntigerzeiten nichts mehr, was du fürchten oder wovor du fliehen musst, außer du befindest dich zum Beispiel im Krieg, auf der Flucht oder in Krisenregionen. Ansonsten ist die Welt stets auf deiner Seite und Mama Erde meint es immer gut, auch wenn wir das oft anders interpretieren und nicht so recht sehen wollen. Wenn in dir dieses Gefühl von einem sicheren, lebendigen Dasein entsteht, eingebettet in eine Welt, die dich trägt, dann stellt sich ein Frieden wie bei Geburt und Tod ein – und das Schöne: Er ist hier im Leben da. Lebendigkeit bis zum Ende deines Lebens!

Dafür ist es aber wichtig, dass du lernst, die Gefühle stets als einen Teil von dir zu sehen – und nicht als deine ganze Wahrheit. Das heißt, dass du dich nicht mit ihnen identifizierst. Wunderbar funktioniert das, indem du sie als kleine Versionen von dir wahrnimmst oder auch als Wächter, die dich schützen wollen. Denn auch bei dem Mann, von dem ich berichtet habe, sind diese Gefühle Wächter. Das heißt, sie wollen ihn vermeintlich schützen und in Sicherheit bringen. Und es nicht zu schaffen, assoziiert sein Körper mit einer tödlichen und existenziellen Bedrohung, die ihn in altem Leiden aus vergangenen, nicht verarbeiteten Erfahrungen hält. Das heißt eine Bedrohung, die es in jedem Fall zu vermeiden gilt. Das kannst du dir so vorstellen, als würdest du in einen Käfig voller Schlangen gehen – da würde dein Körper vorab auch starke Störgefühle aussenden, dies nicht zu tun, da du dort sterben könntest.

Dein Körper ist stets darum bemüht, dein Überleben zu sichern. Aber die alten Überlebensstrategien wie beispielsweise »Wage ja nichts, weil wenn du verlierst, dann ist das existenziell bedrohlich!« helfen dir nicht, aus diesem Schaltkreis auszutreten. Du merkst schon, wie verzwickt das ist. Daher musst du zunächst lernen, diese Wächter in Form von Gedanken und bedrohlichen Gefühlen als einen Teil von dir zu sehen und Gedanken vor allem als ein Körpergefühl wahrzunehmen. Denn sie sind zu Beginn keine Gedanken, sondern Körperempfindungen. Das heißt, sie zeigen sich beispielsweise durch einen starken Schmerz im

Solarplexus, der oft auftritt, wenn du Minderwertigkeitsgefühle hast oder Angst, zu versagen.

Im zweiten Schritt geht es darum, mit den Körperempfindungen (ursprünglich als Gedanken oder diffuse Gefühle bei dir in Erscheinung getreten) in Verbindung zu gehen. Dabei musst du eine Lücke zwischen Reiz und Reaktion bringen. Das heißt: Du spürst Zweifel, die durch eine Situation ausgelöst werden, hältst inne, gehst mit deinem Körper in Verbindung, legst die Hände auf die Stelle der Körperempfindung und nimmst Kontakt auf mit dem jeweiligen Bereich. Dann sprichst du zu ihm und verhandelst. Das bedeutet, du fragst: Wie weit kann ich gehen, dass es sich für mich noch einigermaßen sicher anfühlt?

In diesem Zusammenhang erinnere ich mich einige Jahre zurück, als ich weniger arbeiten wollte. Damals arbeitete ich Montag bis Samstag. Ich betrachtete diesen Anteil, der Angst hatte, weniger zu tun, als einen Hausmeister und verhandelte mit ihm, wie viel weniger ich arbeiten durfte. Dabei einigten wir uns auf eine Stunde weniger am Tag. In der Stunde habe ich erst einmal Nervensystem- und Regulationsübungen, also Körperarbeit, gemacht, weil sich das Nicht-Arbeiten zunächst nicht stimmig anfühlte. Das heißt, die Stunde mehr Freizeit konnte ich in den ersten Tagen und Wochen nicht genießen. Doch schrittweise habe ich mein Nervensystem daran gewöhnt, mich sicher zu fühlen – und nicht das Gefühl der Existenzangst oder des Nichts-wert-Seins zu haben, wenn ich weniger arbeite und leiste. Für mich war es damals nämlich sehr leicht, zu leisten und im Tun zu sein, weil ich dabei Sicherheit spürte. Das Nichtstun und mich dabei auch noch zu entspannen und es zu genießen, das war hingegen ein Ding der Unmöglichkeit. So verhält es sich auch bei dem besagten Mann mit seiner Angst, zu scheitern. Für ihn fühlt es sich derart bedrohlich an, zu scheitern, dass er es lieber nicht wagt. Aber du erkennst schon: Du bist dann stets eine Geisel deiner Vergangenheit, deiner Kompensation, deiner Geschichten und deiner Angst. Wenn du das nicht möchtest, gehst du zwar durch eine etwas unbequeme Zeit, aber kannst mit den richtigen Tools und dem richtigen Menschen, der dich begleitet, dein Erleben, deine Gefühle und Gedanken umschreiben. Dann kannst du irgendwann vier Wochen, ohne etwas zu tun, am Strand liegen und dich wohlfühlen oder einfach nur eine Stunde am Tag arbeiten und es fühlt sich stimmig, also sicher, an. Stimmigkeit korreliert sehr stark mit dem Bedürfnis deines Nervensystems nach Sicherheit. Diese wiederum bildet die Basis von Liebe, Lebendigkeit und Freude. Das ist auch ein sehr biologischer und körperlicher Vorgang. Wer Angst hat, kann sich im selben Moment nicht sicher fühlen und Freude spüren.

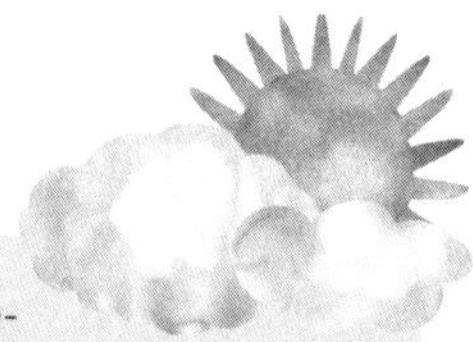

Folgende Schritte sind notwendig, um dein Erleben und Leben nachhaltig zu verändern:

Schritt 1: Dir deiner Themen bewusst werden.

Schritt 2: Eine Lücke zwischen Reiz und Reaktion bringen oder auch deine Gefühle wahrnehmen und nicht sofort darauf reagieren.

Schritt 3: Diese Gefühle körperlich wahrnehmen als einen Druck oder eine Reaktion.

Schritt 4: Mit diesen als Wächter oder der alten kleinen Version von dir in Kontakt gehen, indem du mit dem Teil, der sich als Körpergefühl zeigt, sprichst und die Hand auf diesen auflegst.

Schritt 5: Dein Nervensystem durch gezielte Übungen, die ich dir mitgebe, regulieren und den Schritt gehen, der sich nicht stimmig anfühlt, und diesen so allmählich zur Stimmigkeit zu bewegen – dies geschieht in Absprache mit deinem Inneren.

Ergebnis und neue Realität: Freiheit, neue Gefühle, Stimmigkeit, Liebe und Sicherheit.

Wichtig: Fang an, bewege dich, bleib dran – nein, es kommt nicht von alleine und es wird sich auch ohne dein Zutun nie stimmig anfühlen!

Kollaps und Lebendigkeit: Entscheidend ist, was du spürst – und nicht spürst!

Wie bereits beschrieben, gibt es verschiedene Varianten, wie dein autonomes Nervensystem auf Bedrohung reagiert – darunter für uns Neuzeitmenschen vorteilhafte und weniger vorteilhafte. Alle Varianten haben aber ihre Daseinsberechtigung, weil sie dein Überleben sichern. Allerdings dürfen wir hier noch einmal einen Unterschied machen zwischen der Säbelzahntigerzeit, in der es sich um reale Bedrohungen gehandelt hat, und der heutigen Zeit, in der die meisten Bedrohungen alte Prägungen aus der Kindheit und tiefsitzende Erfahrungen deines bisherigen Lebens sind. Hier gibt es per se nicht gut oder schlecht, sondern es geht darum, wieder dic Balancc und eine ausgewogene, adäquate Reaktion auf Trigger in deinem Leben zu finden. Dein Angstmechanismus ist nämlich eine natürliche Reaktion deines Körpers und der Grund, weshalb du heute überhaupt hier sitzt und dieses Buch liest. Dennoch hat die Unausgewogenheit dieses Mechanismus in den vergangenen Hunderten von Jahren dafür gesorgt, dass die Menschen mehr mit einem dysregulierten Nervensystem leben und sich als Folge in Angst, Wut, Taubheit, Depression und anderen dyrsegulierten Zuständen befinden. Daher möchte ich nun auf die zwei Hauptwege deines Nervensystems eingehen, die dafür verantwortlich sind. Danach werde ich zeigen, wie du unangenehme Zustände ganz körperlich auflösen und erneut in eine Lebendigkeit mit dir kommen kannst. Besonders wichtig ist es mir, hier festzuhalten, dass die Lebendigkeit – auf der Basis eines regulierten Nervensystems – die Grundlage bildet für das natürliche Öffnen deines Körpers unter der Aktivierung des Vagusnervs, des zehnten Hirnnervs. Die Aktivierung dieses Nervs bildet wiederum die Basis dafür, dass du in Beziehung, Liebe und Geborgenheit mit dir, der Welt und anderen Menschen gehen kannst und möchtest.

Nun beschäftigen wir uns etwas näher mit den folgenden körperlichen Reaktionen deines Nervensystems: Erstarrung und Kollaps. Denn wie schon erwähnt, sind diese Mechanismen zu einem Großteil bei uns Menschen als Reaktion auf die heutige »nicht reale« Bedrohung zu nennen. Allerdings sind diese Reaktionen nicht sehr förderlich, weil sie keine Heilungswege bieten, sondern Sackgassen in ein unlebendiges Leben voller Angst, Depression sowie psychischen und körperlichen Leiden.

Im Kapitel zuvor hatte ich das Beispiel des Säbelzahntigers erwähnt und wir begaben uns, zurück in der Säbelzahntigerzeit, in Konfrontation mit ebendiesem. Nun gab es drei Reaktionen – und letztlich vier, wenn wir den Kollaps dazuzählen –, um auf diesen zu reagieren. Jedoch entscheidest du nicht bewusst, wie du reagierst, das macht dein autonomes Nervensystem in Millisekundenschnelle ganz automatisch. Kämpfst oder fliehst du nicht oder holst diese

Reaktionen nicht ganz körperlich durch diverse Übungen nach, dann geht dein Körper in den Zustand der Erstarrung über: Er versucht, sich unsichtbar zu machen und zu verstecken. Das hast du bestimmt schon einmal bei einem Käfer gesehen, der sich auf den Rücken legt und alle viere von sich streckt. Er stellt sich tot und hofft, damit seiner Beute zu entkommen. Ich habe das im Sommer bereits öfter bei Insekten beobachtet. Und ja, das hat häufig auch gut funktioniert. Diese ausgeklügelte Strategie unseres Körpers ist also sehr sinnvoll, um das Leben auf dieser Welt zu sichern. Nun ist es so, dass auch du in einen Erstarrungsmodus übergehst, wenn eine vermeintlich reale Bedrohung – dein Chef mit Kritik, eine schlechte Note in einer Klausur oder dein Partner, der dich verlassen möchte – dir gegenübersteht. Oft bemerkst du gar nicht, dass diese Situationen oder auch der Trigger in dir eine Bedrohung auslösen. Aber die nun folgende automatische und antrainierte Strategie, die nicht dem natürlichen Nervensystem und Heilungsweg entspricht, wurde dir seit deiner Kindheit antrainiert und ist alles andere als förderlich für deine psychische und physische Gesundheit.

Die heilsame Reaktion in Form von Erstarrung wäre, dass du in Erstarrung gehst, einfrierst und dich unsichtbar machst. Um dann, wenn die Bedrohung vorüber ist, durch ein Schütteln, Wachrütteln oder Weglaufen wieder in die Lebendigkeit überzugehen und deinem Körper die Möglichkeit zu bieten, diesen Schockmoment aufzulösen. Dazu gibt es ein wunderbares Video eines Polarbären auf YouTube, das ich dir gern zeigen möchte: »Polar Bear Not Getting Traumatized«.

Die nicht heilsame Reaktion wäre, dass du in Erstarrung gehst, um dich unsichtbar zu machen; ist die Bedrohung dann vorüber, bleibst du aber in Erstarrung und die Bedrohung in einer endlosen Schleife präsent. Das heißt, dein Körper erlebt es nicht, aus dieser Bedrohung auszusteigen, sondern sie bleibt präsent. Das passiert unter anderem dadurch, dass die Angstenergie, die dein Körper für den Kampf oder die Flucht mobilisiert hat, nicht durch dein Nervensystem verarbeitet werden konnte. Stattdessen schickst du diese Energie in Form von Gedanken in deinen Kopf. Das heißt, du denkst permanent darüber nach, ob dein Chef dich kündigen möchte, weil er Kritik geäußert hat. Du überlegst, wie du deinen Partner halten kannst, damit du ihn nicht verlierst und so weiter – ein ewiger Kreislauf. Diese Form von Erstarrung baut sich immer weiter auf und du nimmst deinen Körper nicht mehr wahr. Du spürst natürliche Angstreaktionen nicht mehr körperlich, indem sich dein Magen zusammenzieht, sondern sofort als Gedanken und dann in einer Kompensationsstrategie, um zu versuchen, diesen Gedanken aufzulösen. Das heißt beispielsweise, wenn dein Gedanke »Mein Partner möchte mich verlassen« ist – als Reaktion auf die Bedrohung, dass dein Partner sich abwendet, was in dir eine Verlustangst auslöst –, dann erdenkst du dir die Strategie, anders zu sein, um ihn halten zu können und somit die Verlustangst aufzulösen. Doch diese Strategie löst die eigentliche Ursache nicht, sondern versucht, an der Oberfläche entgegenzuwirken. Das heißt, die eigentliche Angst – in diesem Fall Verlustangst, die dahintersteckt – wird dadurch nicht körperlich aufgelöst, im Gegenteil sogar noch gefüttert. Denn je öfter du etwas denkst, desto mehr neuronale Verbindungen legen sich in deinem Gehirn an und deine Geschichte und Angst werden immer realer und wahrer.

Nun gibt es eine weitere Möglichkeit, wie dein Körper reagiert: den Kollaps. Das In-dich-Zusammenfallen und Auf-den-Tod-Warten. Dieser Zustand ist der letzte Zustand deines Körpers, um dich vor den Schmerzen des Ablebens zu schützen. Dieser kommt nach der Erstarrung, wenn dich der Säbelzahntiger entdeckt hat und nun auffressen möchte. Dabei löst du dich aus dem Körper, da du körperlich nicht mehr ausweichen kannst. Teile deines Körpers sterben dann sukzessive ab. Das heißt, du spürst diese nicht mehr. Diese Kollaps-Energie haben wir zuhauf in uns. Wenn wir zu lange in der Angst, also der Übererregung, sind, wechseln wir in die Untererregung, den Kollaps. Ich kenne das in der Neuzeit auch als »Netflix-Symptom«: auf die Couch legen und einfach »abschalten«. Dabei handelt es sich aber nicht um ein Abschalten oder die Regeneration deines Körpers, sondern um das Gefühl eines Platt- und Taubseins. Das Interessante ist: Hinter diesem Kollaps steckt unglaublich viel mobilisierte Energie, die nach unten gedrückt wird. Das ergibt auch Sinn: Denn denke daran, du hast Angst in dir mobilisiert, konntest vor dem Säbelzahntiger nicht fliehen, bist dann in die Erstarrung gewechselt, er hat dich entdeckt und du bist in den Kollaps übergegangen. Das kann in Millisekundenschnelle passieren und erfolgt auch heute noch als Reaktion auf die oben genannten »Neuzeit-Säbelzahntiger«, also die Prägungen und Entwicklungstraumata deiner Kindheit. Wichtig ist hier, dass der Kollaps aufgelöst wird und die Energie erneut fließen kann. Das ist die Basis der Lebendigkeit. Übrigens: Wir sind alle gefüllt mit dieser Kollaps-Energie, dem Gefühl der Erschöpfung, des Platt- und Überfordertseins. Das haben wir uns im Laufe unseres Lebens so antrainiert, da wir nicht adäquat körperlich auf Bedrohungen reagiert haben und diese ganze Energie immer noch in uns gespeichert ist. Wir haben es in uns abgespeichert, unzählige Male nicht überlebt zu haben. Dabei beziehe ich mich auch auf Traumata aus der Kindheit – beispielsweise, wenn du im Kinderzimmer bis zur Erschöpfung geschrien hast und keiner kam, weil deine Eltern damals von der Gesellschaft unterrichtet wurden, dass es gut sei, ein Kind alleine in einem Zimmer schlafen und schreien zu lassen, obwohl es sich in den ersten Jahren überhaupt nicht ohne die körperliche Nähe der Mutter regulieren kann. Du siehst, auch wenn du dich nicht daran erinnern kannst, wirkt es nach. Unsere Gesellschaft und das Wissen, das verbreitet wird und wurde, tragen ihren Teil dazu bei und sind die Ursache von Kollaps und dem Nicht-Spüren, ja, des beinahe roboterhaften Daseins, das wir Menschen heute fristen. Gerne möchte ich dir ein Beispiel zur Kollaps-Energie aus deinem Alltag geben: Bestimmt kennst du es auch, dass du abends nach der Arbeit heimkommst und völlig platt bist. Am liebsten möchtest du am Sofa liegen und einfach nichts mehr tun. Raffst du dich aber doch noch zum Sport auf, dann hast du plötzlich eine Menge an Energie und fühlst dich danach wohl und ausgeglichen. Genau das ist Kollaps: Er lässt dich glauben, dass du dich »ausruhen« solltest. Gehst du aber in eine gute körperliche Bewegung und Reaktion, zeigt sich die Energie, die dahintersteckt, und du fühlst dich lebendig und gut – das ist Heilung.

Dabei ist mir wichtig, zu erwähnen, dass die Lebendigkeit deines Daseins sich daran bemisst, welche Teile du in deinem Körper spürst und welche nicht. Das heißt, wenn du heute eine Bedrohung spürst, wenn dein Körper sich abspaltet, dann ist es stets so, dass Teile von deinem Körper »absterben« und du diese nicht mehr fühlen kannst. Deine Schultern gehen nach vorne, du spürst womöglich deine Rückenpartie nicht mehr und fühlst dich klein und hilflos. Diese Art von Physiologie sendet dann an dein Gehirn das Gefühl von Hilflosigkeit und Verzweiflung. Somit ist es hier sehr wichtig, dass du diese Körperregionen zurückeroberst und dich dadurch wieder sicher und lebendig fühlst. Auch das ist ein Teil der Körpertherapie, ebenso wie die von mir entwickelte Begleitung mit »Traumaorientierter Körperzentrierter Hypnose«, die ich durch das eigene Auflösen meiner Entwicklungstraumata, Ängste und Zweifel sowie in der Begleitung mit meinen Klienten über mehrere Jahre entwickelt und verfeinert habe.

Ich fasse noch einmal zusammen: Die Erstarrung und der Kollaps sind eine übermäßige Reaktion der Neuzeit und deines Körpers auf »nicht reale« Bedrohungen, die heute durch Trigger (basierend auf Prägungen deiner Kindheit und deines bisherigen Lebens) ausgelöst werden, dich dadurch von Heilung und Lebendigkeit abbringen und dich in ein psychisches und physisches Unwohlsein befördern. Dies passiert unbewusst jeden Tag vermutlich hundertfach und du versuchst dann, diesen Zustand durch Gedanken und Kompensationsstrategien (Ersatzhandlungen) aufzulösen. Das funktioniert aber nicht, da es nicht der Sprache deines Körpers und Nervensystems und deinem menschlichen Design entspricht, und führt zu mehr psychischen und physischen Leiden. Notwendig ist, dass du deinen Körper zurückeroberst, diese angesammelte Erstarrungs- und Kollaps-Energie sowie deine Ängste ganz körperlich durch einen nachahmenden Kampf- und Fluchtimpuls auflöst – und durch eine traumaorientierte Begleitung damit gleichzeitig dessen Auslöser: die Säbelzahntiger der Neuzeit, also deine alten Prägungen. Dies alles zusammen führt zu einem lebendigen, freien, satten und zufriedenen Leben – ohne psychisches und physisches Leiden. Auf diesen Auflösungswegen basiert auch die von mir entwickelte, bereits erwähnte »Traumaorientierte Körperzentrierte Hypnose«.

Scan me

> Wir Menschen haben Angst, während wir versuchen, keine Angst zu haben.
>
> JENNIFER SUBKE

Angst, Überforderung und innere Unruhe – wie du sie selbst erzeugst und wieder auflösen kannst!

Ein reguliertes Nervensystem – oder auch: das Unbeeindrucktsein von der Welt

Die Selbstregulation ist eine der wichtigsten und größten Kompetenzen für ein Leben in Sicherheit und Vertrauen. Diese besteht, wenn eine Herausforderung in deinem Leben kommt und du sie wie eine Welle durch dich gleiten lassen kannst, ohne dich aber von ihr mitreißen zu lassen. Das heißt, das Leben an sich beeindruckt dich weniger – und gleichzeitig ist alles weniger dramatisch und überwältigend. Immer dann, wenn du das Leben als überwältigend wahrnimmst – im positiven wie im negativen Sinne –, entsteht in dir ein Trauma. Folglich speichert sich in dir ab: Das Leben ist mehr als ich und ich bin zu wenig. Du hast es also nicht geschafft, dich so zu regulieren, dass du wieder im grünen Bereich deines Nervensystems landest. Dieser ist der sichere Bereich, wo du dich pudelwohl in deinem Leben und in deiner Haut fühlst.

Selbstregulation an sich ist somit die Fähigkeit, den Widrigkeiten des Lebens aufrecht und in Entspannung zu begegnen, während du aus diesen in einem Wachstum und nicht in einem Durchhalten oder einer Überwältigung herausgehst. Ich beschreibe das auch gerne damit, die Wellen des Lebens surfen zu lernen. Hier gibt es noch einen zweiten Begriff, den ich als wichtig erachte: das Containment. Das bedeutet, die Höhe der Wellen, die anrollen, containen (= halten) zu können und auch zu lernen, schnell wieder aus dem Zustand des Unangenehmen in einen sicheren Zustand zu wechseln. Dabei kannst du dir Selbstregulation so vorstellen, als würdest du ein Sportler sein, der – wenn es anstrengend wird – danach sehr schnell aus dem erhöhten Puls wieder in den Ruhepuls gelangt. Containment meint hier, den hohen Puls und die hohe Anstrengung länger halten und auch als angenehmer empfinden zu können. Dies kannst du eins zu eins auf Herausforderungen in deinem Leben übertragen.

Die Selbstregulation lernst du in den ersten Jahren deines Lebens. Denn hier musst du zwingend über deine Mama, deinen Papa oder andere nahe Bezugspersonen reguliert werden. Du wirst nicht mit der Fähigkeit geboren, dich selbst zu regulieren. Ein Baby kann sich nicht selbst regulieren, genauso wenig wie es sich selbst füttern oder ernähren kann. Also gerade in den ersten Monaten ist das Nähren durch die Bezugsperson auch im übertragenen Sinne entscheidend. Wenn du in diesem Zeitraum auf allen Ebenen physisch, seelisch und psychisch richtig und gut genährt wirst, dann wird dein Nervensystem Sicherheit, Liebe und Ankommen verspüren. Die Regulation erfolgt durch deine Eltern oder eine andere nahe Bezugsperson und dabei vor allem durch Körperkontakt, Stimme und indem deine Bedürfnisse richtig erkannt und dann auch adäquat befriedigt werden. Das heißt, dass deine Eltern spüren, wann du Hunger hast, wann du Liebe und Geborgenheit benötigst (wobei das permanent nötig ist), wann du schlafen möchtest oder andere Leiden oder Bedürfnisse hast. Nach dem Neugeborenen-Stadium werden sich deine Bedürfnisse zunehmend erweitern. So wird jenes nach Erkundung und Entdeckung der Welt hinzukommen und auch nach Bewegung. Jedoch ist es in den ersten Lebensjahren die Basis für alles, dass du Sicherheit spürst und Regulation erlebst. Wenn du also schreist, dann sollte deine Bezugsperson sofort kommen und dich beruhigen. Die Art von Beruhigung ist unbedingt durch Singen, Summen, Körperkontakt und vor allem durch physisches und PSYCHISCHES Präsentsein zu erzeugen. Denn viele Eltern glauben, es reiche aus, wenn sie einfach physisch präsent sind. Dem ist aber nicht so, denn das kleine Wesen, das sehr offen, spürig und sensibel ist, merkt, ob die Bezugsperson gerade am Handy, gestresst ist oder andere Themen wichtiger sind – oder ob es und seine Bedürfnisse und seine Regulation an erster Stelle stehen. Blicken wir zeitlich ein wenig zurück, dann war die Generation meiner Eltern, die jetzt ungefähr 60-Jährigen, die Generation der »Mitläufer« – das bedeutet, dass es in den Familien oft mehrere Kinder gab, die einfach da waren. Außerdem waren es ja noch die Eltern der Nachkriegsjahre, die meine Mutter und meinen Vater großzogen. So war mein Großvater noch im Krieg gewesen und meine Großmutter eher kalt und abwesend aufgrund der Nachkriegszeit und der damaligen widrigen Umstände. Kinder hatten nicht die gleichen Rechte und die gleiche Wichtigkeit wie Eltern, sie waren einfach da. Die Erlebnisse der Großeltern wirkten sich auf die Erziehung und Prägung unserer Eltern aus.

Wenn wir in die Zeit meiner Kindheit schauen, die durch die wiederum weitergegebenen Erfahrungen unserer Eltern, also der nächsten Generation, geprägt wurde, war es schon anders. Meine Eltern hatten mich und meine Schwester bekommen und meine Mutter war drei Jahre für uns da, bis sie wieder arbeiten ging. Allerdings war es damals so, dass die moderne Medizin Frauen primär in Krankenhäusern gebären ließ. Zu den Zeiten, als meine Großmutter Kinder bekam, war eine Hausgeburt noch völlig normal. Die letzten Jahrzehnte war eine solche hingegen undenkbar, da sie als zu gefährlich abgetan wurde – aber heute kommt sie wieder neu auf und erlebt ein Revival, möglicherweise, weil wir Menschen uns mit Trauma und Rahmenbedingungen für ein gutes und sicheres Leben beschäftigen, was bereits vor und mit der Geburt startet. Die moderne Medizin hat damals noch nicht die Regulation an erste Stelle gestellt – teilweise ist das heute noch so. Allerdings muss ein Kind zwingend zur ersten Regulation und Erdung direkt nach der Geburt an die Brust der Mutter gelegt werden. Dadurch können beide ihr Nervensystem regulieren und wieder in einen grünen Bereich der Sicherheit gelangen. Zur Zeit meiner Geburt vor 30 Jahren war dies aber noch nicht üblich. Ich wurde damals für 20 Minuten auf die Seite gelegt und verspürte wohl Todesangst und konnte mich eben nicht regulieren. Ich erzähle dir später noch mehr davon. Das prägte mein Leben jedenfalls über viele Jahre immens. Denn die ersten Momente und Jahre im Leben, in denen wir Menschen geprägt werden, haben eine enorme Auswirkung auf die Basis, mit der wir dann durch das Leben laufen. Es ist unerlässlich, sich als werdende Mutter und als Mensch im Allgemeinen mit diesen Themen zu beschäftigen. Denn Selbstregulation und Containment sind zwei Grundbausteine, die das Fundament des Lebens bilden. Und ja, du kannst dir das wie bei einem Haus vorstellen: Baust du dein Haus auf einem instabilen Fundament, so wird der Rest nicht richtig halten und auch nicht gut getragen werden und an einem gewissen Punkt im Leben und bei deinem Anbau am Haus wird es einfach in sich zusammenbrechen.

Diese essenzielle Basis durch die Regulation und Erdung nach der Geburt haben wenige Menschen, da die Umstände der ersten Sekunden, Minuten und Stunden auf dieser Welt bis heute in zahlreichen Leben sehr widrig sind und waren, wenngleich wir Menschen diese als normal empfinden. Nun ist es aber so, dass es nicht natürlich ist, dass die Mama nach der Geburt nicht direkt das Baby an der Brust spürt. Es ist auch nicht natürlich, dass Menschen mit Instrumenten, Medikamenten oder Kaiserschnitten auf diese Welt gezerrt werden, obwohl sie noch nicht so weit sind. Und ich möchte hier die Medizin gar nicht als schlecht bezeichnen, denn ich bin sehr davon überzeugt, dass sie mein und auch dein Leben zu einem Vielfachen verbessert und erleichtert hat – und dennoch weiß ich, dass – gerade was Schwangerschaft, Geburt und Kindheit betrifft – sehr viel im Modus »zu früh« und »zu schnell« passiert und so zahlreiche Verletzungen und Traumata entstehen, die Erwachsene noch beeinflussen.

In meiner Kindheit, als meine Eltern mich erzogen haben, war es auch verpönt, Neugeborene an der Brust zu tragen. Frauen, die ihre Kinder mit einem Tuch am Körper trugen, wie wir das auch bei beispielsweise afrikanischen Stämmen sehen, wurden als »alternativ« und »anders« abgestempelt. Zudem wurden Kinder früher viel zu früh in ihr eigenes Zimmer verfrachtet. Doch das ist für ein Kind sehr schlimm und es ist auch völlig unnatürlich, ein Baby in den ersten Wochen oder auch Monaten von den Eltern abzuschotten. Denn wie bereits erwähnt, benötigt es die Liebe und Zuwendung der Mutter und den Körperkontakt. Ansonsten kann es sich nicht regulieren – und Einsamkeit und Dissoziation beginnen bereits in den ersten Sekunden, Minuten, Tagen, Wochen, Monaten und Jahren auf dieser Welt. Daher ist es sehr wichtig, dass das Kind lange bei seiner Mama bleibt, es spüren kann und teilnehmen darf. In diesem Zusammenhang habe ich kürzlich eine interessante Erfahrung mit dem neugeborenen Sohn meiner Schwester machen dürfen. Ich hatte diesen an meine Brust gelegt und nur geatmet. In diesem Moment ist mein Herz aufgegangen, mein Herzschlag hat sich verlangsamt und ich bin in eine tiefe Ruhe gekommen. Hautnah habe ich erlebt, was es heißt, wenn Mama und Kind sich gegenseitig regulieren. Die Natur ist so einfach und auch kleine Babys sind in ihren Bedürfnissen sehr einfach: Alles, was sie brauchen, ist Zuwendung und Liebe in Form von Körperkontakt und Präsenz. Ist dies vorhanden, dann ergibt sich der Rest von selbst.

Ich möchte noch einmal darauf eingehen, dass diese einfachen Gegebenheiten für viele Menschen heute aber zu einer absoluten Herausforderung geworden sind. Vielen fällt es sehr schwer, sich auf eine Sache zu konzentrieren, sich selbst zu spüren und im Hier und Jetzt zu landen. Das Einfache ist schwer geworden und das Schwere einfach – eine komplett verkehrte Welt, die traumatisierte und dysregulierte Menschen hervorbringt. Kommen wir erneut zum Beispiel von deinem Haus zurück. Mein letzter Satz hierzu war, dass das Haus in sich zusammenfallen wird, wenn du zu viel auf einem instabilen Fundament aufbaust. Das ist vergleichbar damit, wenn du zu viele Bälle auf einmal jonglierst und es dir bereits schwerfällt, diese zu koordinieren und zu halten, sodass jeder weitere Ball das gesamte Werk in sich zusammenfallen lässt. Und so kannst du es auch mit deinem Leben vergleichen: Wenn du es als einen Überlebenskampf wahrnimmst, dysreguliert bist und dich ständig im roten Alarmbereich in deinem Nervensystem befindest – dann ist es sehr schwer, aus dieser Grundhaltung deines Körpers in dieser Welt gut zu reagieren.

Ich erlebe, dass es immer mehr Menschen gibt, die das nicht mehr können. Immer mehr Menschen, die in sich zusammenbrechen und das Leben nicht mehr halten können. Immer mehr Menschen, die in Ohnmacht leben und einfach nicht wissen, wie sie aus dieser aussteigen können. So ging es auch mir vor Jahren. Ich befand mich im Studium und mein Leben war ein reiner Kampf. Immer wollte ich sehr gute Noten, wunderschön aussehen und das beste Ergebnis. Überraschendes und Herausforderungen waren für mich ein absolutes Problem, da ich damit nicht umgehen konnte. Ich war überhaupt nicht in der Lage, mich zu regulieren, und verharrte ständig in der roten Zone – die mir mitteilte: Du befindest dich im Überlebensmodus. Dann kamen Widrigkeiten in meinem Studium dazu, für die ich mich nicht gewappnet fühlte. Das heißt, das Leben bot mir Umstände, die einfach zu viel waren, und so konnte ich meine Bälle nicht mehr jonglieren und erlitt eine Panikattacke. Ich hatte damals Glück und das Leben schenkte mir eine Freundin, die Seminare für Körperarbeit besuchte. Auch ich begann, mich damit zu beschäftigen, und bemerkte schnell, wie wenig ich meinen Körper spürte und wie viele Vermeidungs- und Kompensationsstrategien bei mir aktiv waren. Darunterliegend die Verzweiflung, nicht für das Leben gewappnet zu sein und es nicht zu schaffen. Das Leben war damals sehr anstrengend für mich und glich mehr einem Überleben und einem Kampf. Ich ließ mich dann auch im Coaching-Bereich begleiten und zur Körperarbeit kamen die Hypnose- und die Traumaarbeit hinzu. Innerhalb von kurzer Zeit war ich ein anderer Mensch. Ich lernte, mich zu regulieren, und holte die gesamte Regulation nach, die ich in der Kindheit nicht erfahren hatte. Ich trainierte mich im Containment und konnte ab einem gewissen Punkt gut durchs Leben gehen. Damals begann ich, Menschen zu begleiten und mein Leben auf der Basis eines sicheren und stabilen Fundaments aufzubauen. Gern sage ich zu meinen Klienten: Nach der Begleitung wird kein Stein mehr auf dem anderen geblieben sein. Und das meine ich wortwörtlich – denn genau das passiert im positiven Sinne. Das Fundament darf nämlich gestützt werden und dann beginnen wir, alles neu zu bauen und anzupassen. Heute, sieben bis acht Jahre später, bin ich ein völlig anderer Mensch und mein Leben ist zu 180 Grad anders als damals. Das Einzige, was geblieben und zu einer noch tieferen Bestimmung geworden ist, ist meine Arbeit mit Menschen und meine Mission, die Menschen erneut ins Fühlen zu geleiten. Und dafür trete ich jeden Tag an! Eine sehr erfüllende Tätigkeit, die auch mich täglich neu wachsen lässt, da ich das, was ich den Menschen mitgebe und mit ihnen teile, auch selbst in meinem Leben verkörpere.

Was ich dir an dieser Stelle in Bezug auf Ängste, Überforderung und innere Ruhe vermitteln möchte, ist, dass du beim Fundament anfangen darfst. Es geht nicht darum, dass du an deinem Haus etwas umbauen musst. Beginne bitte damit, zu lernen, wie du dich regulieren kannst. Fang damit an, größere Gefühle und Herausforderungen halten zu lernen. Wenn du in einem regulierten Nervensystem wohnst und dein Hauptfokus am Tag darauf liegt, deine Bedürfnisse adäquat zu bedienen und in einem regulierten System zu bleiben, werden 95 Prozent deiner Herausforderungen und Themen von alleine verschwinden. Das ist ein Versprechen! Lass uns mit der Wurzel anfangen, mit dem Fundament – und der Rest wird leicht und unbeschwert sowie völlig automatisch seine Früchte tragen. Von innen nach außen, von unten nach oben, erst Körper, dann Kopf – so lautet der Grundsatz.

Von der stillen Sucht nach dem Auf und Ab des Lebens

Dramasucht. Unterbewusst heiß geliebt und an der Oberfläche verhasst. Körperlich und psychisch zugleich sich auswirkend und eine Spirale der Abhängigkeit erzeugend. Wir alle tragen sie in uns und sie ist auch ein Zeichen dessen, dass wir nicht zur Ruhe kommen können und auch nicht wollen. Etwas zu erleben, entspricht an sich der menschlichen Natur. Wir möchten das Leben spüren und das Schlimmste ist für den Menschen das Nicht-Spüren: die Depression. Allerdings wird das Erleben in der westlichen Kultur und auch in vielen anderen Teilen dieser Erde völlig missverstanden und toxisch gelebt. Wir Menschen sind per se sehr feinfühlige Wesen. Doch je abgespaltener und abgestumpfter wir sind, desto mehr Input benötigen wir, um zu spüren. Das Spüren brauchen wir, um erleben zu können. Hier muss ich an eine Zombiekomödie denken, die ich vor Längerem gesehen habe. Dabei ist ein Teil der Gesellschaft zu Zombies geworden, welche die Gehirne der restlichen Menschen essen, um deren Gefühle, Erinnerungen und das Spüren nachzuerleben. Das klingt ziemlich brutal, aber ich finde, dass unsere Gesellschaft dem sehr nahekommt – oder anders ausgedrückt, dass dieser Film die Gesellschaft spiegelt. Ich erkläre dir das gleich näher. Dabei handelt es sich um »Warm Bodies« von Jonathan Levine aus dem Jahr 2013 und Zombie Nicholas Hoult verliebt sich in die Menschenfrau Teresa Palmer, nachdem er das Gehirn ihres Freundes verspeist hat. Es geht um eine Krankheit, welche die Menschen befällt und in Zombies verwandelt. Die noch »gesunden« Menschen halten sich in eigenen Zonen auf und versuchen, die Zombies zu bekämpfen – bis die Liebe und Zuneigung der lieben Teresa im Zombie Nicholas das Herz wieder schlagen lässt und ihn menschlich macht.

Ich erkenne in diesem Film sehr stark unser menschliches Dasein. Vielleicht bist du jetzt erschrocken oder denkst dir, das stimmt doch nicht – wir sind doch alle »normal«. Hoffentlich magst du mir dennoch weiter folgen, damit ich dir meine Beobachtung näher erläutern kann. Eine Vielzahl von uns Menschen ist den größten Teil des Lebens nicht wirklich da, ich nenne das, wie mehrfach erwähnt, »Kollaps«. Gefangen in der Vergangenheit oder in Strategien der

Zukunft – doch nicht lebendig im Hier und Jetzt. Mit jeder Faser deines Lebens im Hier und Jetzt anzukommen, die Liebe und Faszination und Wunder des Lebens spüren zu können, das ist wie ein Musikstück, eine Komposition, die dich tief ergreift. Sie löst in dir eine Wehmut aus und erzeugt eine Verletzlichkeit. Je abgestumpfter, also zombiemäßiger, du bist, desto mehr ist dir diese Komposition nicht zugänglich und umso lauter und intensiver muss sie sein, dass du sie ein wenig spüren kannst. Wie erklärt, hat das mit deinem Nervensystem und mit Traumata zu tun, die dich in einen Kopfmenschen verwandeln, der sich körperlich nicht mehr spürt. Dabei unterscheide ich »Kopfmensch« ganz deutlich von einem »Menschen des Bewusstseins«. Denn am Ende ist alles Bewusstsein und du kannst deine Fühler über die Grenzen deines Geistes und Körpers ausstrecken. Wir Menschen sind, wenn wir bestimmte Bewusstseinsstufen erreichen, sogar in der Lage, nonverbal telepathisch zu kommunizieren und zu heilen. Wir können Dinge vorhersehen und auf unser Leben einwirken. Dazu ist zunächst aber die Heilung deines Traumas und das Zurückerobern deines Körpers mitsamt der Regulation deines Nervensystems notwendig. Sobald du dann eintauchen kannst in die subtilen Qualitäten, die bei dir als intensive Momente landen, hören das Drama und das Leid auf und wahres Vertrauen, Liebe und Bewusstseinserweiterung entstehen.

Wenn das bei dir aber noch nicht der Fall ist, dann benötigst du, wie schon erwähnt, erst einmal sehr laute Musikstücke und Kompositionen, sodass sie etwas in dir bewegen. Ebenso bist du auf das Außen angewiesen. Du kannst die Musik im Inneren nicht selbst erzeugen, sondern brauchst jemanden oder etwas, der oder das dir diese zur Verfügung stellt. Damit will ich sagen: Du benötigst eine Erfahrung im Außen, die sehr drastisch ist, um im Innen etwas zu spüren. Vielleicht gehst du in einen Freizeitpark oder kaufst eine Unmenge an Sachen, um das Glücksgefühl zu erleben – im

Grunde all die Dinge, die dich kompensieren lassen. Du bist stets aktiv und richtest deinen kompletten Fokus und dein Handeln nach außen. Das Innen und die innere Einkehr finden kaum statt, weil du da nichts spürst. Du bist abgespalten von dir und der Welt und kannst so deren magische Komposition nicht mehr spüren. Du verlierst dich in der Welt und in deinem Leben und wirst zu deren Spielball, da du die Poleposition – deine innere Mitte – aufgegeben hast.

Doch dein tiefstes Bedürfnis, wie das aller Lebewesen einschließlich der Menschen, ist das Erleben und Spüren. Die meisten Menschen holen sich daher von außen ihre Ladung davon und suchen an der falschen Stelle nach Erregung. Sie erzeugen also immer wieder Probleme und Herausforderungen in ihrem Leben, weil sie nicht glauben können, dass das Leben einfach und schön ist – sie einfach glücklich sein können, ohne einen Haken. Diese Limitierungen finden bereits in der Kindheit statt, in der sie konditioniert werden, dass das Leben hart und schwer ist, und in der sie von ihren Eltern lernen, wie Leben funktioniert. Wenn man aber ein kleines Kind beobachtet, dann geht einem das Herz auf: Die Lebendigkeit und Magie, die das Kind in der Welt sieht, sind atemberaubend. Einfach wunderschön und auch leicht. Aber das Leben zeichnet dich – es sagt dir, was geht und was nicht, und dabei nimmst du vor allem eines mit: Du musst kämpfen. Jeder Mensch trägt in sich dieses Gefühl, auf der Hut oder Flucht sein zu müssen. Die Menschen, die das nicht spüren, sind so weit von sich abgetrennt, dass sie es nicht wahrnehmen können. Dabei gibt es auch Menschen, die aufgrund einer ständigen Überregulierung und Angst diese Art von Drama, das sie damit assoziieren, in ihrem Leben halten möchten, weil es eine gewisse Lebendigkeit mit sich bringt. Mit dem Drama ist es nun aber so, dass die Sucht nach dem Erleben sich auf die Geschichten, welche uns unser Kopf über das Leben erzählt, und die verschiedenen Lebensbereiche verlagert. Und irgendwann wird Drama zu einer körperlichen Sucht (= Kick). Ganz besonders deutlich wird dies beim Thema Partnerschaft und Beziehung. So kann es gut sein, dass du immer wieder einem Menschen begegnest und denkst, er oder sie sei der oder die Richtige. Dabei sind die ersten Wochen aufregend und schön, bis Langeweile einkehrt und du dann das Gefühl hast, dass es nicht mehr passt. Ein Ex-Partner meinte einmal zu mir, das sei eben so, nach ein paar Jahren werde es langweilig, dann trenne er sich und suche sich jemanden Neuen. In dieser Beziehung kämpfte ich stets, bleiben zu dürfen, und erzeugte und fütterte so das Drama in mir. Es wieder zu schaffen, gab mir einen Kick, den ich damals natürlich nicht als solchen wahrnahm.

Immer wieder Katastrophen im Leben zu erzeugen, ist eine Kunst des Menschen. Denn was wäre denn ohne diese? So ist ein ruhiges Leben das Schwerste für den Neuzeitmenschen. Es ist schwer, glauben zu können, dass alles gut ist, und für manche undenkbar, wenn einmal nichts ist oder passiert. Die neue Welt der Social Media macht sich genau dieses Phänomen zunutze. Durch die Likes und Posts, die Kommentare und den Shitstorm oder das Gefeiertwerden wird in dir ein Drama erzeugt – beispielsweise jenes, etwas nicht zu haben, jenes, etwas haben zu müssen, oder das Drama, woanders oder mit wem anderen wäre es besser. Aber auch im Alltag kann sich das so abspielen. Je nachdem, wie viel Drama du aus der Kindheit gewohnt bist, suchst du dir auch einen Job aus, der Drama birgt. Ich hatte einmal einen Klienten, der für einen Automobilhersteller gearbeitet hat, bei dem der Tageston war: deeskalieren! Das Problem ist: Je weniger Sicherheit und Regulation du durch deine Eltern in der Kindheit erfahren hast, desto mehr suchst du diese Schleifen im Erwachsenenalter wieder. Das heißt, wenn du per se mit deinen Bedürfnissen als Kind nicht gesehen wurdest, deine Mama nicht für dich da oder dein Papa Choleriker war, dann suchst du diese Aufregung im Leben wieder und erzeugst sie. Durch einen Partner, der sich ständig trennen möchte, durch einen Job, bei dem du alles geben musst, um es gerade so zu schaffen, oder du verreist sehr oft oder ziehst häufig um. Wenn du scheinbar gerade angekommen bist, geht es weiter. Du erschaffst dir ein Leben im Rausch, das Endorphine und Stresshormone ausschüttet und sich in einem Auf und Ab vollzieht. Ich hatte einen Klienten, bei dem der Sohn täglich eskalierte und alles dramatisch war – das ist ein Spiegel der Eltern. Und ich kann dir sagen: An der Oberfläche kannst du nun meinen, dass du gerne Ruhe möchtest, dass du runterkommen und ankommen willst. Doch die Frage ist: Kannst du diese auch in deinem inneren System halten? Das ist sehr selten der Fall und das müssen wir trainieren.

Führen wir nun einmal alles zusammen, dann zeigt sich: Wir Menschen haben eine kollektive Dramasucht und leben diese in den verschiedenen Lebensbereichen aus. Das stellen wir dann als normal dar und gesellschaftskonform. Gern bezeichnen wir dann etwas weniger als »langweilig« oder haben das Gefühl, dass etwas fehlt. Die wenigsten Menschen können einfach nur sein und spüren – und glücklich zu sein, ist der härteste Job auf diesem Planeten. Je mehr Drama wir erzeugen müssen, desto abgespaltener sind wir von uns und damit unserem Körper und spüren subtile Reize nicht mehr. Sie landen einfach nicht mehr bei uns. Das Problem ist: Es handelt sich tatsächlich um eine körperliche Abhängigkeit. Ja, Stress als Folge von Drama macht süchtig – und das äußert sich ganz körperlich durch Angst und Unruhezustände wie Herzrasen, Übererregtheit, Körperanspannung und Schwitzen.

Und vor allem: Dein Körper gewöhnt sich daran und kompensiert diesen Stress sehr lange. So lange, bis dein Körper und deine Psyche ihn nicht mehr kompensieren können und Symptome wie Fettsucht, Magen-Darm-Probleme und Ängste auftreten. Diese versuchst du dann, gemäß den aktuellen Empfehlungen der Medizin, mit Psychopharmaka zu kompensieren, oder du suchst dir einen gesellschaftskonformen oder auch weniger gesellschaftskonformen Weg: Alkohol, andere Drogen und weitere Mittel zur Kompensation.

Der heilende Weg ist allerdings, dich zu regulieren und allmählich dem Drama zu entziehen. Dazu musst du zunächst verstehen, woher das Drama in deinem Leben kommt. Grundsätzlich basiert es auf einem dysregulierten Nervensystem, das wie eine Achterbahn hoch- und heruntersaust. Allerdings ist es, wie schon gesagt, normal, dass unser Nervensystem am Tag immer wieder zwischen An- (Sympathikus) und Entspannung (Parasympathikus) pendelt. Du kannst dir das wie bei einem Urzeitmenschen vorstellen, der ein Tier erlegt oder vor einer Gefahr wegrennt (Anspannung) oder dann verdaut und rastet (Entspannung). Das Bedürfnis nach Wellenlinien ist also da und diese machen das Erleben aus. Die Welt und das Außen machen etwas mit dir – ein Erleben und Spüren folgen. Doch bei vielen Menschen sind die Ausschläge und die Wellen derart groß, dass der Unterschied zwischen dem Auf und Ab immens ist und sie diesen Wellen nicht gewachsen sind. Dann entsteht eine Überforderung. Du kannst dir das wie beim Surfen vorstellen, wenn die Wellen 25 Meter hoch sind und du diesen als Anfänger entgegenpaddelst. Sie werden dich mitreißen und mit Glück am Ende ausspucken. Aber dies hinterlässt etwas in dir – jede Welle, die du gerade so überlebt hast, untermauert in dir das Gefühl der Überforderung und der Größe des Lebens und der Kleinheit deiner Wenigkeit. Es gibt auch Menschen, bei denen die Wellenformen am Tag nicht mehr richtig funktionieren. Sie stehen morgens auf und befinden sich unterhalb des Toleranzfensters eines regulierten Nervensystems, das zwischen An- und Entspannung schwingt. Das heißt, sie befinden sich unter der Entspannung im Kollaps (Unterregulierung), raffen sich morgens auf und schießen nach ihrem Kaffee oberhalb des Toleranzfensters in die

Überregulierung. Schließlich sind sie den ganzen Arbeitstag auf hundertachtzig und abends fallen sie tot auf das Sofa in den Kollaps (Unterregulierung). Immer dann, wenn eine Welle sich über oder unterhalb des Toleranzfensters befindet, ist das sehr anstrengend für das Nervensystem. Das heißt, man ist dysreguliert – ein sehr unangenehmer Zustand, den die meisten Menschen als tägliches Dasein und Leben annehmen, weil sie es nicht anders kennen.

Der Weg aus diesem Zustand heraus ist, zunächst das Nervensystem zu regulieren – und vor allem die alleinige Regulierung von Herausforderungen nachzulernen, um in das Toleranzfenster zu kommen, was eigentlich in der Kindheit hätte stattfinden sollen. Ist das passiert, dann schwingt dein Nervensystem schon schön. Nun besteht der zweite Punkt darin, dass du das Nervensystem mitsamt den Toleranzfenstern ausdehnst – also die untere und obere Linie in einem größeren Abstand anlegst. Dadurch bist du für größere Herausforderungen ohne das Gefühl von Drama und Überforderung gewappnet. Somit kannst du höhere Wellen mit Bravour surfen. Der weitere Weg ist dann, die Wellen, welche dir das Leben schenkt, kleiner zu halten. Das bedeutet, dein Inneres so zu trainieren, dass es nicht stets diese Riesenausschläge braucht, um etwas zu spüren. Das heißt, im flachen Wellengang die sanfte Bewegung der Wellen ebenso wahrzunehmen wie die Riesenwellen. Die Nuancen des Lebens immer feiner zu spüren. Demnach schickt dir das Leben weniger von den großen Wellen, da du diese nicht brauchst, um zu erleben. Du kannst kleine Unterschiede in einem großen entspannten Ausmaß innerlich erleben. Hier entstehen Sicherheit, Frieden und Geborgenheit. Und ich kann dir versichern: Ja, es funktioniert! Denn ich habe diesen Weg als frühere Dramaqueen selbst hinter mir und habe Tausende Menschen dabei begleitet. Auch du kannst es mit Begleitung und Praxis erlernen. Und ich muss sagen: Es ist einfach so viel entspannter und lebendiger, so durchs

Leben zu gehen. Ich liebe die Kompositionen, die mir das Leben spielt, und lasse mich von ihnen tragen. Das wünsche ich auch dir!

Funktionieren im Hamsterrad versus Lebendigkeit und Ekstase

Wenn du ein kleines Kind betrachtest, ist dieses volle Lebendigkeit und Lebensfreude. Lebensfreude können wir uns auch als Ekstase vorstellen. Die Lebensenergie, die fließt. Schließlich sagen wir auch »Da ist Leben im Haus« oder »Das Kind ist voller Energie und Power«. Ich kenne viele Mütter, die es kaum mehrere Stunden mit ihrem Kind »aushalten«, ohne zu merken, dass es anstrengend wird. Viele würden Kinder auch als anstrengend bezeichnen. Ein Klient von mir sagte einmal, er sage zu seinen Kindern häufig, sie sollten leiser sein, ruhiger, angepasster. Es sei ihm zu viel. Und damit hat er wohl auch recht. Denn seinem Nervensystem, seinem Energielevel entsprechend ist es auch »zu viel«. Aber was ist eigentlich »zu viel«? Ich behaupte, dass das Leben nicht zu viel ist. Ich behaupte sogar, es ist zu wenig. Das wird dich jetzt stutzig machen. Wie kann die Jennifer behaupten, das Leben ist zu wenig – ich merke doch, dass es zu viel ist. Und doch ist es das in meinen Augen: nämlich zu wenig an Lebensenergie, zu wenig an Fließen-Lassen und Lebensfreude und gleichzeitig zu viel Verkopftsein und Energie, die im Kopf feststeckt. Die Ekstase oder der Zustand der Ekstase ist etwas sehr Wunderbares und Intensives – doch in uns erwachsenen Menschen kaum mehr zu finden. Wenn du Kinder beobachtest, dann kannst du sie voller Lebensenergie und Freude sehen und gleichermaßen leben sie den Schlüssel, der es ihnen ermöglicht, in diese Zustände zu gelangen. Weißt du, was dieser Schlüssel sein könnte?

Ein reguliertes Nervensystem durch das Fließen-Lassen und rasche Switchen der Emotionen. Beobachtest du ein Kind, so ist es in einem Moment lebendig, voller Freude und Neugier – dann springt es wild im Raum umher und reißt die Hände in die Luft –, im nächsten Moment ist es traurig – dann weint es und schmiegt sich an den Körper der Bezugsperson –, schließlich ist es wütend – dann stampft es mit beiden Beinen auf den Boden und verzieht das Gesicht. Das alles sind natürliche Reaktionen des Nervensystems, um sich zu regulieren. So subtil, natürlich und einfach diese auch sein mögen, so bedeutsam sind sie, um die Energie, die Power, die sich im Körper ansammelt, zum Ausdruck und damit auch zum Fließen zu bringen. Kinder sind dabei sehr offen und haben ein sehr hohes Energielevel, das sie den ganzen Tag bis auf gewisse Ruhepausen halten können. Doch es ist ein Irrglaube, dass dies an die Kindheit gekoppelt ist und im Laufe des Lebens abnimmt – oder im Übergang in das erwachsene Dasein. Damit hat das nichts zu tun. Der Hauptgrund ist, dass dir als Kind die Lebendigkeit abtrainiert wird – von deinen Bezugspersonen und der Gesellschaft. Dein kleines Herz wird oft enttäuscht, du wirst nicht richtig verstanden und die regulierenden Verhaltensweisen werden dir sukzessive abtrainiert – bis du irgendwann ein verkopfter Mensch bist und im Funktionieren und deinem persönlichen Hamsterrad feststeckst. Und deine Lebensenergie ebenso im Kopf feststeckt und du von der einstigen Ekstase scheinbar nichts mehr weißt. Du bist ein verkopftes erwachsenes, funktionierendes und scheinbar so vernünftiges Wesen. Wo ist das einst voller Leben sprühende Kind geblieben?

Genau das möchte ich dir jetzt einmal erläutern – was die Knackpunkte sind und wo das Kind eventuell auf der Strecke geblieben ist. In der heutigen Zeit gibt es unzählige Diagnosen und Krankheiten. Ich selbst denke nicht in Diagnosen und Krankheiten. Denn alles basiert auf der Lebensenergie, die dich durchfließt. Wenn diese gut fließen kann, dann fühlst du dich gut und frei. Wenn nicht, dann fühlst du dich blockiert – jetzt einmal einfach ausgedrückt. Das heißt, alles ist eine Art von Energie, die fließen möchte. Und Energie wandelt sich immer – sie verschwindet nie. Das ist auch aus der Physik bekannt. Ich meine damit auch kein spirituelles Chichi, sondern spreche von tatsächlicher Energie, die in deinem Körper (= Zellen und Muskeln) mobilisiert wird.

Kollaps-Energie zum Beispiel, die unter dem Funktionieren und Hamsterrad liegt, ist eine Menge an unterdrückter Energie, die dich dann leblos und energielos werden lässt. Wenn diese jedoch freigelassen wird – dann hast du eine enorme Power. Also möchte ich dir als einen großen Knackpunkt in Bezug darauf, wo das lebendige Kind geblieben ist, den Kollaps nennen.

Schauen wir uns das einmal näher an, mithilfe einiger Beispiele aus deinem Leben. Das beste und schon erwähnte Beispiel ist Sport: Du liegst abends auf dem Sofa und hast das Gefühl, überhaupt keine Kraft und Power zu haben und dass es am besten wäre, jetzt auf dem Sofa liegen zu bleiben. Raffst du dich aber auf und gehst zum Sport, hast du plötzlich eine enorme Power und fühlst dich danach eher fitter – von der Kraftlosigkeit ist nichts geblieben. Die Entspannung danach ist eher ein In-dir-Ruhen mit etwas Muskelspannung, aber nicht, keine Power mehr zu haben. Im Grunde ist Kollaps die Stimme in dir, die dich immer mehr in den Kollaps bringt. Sie tritt häufig in folgenden Gesichtern in Erscheinung: keinen Bock haben, Aufschieberitis, alles fühlt sich zäh und schwer an, gefühlt kraftlos und erschöpft zu sein, gar nichts mehr tun zu können. Oder die Stimme des Kollapses zeigt sich in Erzählungen, dass dir bestimmte Aktivitäten guttun und andere nicht.

Und das ist die Krux daran: Der Kollaps vermittelt dir, dich nicht in Bewegung zu setzen und am besten in eine

Schonhaltung zu gehen. Er erzählt dir, dass es doch viel entspannter wäre, TV zu schauen, anstatt dich mit Freunden zu treffen oder zum Sport zu gehen. Dass es besser wäre, mit einer ungeliebten Aufgabe zu warten, anstatt sie in Angriff zu nehmen. Letztlich bringt der Kollaps dich dazu, dich wie ein Käfer auf den Rücken zu legen, alle viere auszustrecken und auf die nächste Sintflut zu warten.

Falls du dich fragst, ob auch in dir Kollaps-Energie steckt und vor allem in welchen Bereichen, dann kannst du folgende Liste durchgehen und auch ergänzen. Wichtig: Wir alle haben massig Kollaps in unserem Nervensystem gespeichert. Allerdings ist uns das selten bewusst, weil wir gelernt haben, damit zu leben, und keine Ahnung haben, wie sich ein lebendiger Körper im Vergleich zu einem kollabierten anfühlt. Deshalb möchte ich dir hier einmal die Extreme aufzeigen, an denen du den Kollaps deutlich erkennen kannst.

Dabei kannst du dich fragen, in welchen Bereichen du nicht mehr lebendig bist, worauf du wenig Lust hast oder was du gerne aufschiebst.

Besonders beliebte Bereiche sind:

- Hausarbeit (Wäsche, Abwasch ...)
- Steuer
- Montag
- Lernen
- Sport
- ...

Es kann aber auch sein, dass der Kollaps dich im Tun hält, während du gar nicht anwesend bist. Im Funktionieren und im Hamsterrad, während du nicht wirklich im Fühlen bist. Er hält dich in jedem Fall davon ab, ein lebendiges Wesen zu sein – er hält dich von Ekstase ab.

Allerdings ist Ekstase das Allheilmittel gegen das depressive Down des Kollapses. Es heilt alte Wunden und lässt dich in Energie eintauchen. So möchte ich dir gerne die Aktivierung von Lebensenergie zeigen, die du in verschiedenen emotionalen Zuständen erlebst:

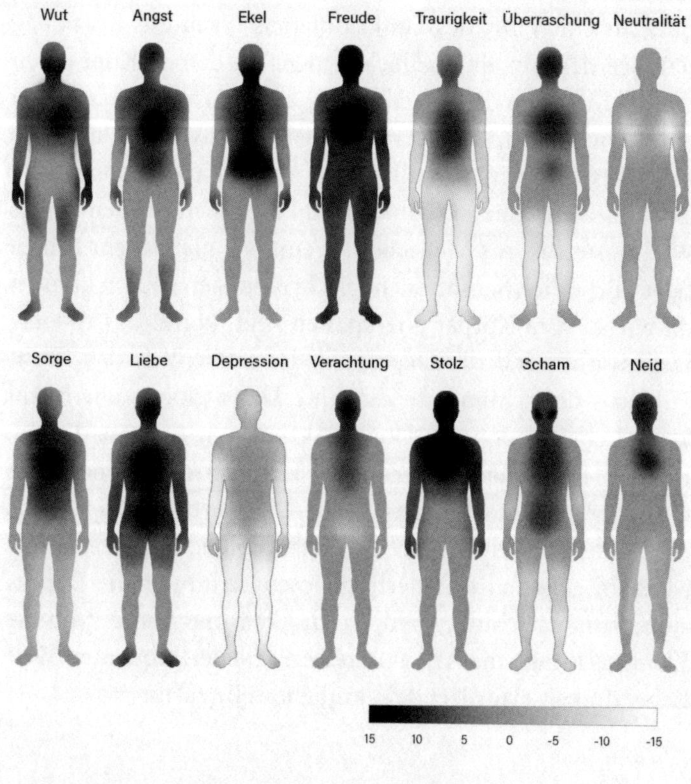

Grafik 2: Landkarte der Emotionen
(Quelle: https://www.pnas.org/doi/10.1073/pnas.1321664111)

Wunderbar ist, wenn die Lebensenergie durch deinen gesamten Körper fließen kann. Das passiert dann, wenn alle Bereiche deines Körpers aktiviert sind. Die blauen Bereiche zeigen das Nicht-Spüren und den Kollaps als die energetische Niederfrequenz deiner Energie im Körper an. Erinnere dich an das Kapitel »Dein Erleben ist pure Physiologie!« zurück: Dort habe ich dir erzählt, dass, davon abhängig, welche Bereiche in deinem Körper aktiviert sind, du dich mehr oder weniger lebendig fühlst. Ebenso empfindest du je nach Aktivierung unterschiedliche Emotionen. Wichtig ist: Dein Empfinden bestimmt, wie du über dich denkst und was du fühlst. Ob du das Leben als einen lebendigen Ort oder als einen Ort des Funktionierens erachtest. Körpersignale werden um ein Vielfaches mehr an deinen Kopf gesendet als Kopfsignale (= Gedanken) an deinen Körper. Daher ist es wichtig, auf die Körpersignale einzuwirken, um dein gesamtes Erleben, Verhalten und auch deine Gedanken beeinflussen zu können. Fühlen und körperlich erleben ist das Wichtigste für uns Menschen. Wenn wir nicht mehr fühlen oder körperlich Sensationen und Erregungen spüren können, da wir so vom Körper abgespalten sind, kommt es zu einer Depression. Und die Depression ist schließlich das Nicht-Fühlen – der schlimmste Zustand. Dann gibt es überhaupt keine Lebensenergie und keine Aktivierung mehr in deinem Körper. Hingegen ist Freude (= Ekstase) ein körperliches und energetisches Feuerwerk der Aktivierung, das sich als pure Lebendigkeit beschreiben lässt. Folglich ist Ekstase die Medizin gegen alle niederfrequenten Zustände wie Depression, Scham, Schuld, Neid, Traurigkeit und Sorge. Und die Ekstase ist tägliche Arbeit in unserer niederfrequenten Welt. Lebendigkeit erfordert dein tägliches Hinzutun.

Scan me

> Dein (Er-)Leben ist zu 100 Prozent
> der Spiegel deines Inneren.
>
> Jennifer Subke

Vom Opfer zur Heldin deines Lebens werden – deine Wirklichkeit als bester Lehrmeister!

Und täglich grüßt das Murmeltier – dein Leben als Spiegel

Das Leben ist oft eine Verlängerung der Vergangenheit, denn wir Menschen leben sehr viel in der Vergangenheit, weil wir alte Verwundungen aus ebendieser nicht gelöst haben. Und diese verfolgen dich dann unterbewusst dein ganzes Leben, bis du ihnen auf die Schliche kommst. Diese kleinen Verwundungen und Überlebensstrategien sind in deiner Vergangenheit entstanden und du gehst mit ihnen bis heute durch das Leben, wobei sie sich wie ein Schleier über dein Erleben legen und deine Wirklichkeit erschaffen. Ich versuche selbst regelmäßig, ihnen auf die Schliche zu kommen, und lege mir dazu die Karten von dem wunderbaren Chuck Spezzano, bei denen ich dir besonders jene mit der Bezeichnung »Woran hängt dein Herz?« empfehlen kann.

Die Welt ist ein Ort, in welchem du Dualität erlebst. Du bist hier auf der Erde, um eben beides zu erfahren: Die Schatten wie auch das Licht dürfen dich berühren. Und du musst immer durch die Schatten gehen, um das Licht dann auch als solches wahrnehmen zu können. Bei den Karten von Chuck geht es um die Götzen des Lebens gleichermaßen wie um die heilenden Momente. Und diese Götzen möchte ich zum Anlass nehmen, dir aufzuzeigen, wo sich bei dir alte Wunden befinden können, die dich heute immer noch beeinflussen und dein Leben unvollständig und unlebendiger machen. Allerdings ist es schwer, diese Götzen zu erkennen, wenn du dich im Kompensationsmodus befindest. Deshalb empfehle ich, dass du dir dieses Kapitel erst einmal durchliest und danach versuchst, diese Götzen nach und nach zu entlarven. Du wirst im Folgenden erfahren, wie das möglich ist. Je weniger Trubel und Kompensation jedenfalls in deiner Welt durch das Außen generiert werden, umso leichter ist es, in das Innen zu schauen. Dieser Prozess ist sehr wichtig – denn es ist der erste Teil deiner Reise, die das Bewusstwerden beinhaltet. Erst einmal müssen die Themen allmählich nach oben gelangen und können sich dann verwandeln, indem du sie beispielsweise mit der »Traumaorientierten Körperzentrierten Hypnose« auflöst. Dadurch wirst du freier, lebendiger und glücklich und somit weniger kompensieren und die Welt mit anderen Augen wahrnehmen und sehen können. Dieses Buch und insbesondere dieser Teil zielen genau darauf ab: dir bewusst zu machen, in welchem Film du dich befindest, und währenddessen gleichzeitig bereits bewusster zu werden. Erst der zweite Teil ist deinen praktischen Veränderungen gewidmet. Denn gerade dieser Punkt des Bewusstwerdens ergibt die 90 Prozent, die den entscheidenden Unterschied machen. Sehr oft erlebe ich aber auch, dass Menschen zu mir kommen und schon sehr bewusst sind: Sie wissen bereits, was los ist, und haben einen Überblick dahin gehend, woran es hakt. Jedoch kommen sie an einem entscheidenden Punkt nicht weiter: sich anders zu fühlen, anders handeln zu können und dadurch auch neue Ergebnisse sowie eine neue Gesamtwirklichkeit zu erschaffen. Und der Knackpunkt hier ist, dass der State of the Art unserer psychischen Gesundheitswelt die Verhaltenstherapie ist. Ich sehe immer, dass zwar vieles etwas bringt und dir auf deinem Weg weiterhilft: jedes Buch, das du liest, jeder Podcast, den du hörst, und auch alles, worüber du redest. Und das alles ist zwar Teil des Prozesses und bringt dich tatsächlich ein Stück weiter, jedoch ist der wahre Hebel, es auch zu verkörpern. Du musst deine neue Realität verkörpern und die alte körperlich auflösen. Und genau hier verorte ich in der gängigen Verhaltenstherapie den Knackpunkt: Sie arbeitet lediglich auf der Symptomebene und versucht, mit Manualen, die Anleitungen und Anweisungen beinhalten, und mit Reden etwas zu verändern. Dabei steht zahlen- und faktenmäßig laut dem »Report Psychotherapie 2023« von der DPtV fest, dass ein Drittel aller Deutschen an einer psychischen Störung leidet und 21 Prozent sich in (Sprech-)Langzeittherapie ohne Effekt befinden. Diese Zahlen finde ich sehr erschreckend, so wird jahrelang an den eigenen Themen gearbeitet – ohne bemerkbare Wirkung. Wie erwähnt, ist die gängige Psychotherapie nach wie vor die kognitive Verhaltenstherapie. Und mit »kognitiv« meine ich »im Kopf etwas ändern«. Doch hinterfrage es einmal ehrlich: Du hast Angst in einer Situation oder fühlst dich aufgrund deines Perfektionismus getrieben und mit deinem Leben überfordert und kommst deshalb in eine Praxis, in der jemand mit dir bespricht, einfach anders zu denken, zu fühlen und dich anders zu verhalten? Zu denken »Mein Leben ist leicht und schön«, »Mein Nachbar nervt mich nicht so sehr« oder »Ich schließe Frieden mit meiner unfreundlichen Nachbarin« – hilft das wirklich?

Vermutlich wenig – denn das Problem ist: Dein Körper sendet einfach um ein Vielfaches intensiver an deinen

Kopf als dein Kopf an deinen Körper. Du hast keine Chance gegen deinen Körper und dein Nervensystem. Und wann er feuert, hat genau mit den alten Wunden zu tun, die in dir sind – mit deiner Vergangenheit. Alles Unterbewusste ist in deinem Körper abgespeichert und daher ist der Körper dein Schlüssel. Der Schlüssel für dein Glück. Dazu bringe ich dir ein Beispiel: Angenommen, du hast Angst, zu scheitern. Deshalb machst du folgende körperliche Übung: Du schüttelst dich erst, machst dann Ausfallschritte, sodass du beinahe hinfällst. In dem Moment öffnet sich deine Hüfte und Energie fließt. Du lässt dich dann wiederholt fallen. Also du machst einen derart großen Ausfallschritt, dass du einfach fällst und dich dann hin- und herrollst. Das sind alles Verkörperungen von Scheitern. In dem Moment wirst du emotional spüren, dass womöglich Tränen kommen, und wirst mit dieser Angst direkt in Kontakt treten können. Wenn du dann aufstehst, in die Luft springst und dich feierst, ist das der körperliche Ausdruck von Ekstase. Und Ekstase heilt Angst und Scham – eine Medizin. Wiederholst du das regelmäßig, wirst du allmählich merken, wie du weniger schlecht über dich denkst und wie es dir leichter fällt, zu scheitern, wie du mehr im Leben wagst – und kannst du im Hier und Jetzt die Überzeugungen aus deiner Vergangenheit, dass es schlimm und beschämend ist, zu scheitern, umprogrammieren. Das Ergebnis ist ein anderes Erleben, positive Emotionen, ein Anders-Handeln und eine andere Wirklichkeit. Doch all das wirst du mit Sprechen alleine nie erreichen können, weil diese Prozesse unterbewusst ablaufen. Deshalb ist der Schlüssel das Körpergedächtnis und dessen neue Programmierung, was wiederum die direkt verkörperten Überzeugungen nachhaltig in dir ändert. Kommen wir jetzt wieder zurück zu den Götzen deiner Vergangenheit, die dein Leben im Hier und Jetzt als Verlängerung prägen, so können wir sie auf diese Weise schrittweise einfach auflösen. Wichtig dabei ist: Auf rationaler Kopfebene, ohne die körperliche Ebene, kannst du das nicht nachvollziehen. Du musst üben und es körperlich mitmachen. Das ist ein wenig, als würdest du mich fragen, wie es ist, Fallschirm zu springen – das kann ich dir zwar gut und gerne erzählen, dennoch hast du es erst dann wirklich verstanden, wenn du es selbst ganz körperlich erlebt hast. Und so ist es auch mit der »Traumaorientierten Körperzentrierten Hypnose«, auch diese kannst du nur verstehen, wenn du sie selbst körperlich erfahren hast, und nicht, wenn ich sie dir auf Kopfebene erkläre.

Nun kannst du sehr gern einmal mithilfe der folgenden Liste abgleichen, in welchen Bereichen du Themen hast und bei welchen Götzen du womöglich ein Aufatmen (= ein mit dir In-Resonanz-Gehen, also etwas wurde in dir ausgelöst) bemerkst oder auch nur ein Gefühl, da könnte etwas dran sein. Gerne kannst du daneben auch mit einem Bleistift einen Haken setzen. Und wichtig ist außerdem: Sie heißen deshalb Götzen, weil du sie benutzt und sie dich beeinflussen, um nicht zu erkennen, dass du eine wahrhaft schöne und wunderbare Seele bist und deine Essenz im Inneren unantastbar ist. Sie halten dich im Leid und lassen dich immer wieder deine Vergangenheit im heutigen Leben neu erleben. Wie eben im Film »Und täglich grüßt das Murmeltier«. Das passiert, bis du sie erkennst und etwas änderst – und ein neues Hier und Jetzt sowie eine neue Vergangenheit geschrieben werden können.

Im Folgenden findest du die Götzen, die durch Verletzungen in der Vergangenheit entstanden sind:

- Der Götze der Aufopferung
- Der Götze der Angst
- Der Götze der Beherrschung
- Der Götze der Besonderheit
- Der Götze der Beziehungen
- Der Götze der Depression

- Der Götze der Drogen
- Der Götze der Gier
- Der Götze der Grausamkeit
- Der Götze der Kontrolle
- Der Götze der Krankheit
- Der Götze der Kreuzigung
- Der Götze der Schuld
- Der Götze der Schwäche
- Der Götze der Selbstkonzepte
- Der Götze der Unabhängigkeit
- Der Götze der Verliebtheit
- Der Götze des Bösen und der Sündhaftigkeit
- Der Götze des Chaos
- Der Götze des Erfolges
- Der Götze der Essenz
- Der Götze des Geldes
- Der Götze des Gewinnens
- Der Götze des Glamours
- Der Götze des Herzensbruchs
- Der Götze des Konsums
- Der Götze des Körpers
- Der Götze des Leidens
- Der Götze des Rechthabens
- Der Götze des Ruhms
- Der Götze des Schlafs
- Der Götze des Sex
- Der Götze des Todes
- Der Götze des Träumens
- Der Götze des Verlustes
- Der Götze harter Arbeit

Warum es sich nie stimmig anfühlt!

Viele Menschen warten ab einem bestimmten Moment darauf, dass sie den eigenen Themen auf die Schliche kommen und sich der eigene Weg ab einem gewissen Zeitpunkt gut anfühlt. Dass es sich wie von selbst ergibt. Und das erzählt uns leider auch die Welt sehr gerne. Vor allem die Sozialmedien sind Meister darin, uns zu vermitteln, dass man nur noch den einen Punkt braucht, und dann läuft es endlich. Dass es sich irgendwann einfach gut anfühlen muss, und dann geht's endlich los. Aber ich kann dir sagen: Das ist ein Trugschluss.

Es ist absolut nicht wahr. Denn die Hauptfaktoren, die helfen, uns Menschen direkt aus der Komfortzone zu katapultieren, sind Leid und Schmerz. Oft ist es in der Komfortzone nämlich sehr bequem – und wir Menschen benötigen diesen Schmerz, um uns überhaupt in Bewegung zu setzen. Rein evolutionär ergibt das auch Sinn, weil unser Körper gerne Energie sparen möchte. Er will in sich so wenig Aufwand haben, sodass er den Rest für die notwendigen Prozesse speichern kann. Das ist insofern sinnvoll, da vor Tausenden und Millionen von Jahren nicht dieses heutige Überangebot an Energie in Form von Kalorien vorhanden war.

Sehr häufig erlebe ich in meinen Begleitungen und vor allem in den Vorabgesprächen auch, dass das Unterbewusstsein meiner Klienten scheinbar zu spüren scheint, dass nun ein Aufwand ansteht, und dies als unangenehm und zu vermeiden interpretiert. Denn wir Menschen assoziieren aufgrund der Übererschöpfung – die in unserem System und auch im Kollektiv, also in unserer Gesellschaft, gespeichert ist – Anstrengung mit etwas sehr Negativem. Ein Aufwand, den es zu vermeiden gilt. Im Kern ist Anstrengung aber ein sehr schönes Gefühl, das durch die permanente Übererschöpfung und Überarbeitung in der Gesellschaft missbraucht wurde.

Das Zweite, was wir Menschen in der Gesellschaft und auch im Leben hinterlegt haben, ist, dass es sich stimmig und richtig anfühlen muss. Da wir Menschen uns aber nur zu gerne von alten Gefühlen leiten lassen, ist das nicht die beste Haltung. Wie bereits beschrieben, haben wir ständig einen Film und einen Filter über unserem Erleben. Sehr oft bleiben wir lange im gleichen Erleben und haben stets die gleichen Ergebnisse, da unsere alten Gefühle, die auf alten Erfahrungen basieren, uns immer wieder die gleichen Entscheidungen treffen lassen. Alte Gefühle bringen uns deshalb sehr häufig nicht weiter. Stattdessen halten sie uns im immer gleichen Zyklus des Lebens. Und du erlebst es dann als eine kritische Situation, wenn dir etwas an diesem Zyklus nicht passt.

Deshalb darfst du dich an dieser Stelle fragen: Ist diese Art und Weise und das Erleben, was ich gerade spüre, wirklich das, was ich mir von Herzen wünsche? Oder gibt es da Sehnsüchte oder ein Gefühl, dass etwas anders sein darf?

In meinen Begleitungen und auch am eigenen Leib habe ich festgestellt, dass – neben dem Umstand, sich nur dann zu bewegen, wenn Leid auftritt, oder zu warten, dass es sich stimmig anfühlt – unser Körper noch schlauer ist und sogar noch weiter in die Richtung des Leids geht und uns regelrecht im »Alten« festhält. Er macht uns also das, was uns nicht guttut, schmackhaft und das, was uns guttun würde, verkauft er uns als völlig ungenießbar. Ein (schon mehrmals verwendetes) Beispiel: Dir würde es am Abend guttun, noch Sport zu machen, aber das Sofa lockt. Setzt du dich dann doch in Bewegung, merkst du, wie erholsam diese Sporteinheit ist. Die Herausforderung liegt darin, dass dies nicht nur beim Sportmachen so ist, sondern in allen Lebensbereichen – sehr oft subtil und sehr oft in Geschichten, die wir dann als wahr wahrnehmen.

Ich empfinde es sogar so, als wäre der »lebendigere« Weg stets 180 Grad das Gegenteil von dem, was hier in der Welt passiert. Ein Beispiel: Du investierst mit Liebe Tausende von Euros in eine Reise oder ein neues Auto. Würde es aber darum gehen, sie für deine Gesundheit zu verwenden, käme es dir auf einmal viel vor. Ich hatte schon einige Anfragen von Menschen, bei denen alles gepasst hätte, doch die es aufgrund der Geschichten in ihrem Inneren nicht geschafft hatten, sich zu überwinden und einen Teil ihrer finanziellen Mittel in eine Begleitung oder ihre persönliche Entwicklung zu stecken. In ihr Auto, das Internet, das Fernsehen und andere Konsumgüter – da fällt ihnen die Investition hingegen leicht. Und weißt du, was? Ich kann das so gut verstehen – und dennoch ist es zutiefst traurig. Denn genau diese Verhaltensweisen führen auch dich immer wieder zu den gleichen Ergebnissen. Nimmst du aber einmal eine andere Abzweigung, auch wenn es sich nicht »stimmig« anfühlt, erhaschst du einen Blick hinter die Kulissen und die Illusion fällt. Bei mir ist es inzwischen so, dass ich liebend gerne Geld für meine Gesundheit und Entwicklung ausgebe. So würde ich mich jederzeit für eine reinigende Ayurvedakur entscheiden und dafür einen Jahresurlaub hintanstellen. Denn im Grunde kannst du diesen auch gar nicht genießen, wenn sich dein Körper seelisch, körperlich und mental nicht in einem Zustand des Friedens und der Harmonie befindet. Deshalb ist sich in Frieden und Harmonie zu bringen der Dreh- und Angelpunkt deines Erlebens. Und diesem gilt der Fokus und das erfordert ein Umdenken und ein anderes Handeln, das zu anderen Erfahrungen und Ergebnissen und somit zu einer anderen Realität und einem anderen Ich führt. Allerdings hat unsere Gesellschaft ein völlig abstruses und krankmachendes Verständnis von Gesundheit und Heilung. Unser Gesundheitssystem macht krank und die Medikamentenkonzerne versuchen, dich in der Abhängigkeit zu halten. Kapitalismus, Macht und Gier sind an der

Tagesordnung und der State of the Art für psychische Gesundheit sind Psychopharmaka und eine Verhaltenstherapie. Das eine betäubt dich und das andere kratzt an der Oberfläche, ohne etwas in der Tiefe zu ändern. Es ist ein bisschen wie: Ich schenke dir eine Hoffnung, ein Versprechen, dass sich alles ändert – doch die wahre Heilung tritt nicht ein. Das geht so lange, bis dieses System finanziell und zeitlich alles, was an Wert möglich ist, aus dir geschöpft hat. Das klingt sehr hart und direkt – aber wenn du genau hinsiehst, ist es die Realität, die wir in unserer Gesellschaft vorfinden.

Ein weiterer Punkt des Sich-nicht-stimmig-Anfühlens ist es, dass gefühlt alle anderen Menschen um dich herum dem täglichen Wahnsinn in dieser Welt zustimmend zunicken und mitmachen. Wie bereits beschrieben, ist es die größte Angst des Menschen, abgelehnt zu werden. Dazu gehört, dass es sicherer ist, konform zu sein, und damit geht einher, nicht sichtbar zu sein und ja nicht aufzufallen. Anders zu sein und damit automatisch auch »ausgeschlossen« zu werden, ist ein weiteres Riesenthema, das damit verbunden ist, abzuwarten, bis die anderen losgehen, um sich dann mitgleiten zu lassen. Und das kann ich ebenso zutiefst verstehen. Dabei stelle ich mir einen Fischschwarm vor, der in eine Richtung schwimmt. Es ist sehr anstrengend, sich in die Gegenrichtung zu bewegen, und erfordert Mut und eine Portion Wut. Auch verlangt es, damit zu rechnen, erst einmal alleine weiterzugehen und – noch viel schlimmer – verachtet zu werden. Diesen Job nimmt dir allerdings niemand ab. Doch diese Fähigkeiten zu erlernen und dich in deinem Ich zu zeigen, dich in der Ablehnung sicher zu fühlen – das ist ein unglaubliches Katapult in die Freiheit. Denn stell dir einmal vor, es wäre dir tatsächlich egal, was andere über dich denken und sagen: Dann steht die Welt dir offen. Bei vielen Menschen geht diese Weise, Harmonie herzustellen, und diese Art von Konformität so weit, dass sie keinen Zugriff zu eigenen Wünschen und Vorstellungen haben und daher stets den Weg der Gesellschaft wählen. Dahinter steckt ein tiefes Trauma, das sich mit einer Portion Grenzensetzen, Angstlösen und Wutkraft beseitigen lässt. Hier spielt die Schamresilienz eine große Rolle: Das heißt, das Innere in dir so groß zu machen, dass es stets über dem steht, was die Welt und andere Menschen dir entgegensetzen. Diese tiefe Essenz und das unerschütterliche Wissen, dass du ohne ein Tun, Sein oder Leisten wertvoll bist und die Welt und andere Menschen dir nichts anhaben können – dieses innere Gefühl besitzen nur wenige Menschen. Doch was nicht ist, das kann noch werden: Denn all das kannst du dir zurückerobern. Frei, wild, lebendig, frech und einzigartig schön!

Erkenne unbedingt auch, wann das Schönreden beginnt – ein sehr beliebtes Mittel, um nicht in die Gänge kommen zu müssen. Einfach so tun, als sei alles in Ordnung. Ganz ehrlich: Dein Körper und deine Psyche kompensieren eine ganze Menge an Gift, bis die Rädchen nicht mehr ineinandergreifen können und unangenehme Symptome auftreten. Und wir Menschen sind Meister der Kompensation, Unterdrückung und des Schönredens. Doch plötzlich kommt der Super-GAU in unserem Leben. Bei Angst zum Beispiel die Panikattacke, die das letzte Glied in der Kette ist. Und dann fragen wir uns: Woher kommt die denn? Aber ich kann dir sagen, wenn deine Sensibilität und dein Hinschauen wieder aktiv sind, dann erkennst du sehr genau die Warnstufen, die dein Leben vorab durchlaufen hat. Dabei ist das Leben sehr clever – es beginnt mit einigen Hinweisschildern, bis es ein Stopp einfügt, das dich vor dem bevorstehenden Abgrund warnt und versucht, zu verhindern, dass du weiterfährst. Oft sind etwa Krankheiten ein Zeichen des Lebens, dass etwas nicht stimmt und du etwas Entscheidendes übersehen hast und hinschauen darfst. Das Leben ist nämlich immer für dich!

Generell: Wachstum ist schmerzhaft und unangenehm –

das ist nun einmal so. Doch dieser Schmerz und auch das Unangenehme birgt Schätze. Wir leben in einer Welt der Dualität. Dafür haben sich unsere Seelen vor einer langen Zeit entschieden. Wir brauchen Kontraste, um zu erkennen. Die Dunkelheit, um das Licht zu schätzen. Das Wenige, um das Viele erkennen zu können. Zeiten der Entbehrung, um Zeiten der Fülle lieben zu lernen. Eine Mentorin von mir sagte einmal: Du musst durch die Schatten gehen, um das Licht zu erblicken. So ist es: Und das können wir nicht umgehen, auch wenn wir das täglich versuchen. Denn schau einmal genau hin: Wir Menschen versuchen, es uns so bequem wie möglich zu machen. Wir befinden uns in einer Illusion des Komforts, die mit Kosten zusammenhängt. Auf Kosten der Lebendigkeit siechen wir in diesem Leben dahin. Aber das volle Potenzial, das Leben und die Lebendigkeit findest du da draußen. Eine Freundin sagte mir einmal: »Ich mache mir das Leben einfach gerne leicht.« Aber macht dich das auch glücklich? Wenn du einmal wirklich fühlst, findest du es heraus.

Dazu sind folgende Schritte sehr essenziell: Scheue das Unangenehme nicht und lerne einen neuen Umgang mit Anstrengung! Blicke hinter die Fassaden und schau hin! Erkenne die Manipulation und Illusionen, die dir bereits durch die Medien zum Frühstück aufgetischt werden, und sei kritisch! Komm dir, dem Leben und der Welt auf die Schliche! Das macht unglaublich Spaß und ist ein spannender Wachstumsprozess der eigenen Entwicklung. Und das Wichtigste: Übernimm Verantwortung!

Wann haben wir Menschen uns überhaupt darauf geeinigt, unsere Macht und Verantwortung abzugeben? Und vor allem: Was hat uns das gekostet? Eine ganze Menge – denn die Abgabe von Verantwortung erkennst du im Gesundheitssystem, in dem du bequem zum Arzt gehst und darauf wartest, dass dieser dich wieder heil macht. Deine Bezahlung: Du verlässt deinen Körper, gibst die Weisheit deines Inneren an eine dritte Person ab, die dich fünf Minuten begutachtet, doch es ändert sich nichts in der Tiefe. Als nächster Punkt ist deine Arbeit zu erwähnen – auch hier bist du einen Deal eingegangen: Du hast ein sicheres Auskommen, eine Regelmäßigkeit und musst nur deine 40 Stunden anwesend sein und dein Bestes geben. Deine Kosten: Du verkaufst deine Zeit, deine Intuition und womöglich auch deine Berufung. Denn die meisten Menschen arbeiten in einem Job, in dem sie sich überarbeiten oder die Zeit absitzen. Doch das ist weit entfernt von einer Verwirklichung – das heißt, dich selber zu spüren und zu verwirklichen in dem, was du tust, und das Ego außen vor zu lassen. Und so könnte ich dir noch unzählige Beispiele aufzählen, bei denen wir uns als Gesellschaft darauf geeinigt haben, das Zepter aus der Hand zu geben und die Verantwortung anderen Menschen zu übertragen, die vermeintlich weiser, klüger oder studierter sind. Aber das ist eine Illusion, denn Veränderung und das Leben sind stets sehr individuell und setzen bei dir an. Und zwar ausschließlich bei dir! Deshalb besteht ein erster Schritt darin, Verantwortung für dein Handeln und Erleben zu übernehmen. Indem du hinter die Geschichten, die ich hier beschrieben habe, schaust und dir und dem Leben auf die Schliche kommst. Ich wünsche dir viel Freude dabei!

Das Leben irrt sich nie!

Heute saß ich in einem Restaurant und bestellte mir ein Mittagessen. Dabei wollte ich mich einmal sammeln und für einen Moment zur Ruhe kommen. Dort war es allerdings eher laut und ziemlich voll. So konnte ich auch die Gespräche an den Tischen nebenan hören. Links neben mir saßen drei junge Mädchen im Alter von 14 bis 16 Jahren. Eines erzählte sehr impulsiv, wie schwer es doch für sie sei, da sie doch die Erste und Älteste sei und so den Weg für ihre Geschwister ebnen müsse, was die Sache Beziehung, Liebe und Partnerschaft angehe. Dabei klagte sie, wie gemein das sei und wie schön es wäre, wenn das jemand anderer für sie übernehmen könnte. Doch als die Älteste der Geschwister müsse sie diese Bürde auf sich nehmen. Hinter diesem Klagen steckt für mich eine klare Botschaft – ich würde sagen, sogar: zwei Botschaften. Zum einen jene von: Anderen geht es besser, denn dort ebnen die älteren Geschwister den Weg. Und zum anderen: Das Leben ist hart und schwer und es könnte doch so leicht sein.

Ich erkenne hier tiefe Zusammenhänge, die sich in vielen Leben widerspiegeln. Denn am Ende geht es ja nie um die Tatsache, die ein Mensch erlebt, sondern um ein Muster, das dahintersteckt, und letzten Endes um das Gefühl. Hier höre ich vor allem das Gefühl der Ohnmacht heraus. Eine Ohnmacht, welche die junge Frau zweifeln und sich wünschen lässt, das Leben würde es ihr leichter machen. Und ich kann nicht behaupten, dass es mir nicht auch einmal so im Leben erging. Dass ich dachte: Kann ich diesen Teil des Studiums nicht überspringen oder diese unangenehme Situation nicht auslassen? Oder dass es das Leben mir nicht einfach recht machen kann. Genau damit wirbt die moderne spirituelle Szene: Kreiere dir die Welt, wie sie dir gefällt! Stell dir einfach vor, wie du eine tolle Beziehung führst oder gar in einer wunderschönen Luxusvilla lebst. Und dann schreibst du das einmal auf einen Zettel, oder auch zwei- oder dreimal, und stellst dir das Ergebnis bildlich vor – und schwuppdiwupp wird es dir einfach so vom Leben überreicht. Du merkst schon, dass ich auf etwas Bestimmtes hinauswill, oder? Zwar möchte ich nicht sagen, dass das Leben nicht leicht sein darf. Aber diese Art, sich das Leben fein und schön zu machen, funktioniert einfach nicht. Und das hat einen bestimmten Grund: Seit deiner Geburt möchte sich das Leben in dir ausdehnen und wachsen.

Dein Nervensystem will neue Zustände erreichen und das Leben möchte sich in dir erfahren. Erfahren bedeutet jedoch nicht, nur die Seite des Lebens, die dir gerade angenehm ist, zu erleben. Erfahren bedeutet, alle Facetten des Lebens zu spüren. Das heißt: Nein, das Leben macht es dir nicht leicht! Nein, das Leben schuldet dir nichts – und nein, das Leben läuft selten so, wie du es dir wünschst. Denn: Was wir Menschen uns häufig wünschen, steht komplett im Gegensatz zu dem, was Leben in sich birgt. Ich könnte sagen: Es ist fast wie ein physikalischer Grundsatz, wie Leben funktioniert, der verhindert, dass das Leben es dir leicht macht. Und vor allem eines: Das Leben irrt sich nie!

Diese Aussage empfinde ich als sehr spannend. Wenn sich das Leben nämlich nie irrt, dann meint es das Leben auch immer gut, oder? Und so ist es: Das Leben an sich kennt kein Gut und Böse. Es ist neutral und liefert uns immer das, was wir in der Tiefe verankert haben. Das heißt, bei der jungen Dame aus dem Beispiel zuvor liefert das Leben stets das Unangenehme, weil sie sich diesem nicht stellen möchte. Weil sie ein Problem damit hat und das Leben möchte Probleme gelöst haben und Lösungen bereitstellen. Das Leben möchte in sich immer wachsen und gedeihen. Wachsen und gedeihen – das funktioniert aber nicht auf einer Einbahnstraße. Wachsen ist nicht in einem spirituellen Chichi aus Wünschen möglich – Wachstum findet genau dort statt, wo dein tiefster Schmerz sitzt. Dort, wo es wehtut – dort ist am meisten zu holen. Nun ist es jedoch so, dass Schmerz erst dann unangenehm wird, wenn du damit in einen Widerstand gehst. Das heißt, wenn du ihn zu vermeiden versuchst. Dadurch bauscht er sich immer mehr auf und wird zu einer Riesensache. So ist das mit der Vermeidung! Gehst du hingegen darauf zu – gehst du auf den Schmerz zu, der hinter einem Ereignis oder einer Lernerfahrung steckt, dann ist es plötzlich ganz leicht!

Da das Leben sich nie irrt, musst du dich letztlich irren,

wenn du etwas als ungerecht oder zu schwer erachtest. Denn das Leben schenkt immer nur – jeder Tag ist voller Geschenke. So kann ich dir auch von einem Geschenk berichten, das ich vor nicht allzu langer Zeit erhalten habe. Ich hatte den tiefen Wunsch, endlich meine Existenzangst aufzulösen, und meinte das sehr ernst. Spannend war, dass mir das Leben daraufhin in den folgenden drei Monaten alles Mögliche an inneren und äußeren, nicht gerade angenehmen Themen vor die Füße warf: alte Ego-Geschichten, Überzeugungen und Annahmen aus der Vergangenheit und einiges mehr. Das Leben mutete sich mir mit voller Bandbreite zu und ich hatte es zunächst mit sehr großen Zweifeln zu tun. Denn es gibt durchaus verschiedene Möglichkeiten, mit dem, was uns vor die Füße geworfen wird, umzugehen. Aber nicht alle davon sind förderlich. Nun war es so, dass ich zweifelte und traurig war, gleichzeitig auch wütend. Ich suchte mir zu der Zeit jemanden, der mich noch einmal begleitete, und schrie in das Leben: Nein, Leben, ich meine es ernst und du kannst mir noch so viele Herausforderungen vor die Füße werfen, ich bleibe standhaft! Und dem war auch so – ich ging durch tiefe Prozesse und fing immer wieder bei einer Person an: bei mir! Da ich Schöpferin meines Lebens bin, musste ich aus irgendeinem Grund diese Resultate erschaffen. Ich stellte mich dem Leben und ging durch viel Schmerz und wurde weicher und berührbarer. Zu manchen Zeitpunkten hatte ich das Gefühl, dass ich wie eine Raupe eine weitere Schicht ablegte und zu einem Schmetterling wurde. Und tatsächlich gab es dann den Tag, an dem meine Angst verschwunden und ich frei war. Halleluja!

Heute bin ich sehr dankbar dafür! Aber in den Momenten, in denen das Leben uns etwas scheinbar »Schlechtes« vor die Füße wirft, ist es schon eine ganz andere Hausnummer. Aber das Leben hat immer zwei Seiten. Und auch du kannst diese leben. Anstatt mit Resignation, Traurigkeit oder Ablehnung zu reagieren, kannst du dich für ein

Öffnen, eine Berührbarkeit und ein Zuwenden entscheiden. Du kannst jederzeit mit Liebe reagieren anstatt mit Widerstand und Angst. Das Leben fordert uns nun einmal auf, ein paar Extra-Meter zu gehen. Das Schöne ist: Diese Anstrengung fühlt sich keinesfalls schwer an – Wachstum ist nicht schwer. Ausdehnung und Wachstum sind der schönste Prozess und absolut berauschend – wenn wir uns diesem hingeben. Dazu ist es allerdings wichtig, sich von dem Trauma von »richtig oder falsch« und »gut oder böse« zu verabschieden. Denn dabei handelt es sich um ein von unserer Gesellschaft künstlich erzeugtes Trauma, das nicht der Wahrheit des Lebens entspricht. Es gibt kein »gut oder schlecht« und auch kein »gut oder böse«. Es gibt einfach nur das Leben, dem du mit einer gesunden Portion Demut und Achtung begegnen darfst.

Im Fall der jungen Dame schenkt das Leben ihr die Möglichkeit, für sich einzustehen, auf den Tisch zu hauen, Wutkraft zu etablieren und als Pionierin für ihre Geschwister den Weg zu ebnen. Das sind wunderbare Fähigkeiten, die ich jedem Menschen nur wünschen kann. Nur fallen diese nicht einfach so vom Himmel – sie werden durch Wachstum respektive Schmerz ausgereift. Und so ist es in jedem Leben! Deshalb möchte ich dir in diesem Kapitel mitgeben, mutig zu sein, stolz zu sein, hinzuschauen und dem Leben zu folgen – anstatt ihm vorzuschreiben, dass es dir zu folgen hat. Du wirst merken, dass dies ein wunderbarer Schritt in Richtung Frieden ist. Anstatt in den Widerstand zu gehen und Ereignisse abzulehnen, ist es so viel leichter, mit einem »Ah, das ist ja interessant!« zu reagieren. Und gleichzeitig geht es hier nicht um Verdrängung oder Schönreden des Lebens, sondern es geht um ein ganz körperliches Hinschauen in alle Facetten.

Dabei empfehle ich dir, stets zunächst die alten Wunden, die Wut und Abneigung zu verarbeiten. Wenn dich also etwas nervt oder das Leben dich ankotzt, dann drücke das auch ganz körperlich aus. Stampfe trotzig auf den Boden! Schreie wie ein Kind: Ich will das nicht! Sei wütend, ungeduldig und lebendig! Sei zornig und ablehnend gegenüber dem Leben, sei falsch (= verhalte dich also bewusst so, wie du es als falsch erachtest), sei hässlich und all das, was du dir nicht erlaubst! Denn wenn du das tust, dann öffnet sich plötzlich ein Feld, in dem du einen inneren Frieden und eine Öffnung hin zu einem Ja zum Leben findest.

Aber genau diesen Bogen verpassen viele Menschen. Entweder sie jammern und beklagen sich, sie wünschen sich das Leben anders oder sie träumen, sie ignorieren, was passiert, oder versinken in Kummer. So mancher versucht auch mit aller Gewalt, das Leben trotzdem zu ändern und nach seinen Wünschen zu gestalten und sich so über das Leben zu stellen. Allerdings kann ich dir aus eigener Erfahrung und aus jener mit Tausenden begleiteten Menschen sagen: Drücke all das aus – aber bitte mach es für dich alleine und tu es absolut körperlich! Stell dich hin, schüttle dich und schneide Grimassen, trete in den Raum und lass dein Nervensystem an all die Bad-Boy- oder Bad-Girl-Instinkte heran, die in unserer Gesellschaft nicht schicklich sind. Das ist dein Schlüssel und der Highway in ein glückliches Leben – und ganz ohne ein Erzwingen oder ein Dich-Überreden öffnet sich dann etwas in dir, das sich genau diesem Leben und genau dem doch so unerwünschten Ereignis zuwendet.

Und das möchte ich in der folgenden kurzen Übung mit dir durchgehen: Denke an ein Ereignis zurück, das du als sehr unangenehm empfunden hast. Eine Herausforderung, die so unangenehm war, dass du in irgendeiner Art und Weise mit einem inneren Widerstand und Ablehnung reagiert hast. Damit möchte ich dir etwas bewusster machen, dich erkennen lassen, wie du mit Widerständen umgehst. Schreibe dieses Ereignis oder diese Herausforderung hier auf:

____

____

____

____

Nun bitte ich dich, deine Strategien zu notieren – also wie du darauf reagiert hast. Hast du geweint und dich als Opfer der Umstände gesehen? Warst du wütend auf dich und die Welt? Hast du versucht, im Außen Handlungen durchzuführen, um wieder die Kontrolle zu erlangen? Oder hast du völlig anders reagiert?

____

____

____

____

Als dritten Punkt stell dich bitte hin, schließe deine Augen und nimm wahr, wo du im Körper in Gedanken an dieses Ereignis oder diese Herausforderungen etwas spürst – oder auch nichts spürst. Dann bitte ich dich, dich zu schütteln und alles auszudrücken, was dein Körper ausdrücken will und kann. Ob durch Boxen, Schreien, Lachen oder Aufstampfen – egal was, alles ist erlaubt! Wenn du das nicht kannst, dann arbeite dich langsam heran. Denn das ist eine Übung, die du öfters machen kannst. Achte darauf, dass du dich immer mehr daran annäherst, dich durch deine Stimme und deinen Körper auszudrücken. Dein Nervensystem und dein Körper danken es dir!

Alles Kompensation? Unterdrückte Anteile erschaffen dein Leben

Kompensieren. Wir tun es täglich, um Sicherheit herzustellen. Sie ist schließlich die Basis unseres Daseins. Doch ich vermute, du hattest die Sicherheit bisher wenig auf dem Schirm.

Lass uns also genauer hinschauen, was ich mit »Kompensation« und »Sicherheit« meine. Sicherheit herstellen – das machst du an sich unterbewusst. Es ist wie das Atmen oder Verdauen – ein natürlicher Prozess deines Körpers und somit deines Nervensystems. In diesem Kapitel möchte ich nun gemeinsam mit dir herausfinden, wie du Sicherheit herstellst. Sehr häufig – ich würde behaupten, in 99 Prozent der Fälle – ist es aber nur eine Scheinsicherheit, die du herzustellen vermagst. Das Tückische an Scheinsicherheiten ist, dass diese stets ein Fünkchen Zweifel in dir lassen – im Gegensatz zu der gesättigten, erdigen Sicherheit, die dir ein reguliertes Nervensystem bietet. Wenn wir erneut das Beispiel mit dem Säbelzahntiger betrachten, können wir sehen, dass es zwei vorteilhafte Möglichkeiten gibt, die dich in eine Sicherheit katapultieren. Die Erste ist das Kämpfen, wozu du die Wutkraft in dir entfalten darfst. Die Zweite ist die Flucht, wozu du die Angstkraft in dir brauchst. Beides bringt dich auf den Highway der Lebendigkeit und Freiheit – und die Basis dafür ist Sicherheit, die dein Nervensystem dadurch ganz natürlich erfährt. Eine dritte Möglichkeit ist die Erstarrung, dabei beginnt die Abspaltung in deinem Körper, sodass du weniger fühlst. Und wie du mittlerweile weißt: Deine Energie rutscht in den Kopf und du bist nicht mehr fühlend präsent, sondern denkend. So kannst du dich aber nicht regulieren und kollabierst anschließend und ein Ohnmachtszustand tritt ein. In diesem Zustand ist die gesamte Energie, die in dir mobilisiert wurde, in deinem Kopf.

Passiert das sehr häufig, so wirst du dich immer mehr abspalten von deinem Körper – und das Nicht-Spüren wird bei dir an der Tagesordnung stehen. Dein Gehirn versucht dann, durch ständige Gedankenschleifen Sicherheit herzustellen. Du bist mehr in der Vergangenheit oder Zukunft, jedoch nicht mehr im Hier und Jetzt verankert. Das Leben wird anstrengend, da deine Körperteile und deine Physiologie quasi verkümmern und du zunehmend einen Panzer und eine Schale aufbaust. Ich habe mitunter Klienten, mit denen ich in den ersten Wochen erst einmal übe, wieder ihren Körper zu spüren und Kontakt zu sich aufzunehmen. Für diese Menschen ist es besonders schwer, weil sie einfach nicht spüren, ob und wie es wirkt. Ich vergleiche das gerne damit, als wären sie unter einer dicken Eisschicht begraben und wir erzeugen Wärme und das Eis schmilzt – aber noch nicht spürbar für sie. Diesen Zustand können wir auch als eine Art Bewusstseinsstufe bezeichnen. Daher empfinde ich es auch als sehr bedeutsam, zuerst den körperlichen und dann den meditativen geistigen Weg zu gehen. Denn auch die Meditation ist eine Form der Abspaltung vom Körper und ein In-der-Luft-Hängen, wenn sich ein Mensch zuvor nicht geerdet hat. Übrigens erhalte ich oft Anfragen von Menschen mit Ängsten, die keine Lust mehr haben, sich herunterzuregulieren und Entspannungsübungen zu machen, um endlich die Angst loszuwerden. Das kann ich zutiefst verstehen! Denn was es vorab eigentlich braucht, ist eine Riesenportion Action und Körper. Wir leben in einer chronisch niederfrequenten und herunterregulierten Welt – da dürfen wir erst einmal das Nervensystem hinauffahren, anstatt uns noch mehr nach unten zu drücken. Für viele ist das schließlich der große Durchbruch – denn das Problem ist: Je niederfrequenter wir sind und je mehr Schonhaltung sich in uns ausgebreitet hat, umso stimmiger fühlt es sich für uns an. Ein Trugschluss! Sehr oft nämlich täuschen uns diese Gefühle, weil sie uns im alten Muster halten und eine

Veränderung unmöglich machen. Deshalb fühlst, siehst und erlebst du die Welt immer wieder gleich und erschaffst deine Wirklichkeit stets ausschließlich mithilfe deiner angelegten Geschichten. Dabei bist du der Erschaffer deiner Welt und auch zu 100 Prozent für dich und deine Verhaltensweisen verantwortlich.

Der erste Schritt, um die Angst loszuwerden, ist das Spüren und In-den-Körper-Kommen und dir somit bewusst zu werden, welcher Film sich in deinem Leben abspielt, in dem du die Hauptrolle hast. Wenn du geboren wirst, ist es ganz natürlich, dass du ein fühlendes und dich regulierendes Wesen bist. Doch deine Erlebnisse und Prägungen verändern dich und die heutige Gesellschaft stumpft dich ab. Bis du irgendwann dich und dein Nervensystem angepasst und vom Leben nicht viel zu erwarten hast. Du hältst dich auf allen Ebenen künstlich klein. Und das auch mit deinen Kompensationsstrategien, um auf diese zurückzukommen. Wie bereits beschrieben, ist eine für dich und dein Nervensystem optimale Reaktion, dass du dein Nervensystem regulierst und eine Kampf- und Fluchtreaktion nachahmst und auf anderen Wegen dein System erneut in einen Ausgleich bringst. Dabei spürst du, lebst du und tauchst in den Moment ein. Du bist nicht in der Zukunft, in der Vergangenheit und das Leben berührt und fordert dich, überfordert dich allerdings nicht. Du kannst mit diesem fasziniert in Kontakt gehen – es beeindruckt dich aber weniger. Du hast die Wahl, etwas zu tun oder auch nicht – und bist in dir ein freier Mensch. Denn Freiheit ist ebenso eine natürliche Folge von Sicherheitsempfinden.

Die Frage ist: Was sind weitere Möglichkeiten, dich in eine Scheinsicherheit zu bringen, und vor allem hast du diese auf dem Schirm?

Da wollen wir nun genauer hinschauen. Denn abgesehen davon, dass du mit den Übungen in diesem Buch dich und deinen Körper künftig optimal regulieren kannst, ist es auch wichtig, dir allmählich bewusst zu werden, welche Spielchen und Filmchen sich in deinem Leben abspielen, und diese bei Bedarf zu verändern.

Das beliebteste Mittel von uns Menschen, um zu kompensieren, also Sicherheit herzustellen, ist der Kopf. Das heißt, du missbrauchst deinen Kopf und nutzt ihn in Form von zahlreichen Gedankenschleifen über einzutretende oder eingetretene Situationen, analysierst, was das Zeug hält, und brütest über den Dingen – was, wenn, wie, wann, wer. Diese Sorgenschleifen bringen dich aber nirgends hin, lediglich in noch mehr Sorgenschleifen. Ich vergleiche das gern mit einem Rechner, der eine unlösbare mathematische Aufgabe erhält. Er wird sie nie lösen können und ständig im Hintergrund dafür Kapazität benötigen. Jetzt stell dir einmal vor, du gibst diesem Rechner Hunderte, Tausende oder gar Millionen von diesen Aufgaben. Genauso geht es deinem Kopf! Doch wichtig ist: Er braucht das. Wir Menschen brauchen immer ein Mittel, um Sicherheit herzustellen. Du kannst die Gedanken nicht einfach abstellen, wenn du keine passende Alternative hast. Denn das lässt dein Körper nicht zu, weil es existenzbedrohend ist. Bestimmt erkennst du jetzt auch, warum es sich um eine Scheinsicherheit handelt: Das Gefühl der Entspannung, des Loslassens und Sich-Hingebens findet nicht statt. Wahre Sicherheit kann und wird so nicht entstehen. Im Gegenteil, es entsteht hier mehr Unsicherheit. Viele Menschen leiden an Gedankenschleifen, die im Kopf feststeckende Körperenergie ist, die sich irgendwann oft in Panikattacken entlädt. Und so beginnt der Kreislauf aus noch mehr Ängsten, Sorgen, noch weniger Spüren und dem Wunsch, nichts mehr zu fühlen, was letztlich zu einer Abspaltung vom Körper führt. Aber genau den anderen Weg bräuchte es, den wir aber alleine oft nicht erkennen oder den wir auch nicht imstande sind, ohne weitere Hilfe zu gehen.

Eine weitere beliebte Strategie ist, die Ablenkung im Außen und in der Welt zu suchen und dich zu betäuben –

entweder mit »materiellen« oder »immateriellen« Betäubungsmitteln. Bei Ersteren handelt es sich um Kaffee, jegliche Art von Drogen wie auch Alkohol. Ebenso gehören dazu das Shoppen und der Konsum, der das scheinbare Glück verspricht.

Zu den immateriellen Betäubungsmitteln zähle ich auch das Reisen hinzu, das dir vorgaukelt, dass es anderswo besser und schöner wäre. Oder den Kick zu suchen, dazu gehören die Sensation-Seekers, die immer riskantere Touren und Erlebnisse wagen, um das Leben zu spüren. Ich habe in einer Dokumentation gesehen, dass ein Mensch, der in einem Wingsuit (= spezieller Anzug) durch die Lüfte fliegt, dieses Gefühl als ein absolutes Präsentsein im Hier und Jetzt beschreibt und danach süchtig ist. Ich kann das zutiefst verstehen – denn genau diese Momente sind Leben. Aber du musst dich nicht in Lebensgefahr bringen, um das Leben zu spüren. Wobei natürlich auch die Schwelle zum Tod uns dem Leben in eindringlicher Art und Weise näherbringt. Bei den Männern zählt auch die Porno- und Sexsucht zu den Kompensationsmöglichkeiten. Aber Frauen sind ebenfalls davon betroffen. In jedem Fall geht es darum, dich zu spüren und das Leben zu erleben. Auch das Geschäftig- und Unterwegssein als Form der Ablenkung kann genutzt werden, um Sicherheit herzustellen, oder alternativ als Ablenkung, um die Unsicherheit nicht spüren zu müssen.

Zudem gibt es viele Menschen, die gar nicht mehr hier auf der Welt landen, sondern in einer Fantasiewelt bleiben. Sie erschaffen sich ihre Welt, wie sie ihnen gefällt, indem sie größtenteils in Fantasien und Tagträumereien leben, weil das Leben hier zu enttäuschend und schmerzhaft ist und sie das Gefühl haben, hier ohnehin nichts ausrichten zu können. Von großer Bedeutung bei diesen wie auch bei den anderen Menschen und Themen sind die Erdung und das Wurzelchakra (= Fundament des Energiekörpers, das sich am untersten Ende der Wirbelsäule, kurz über dem Beckenboden, befindet; stellt Sicherheit her und sorgt für ein Wohlbefinden im Leben und im eigenen Körper). Doch oft stellen sich nach dem Landen auf der Erde eine große Ernüchterung und Enttäuschung ein, die aber letztlich erst ein wirkliches Verändern des Lebens erst zulassen.

Ich möchte noch weitere Kompensationsmöglichkeiten angeben, die wir Menschen häufig benutzen und als einen Teil von uns ansehen. Das ist problematisch, weil du dann davon überzeugt bist: So bin ich halt!

Diese Möglichkeiten zur Kompensation lassen sich in fünf Antreiber unterteilen, die aus der Transaktionsanalyse bekannt sind. Der Erste ist »Sei perfekt!« und vor allem bei Frauen sehr beliebt, aber auch bei Männern zu finden. Du empfindest die Welt nur als einen sicheren Ort, wenn alles perfekt ist. Das kann sich beispielsweise durch Ordnung und Sauberkeit zeigen oder dadurch, dass es wichtig ist, dass alles nach deinem Plan läuft. Du hast eine vorgefertigte Meinung, wie etwas abzulaufen hat. Doch das Leben pfuscht dir immer wieder dazwischen, indem es dir Unvorhergesehenes sendet, was an deiner perfekten Welt kratzt. Du lebst tendenziell in der Zukunft und machst dir Sorgen, was wohl werden und sein soll. Pläne geben dir Halt, allerdings fühlt sich das Leben oft wie ein Kampf an – und du kannst nie richtig entspannen, weil du stets wachsam bleiben möchtest, um mögliche Gefahren sofort zu erkennen und zu eliminieren. Kommt es dann zu einer unvorhergesehenen Situation, versuchst du, wieder ein Gleichgewicht herzustellen. Etwa indem du laut wirst und dich aufregst, indem du schreist oder dich oder eine andere Person beschimpfst. Oder indem du in deiner Wohnung auf- und abläufst. Oftmals ist auch Reden ein bevorzugtes Mittel, ebenso wie das Jammern und Sich-Beschweren. Häufig fühlst du dich schnell angegriffen und witterst Betrug und fühlst dich manchmal so, als wäre die Welt gegen dich und würde es nicht gut mit dir meinen. In vielen Fällen sind Überraschungen für dich schwierig, ebenso wie Veränderungen, da dich diese einem enormen Stress aussetzen. Routinen und Gleichbleibendes geben dir hingegen Sicherheit und ein wenig Raum, dich zu entspannen. Wichtig ist mir, dass du erkennst: Hier steckt eine perfide Strategie dahinter, um Kontrollverlust in jedem Fall zu vermeiden. Deine Hauptaufgabe dabei ist es, die Kontrolle zu behalten, denn dein Körper setzt Kontrollverlust mit einer existenziellen Bedrohung gleich, auch wenn du das zunächst nicht so spüren magst. Jede Angst ist in der Tiefe eine Todesangst. Du hast dabei das Gefühl, dass die Welt kein sicherer Ort ist – und vor allem das Loslassen, Kommen-Lassen und Sich-Hingeben sind weit entfernt für dich. Dein Thema ist das Urvertrauen und der Glaube, in einer sicheren und es mit dir gut meinenden Welt zu sein.

Vor allem bei Frauen zeigt sich in diesem Zusammenhang ein Schönheits- und Schlankheitswahn oder auch seit Neuestem der Drang und teilweise – wenn extrem ausgeprägt – Zwang, den Körper in irgendeiner Art und Weise zu formen und zu gestalten, dass er passend, ja, dass er perfekt ist. Du kaufst bestimmte Kosmetika, trainierst und treibst Sport und achtest darauf, dass du gut gekleidet und schön hergerichtet bist. Hier ist mir wichtig, dass du erkennst: Das kommt aus einer tiefen Selbstwertverletzung und einer inneren Überzeugung, dass du nicht geliebt wirst und in dieser Welt kein Existenzrecht hast, wenn du nicht einem Idealbild entsprichst. Da steckt eine tiefe Verzweiflung dahinter, die dich dann im Außen zu einer Handlung führt, um deinen Zustand zu verbessern oder wenigstens zu halten. Bei mir hatte sich dieses Thema gezeigt, indem ich krampfhaft versucht hatte, dünn zu sein. Ich empfand mich zu keinem Zeitpunkt als wirklich schön. Immer wieder gab es eine neue Aufgabe, an der ich herumdoktern konnte. Zudem hatte ich einen Partner, der mich manchmal ebenfalls darauf aufmerksam machte und so mein Inneres bestätigte, mich verändern zu müssen, um endlich richtig, gut genug und es endlich wert zu sein, geliebt zu werden. Oft steht hier konkret die Frage im Raum: Wie muss ich sein, um endlich geliebt zu werden? Du setzt eine Maske auf und zeigst dich und dein wahres Ich um keinen Preis. Schminke und Maskerade sind da für mich ein Äquivalent. Denn es ist weniger schlimm für die Maske, abgelehnt zu werden, als für dich.

Der zweitere innere Antreiber ist: »Sei gefällig!« Er äußert sich in einem starken Drang nach Anpassung und Geliebtwerden. Du möchtest in jedem Fall Harmonie in deinem Leben. Denn diese gibt dir Sicherheit und hält deinen Raum in Scheinentspannung. Dabei neigst du dazu, dich wie ein Chamäleon anzupassen, häufig ganz automatisch. Du möchtest eher weniger auffallen und hast tendenziell wenige tiefe Verbindungen, da du versuchst, mit allen gut zu sein. Jede Form von Kritik und Ablehnung trifft dich sehr tief und persönlich. Ob dein Chef dich schräg anschaut oder die Kollegin hinter vorgehaltener Hand tuschelt – all das beschäftigt dich womöglich noch Tage später und hält dein Gedankenkarussell am Laufen. Dabei offenbarst du kaum deine Meinung oder was du denkst, sondern versuchst, angepasst zu bleiben, um dazuzugehören und akzeptiert zu werden. Du lässt dich eher dem abhängigen Bindungsstil zuordnen und verschmilzt gerne mit anderen. Deine Grenzen nimmst du schlecht oder gar nicht wahr und du kannst nicht Nein sagen und für dich einstehen. Oftmals verschiebst du deine Grenzen für andere. Dein inneres Motto lautet: Ich entscheide mich im Notfall lieber für die Beziehung und den anderen als für mich. Häufig weist dein Partner narzisstische Tendenzen auf und das Selbstwertspiel, das er treibt, trifft dich, hält dich gefühlt aber auch lebendig und lässt dich das Leben spüren – und gibt dir bei dem Auf und Ab immer wieder das Gefühl, es endlich geschafft zu haben, und hält dich im Raum: Jetzt ist wieder alles gut. Bis dann die nächste Achterbahnfahrt ansteht und dieser Kreislauf erneut durchlaufen wird. Du spürst dich und deine Bedürfnisse nicht und oft kennst du sie selbst kaum. Deshalb orientierst du dich gerne an einer Bezugsperson, generell an anderen Personen oder auch der Umwelt, der Gesellschaft – und nimmst deren Normen und Werte für dich als deine an. Ja nicht aus der Reihe zu tanzen, ist für dich bedeutsam und du bist angepasst. Wichtig ist mir, dass du hier erkennst: Du machst das alles aus der tiefen Angst heraus, dass, wenn du dich zeigst und für dich einstehst, einfach keiner mehr da ist. Das wäre für dich aber sehr schwierig, weil Ablehnung und Enttäuschung, die andere Personen dir entgegenbringen, oder gar der Verlust dieser Personen für dich kaum zu verkraften sind. Deshalb ist auch Altes loszulassen sehr schwierig für dich. Du hängst Altem lange nach und brauchst oft sofort etwas Neues, um nicht in einen leeren Raum der Unsicherheit zu springen. Keinesfalls möchtest du alleine sein oder dass eine andere Person schlecht über dich denkt. Daher verharrst du oft in einer unglücklichen Liebesbeziehung, hältst sehr lange durch. Du lässt vieles über dich ergehen, bis es keinen Ausweg mehr gibt und du in deinem Wert so tief gesunken bist, dass du gehst. Oftmals gehst du dann fremd oder springst in eine neue Beziehung. Falls es noch nicht zur Trennung gekommen ist, suchst du andere Strategien, um der Wut und Ohnmacht in dir Raum zu geben. Beispielsweise redest du dich gerne in Rage, wenn du gehört wirst, und erzählst immer wieder das Gleiche und beschwerst dich, jammerst und nutzt diese Art von Ventil. Steht aber die betreffende Person vor dir, bist du das liebe, angepasste Etwas und wahrst den Schein. Denn generell ist es dein Ziel, den Schein zu wahren, und du redest dir negative Verhaltensweisen und auch Gegebenheiten schön. Falls sie dir dann doch auffallen, versuchst du wiederum, alles unter dem Deckel zu halten und den Schein nach außen in jedem Fall zu wahren. Womöglich bezeichnet man dich als »Everybody's Darling« oder sehr umgänglichen Menschen. Dein Motto ist: Ich möchte auf keinen Fall allein sein oder abgelehnt werden und somit tue ich alles, um mich anzupassen und den Schein zu wahren – bis zum bitteren Ende! Übrigens: Das Gegenstück zu dir ist der Mensch, der sich auf keinen Fall anpassen und gemocht werden will. Er zeigt sich komplett konträr und möchte nicht in die angepasste Gesellschaft passen. Ihm fällt es schwer, mit anderen Menschen gut umzugehen, und er passt nicht ins gesellschaftliche Bild. Vor allem als Kind und Jugendlicher tut er sich in der Schule schwer, weil er andere Kinder oft vor den Kopf stößt und dementsprechend wenig beliebt ist. Das Motto dieser Person ist: Du kriegst mich auf keinen Fall!

»Streng dich an!« – Das ist der dritte innere Antreiber. Er passt vor allem in die westliche Welt sehr gut und matcht hervorragend mit deren Belohnungs- und Anerkennungssystem. Denn wir können es nicht leugnen: Momentan ist es in vielen Kreisen nun einmal so, dass es gesellschaftlich äußerst anerkannt ist, zu leisten. Medaillen, Auszeichnungen, gute Noten – das geht weg wie warme Semmeln. Faulenzen, Müßiggang und Trägheit erachten wir hingegen als nicht so erstrebenswert. Dennoch wichtig an dieser Stelle: Es gibt auch Menschen, die sich selbst sabotieren, indem sie ja nicht zu viel vom Leben verlangen, den Erfolg verabscheuen und ihr Licht unter den Scheffel stellen. Das ist ebenso eine Strategie, sich kleinzuhalten, zu kompensieren und Sicherheit herzustellen. Beim »Streng dich an!« fällst du jedoch – wie bei den anderen Antreibern – aus dir und deinem Körper heraus. Du verlässt dich und dein Gespür, spaltest dich ab und gibst einen Teil von dir auf – als Preis für Sicherheit. Denn anders ist es dir gar nicht möglich, eine 40-Stunden-Woche abzuleisten und abzuarbeiten. Der Antreiber pusht dich zur Höchstleistung. Sehr »erfolgreiche« Menschen mit mehreren Abschlüssen und Doktortiteln haben diesen Antreiber sehr oft als Hauptmotiv und Lebensinhalt. Immer weiter, schneller und höher. Der Appetit, mehr zu erreichen, ist unermesslich – und dafür sind nun einmal Opfer notwendig. Schließlich heißt es nicht umsonst: Ohne Fleiß kein Preis! Die Wiese an einem anderen Ort ist für dich immer grüner und du liebst es, gelobt zu werden. Damit speist du deinen Selbstwert, richtig und etwas wert zu sein. Du knüpfst deinen Erfolg und deine Leistung direkt an deinen Selbstwert. Gute Noten, Auszeichnungen oder eine Beförderung sind in dir verknüpft mit »Ich bin viel wert« – verbunden mit einem kurz andauernden Gefühl der Genugtuung. Hingegen öffnen schlechte Noten oder eine Abmahnung ein tiefes Loch der Verzweiflung in dir, das in einem nächsten Projekt oder einer Errungenschaft wieder positiv gefüllt werden soll. Deine Zielstrebigkeit wird dabei anerkannt und das gibt dir Kraft und Treibstoff, um weiter Gas zu geben. Sehr oft gehst du über deine Grenzen und hängst gedanklich in den Zielen fest. Du bist wie ein Esel, der sein ganzes Leben einer Karotte nachläuft, diese scheinbar erreicht und sich dann ein Ziel setzt und erneut losrennt. Dein Motto lautet: Ich bin nur etwas wert, wenn ich leiste! Auch ich bin dieser Illusion lange nachgerannt: 25 Jahre meines Lebens. Dann hat ein schmerzhafter Aufwachprozess begonnen und ich spürte die Opfer, die ich gebracht hatte, um mit diesem Antreiber mein Gefühl der Minderwertigkeit zu kompensieren, meinen Selbstwert aufrechtzuerhalten, eine Existenzberechtigung und somit im Endeffekt Sicherheit hergestellt zu haben. Dabei möchte ich betonen, dass du dennoch erfolgreich sein kannst – für mich stellt sich hier aber immer eine Frage: Brauchst du es, etwas zu erreichen oder zu tun, oder kannst du es auch lassen? Hast du die Wahl oder nicht? Die Wahl zu haben bedeutet Freiheit und die Illusionen des Egos aufzugeben und in wahre Freiheit und Sicherheit einzutauchen. Bist du tatsächlich weniger wert, wenn du arm, mittellos und ohne Auszeichnungen oder Erfolge bist? Oder gibt es eine Instanz und Würde in dir, unantastbar durch die Außenwelt? Dort wollen wir hin. Denn jeder Mensch, jedes Tier und Lebewesen – alles, was existiert – hat das Recht, ohne ein Zutun, rein durch Existenz und Sein in Würde und Wert zu existieren. Auch an dieser Stelle habe ich eine Buchempfehlung für dich: »Anleitung zum Müßiggang« von Tom Hodgkinson!

Passend zum Motto »Ein Indianer kennt keinen Schmerz!« oder auch »Augen zu und durch!« nehmen wir jetzt einmal den vierten inneren Antreiber genauer unter die Lupe: »Sei stark!« Dieser ist vor allem bei Männern beliebt, aber auch bei Frauen zu finden. Er ist eine Mitursache, weshalb es Menschen und vor allem Männern derart schwerfällt, ihre Gefühle und eigenen Bedürfnisse zu fühlen und zu kommunizieren. Denn mit diesem Antreiber wird dir von Kindheit an abtrainiert, zu zeigen, wie es dir geht oder was du fühlst. Das wäre aber sehr wichtig, um dich und dein Nervensystem zu regulieren. Oft entsteht hier auch der Hass der Männer auf die Frauen und ebenso der Hass der Frauen auf die Männer, wenn von Vater oder Mutter nicht anerkannt wird, dass gerade Leid entsteht. Wichtig ist, dass dir bewusst ist: Dies wird über Generationen weitergegeben, da wir stets das in unserem Kind unterdrücken, was wir uns selbst nicht zu leben zugestehen. Hier entsteht auch ein enormer Selbsthass des Kindes auf sich selbst, da es noch denkt, dass die Eltern absolut richtig sind – also bleibt nur die Schlussfolgerung, dass es selbst falsch sein muss. Das ist eine sehr traurige Entwicklung, die dich verzweifeln lässt. Allmählich baust du daher eine Schutzschicht auf – einen Panzer, der dich vor dem Schmerz schützen soll, nicht verstanden zu werden. Der Highway zu den Gefühlen verkümmert nach und nach und ich erlebe bei vielen Menschen, dass Wege, um sie in das Fühlen zurückzubringen, von ihnen als nicht erlebbar wahrgenommen werden. Beispielsweise eine Meditation, die mit dem Inneren Kontakt aufnimmt. Auch kann es sein, dass du gerne das Thema wechselst – ganz automatisch – oder auf etwas anderes ablenkst, wenn es tiefer und näher wird. Zudem hast du das Gefühl, immer durchhalten zu müssen. Die starke Schulter zu sein, an der sich andere anlehnen können. Zu kämpfen und aufrecht zu bleiben – stark! Oft läufst du dabei vor dir und deinem Inneren weg und findest dazu keinen Zugang, da du es verlernt oder gar nie richtig gelernt hast, mit dir in Kontakt zu gehen. Du bist oft der Coole – der es rockt, der anscheinend das Leben im Griff hat und den so schnell nichts aus der Bahn wirft, aber in Wahrheit stimmt das nicht ganz. Schwäche ist für dich bedrohlich und deshalb baust du dir ein Leben auf, das keinen Raum für Schwäche lässt. So ist das Motto dieses Antreibers: Sei stark und zeige ja keine Schwäche! Ebenso ist es für dich sehr schwer, bei anderen Schwäche zu akzeptieren. Ich habe einen Klienten gehabt, der noch im erwachsenen Alter seiner Mutter nicht sagen wollte, wenn er krank war und nicht zur Arbeit ging, weil er ansonsten zu hören bekommen hätte: »Ach, das geht schon!«, und: »Ist es wirklich so schlimm?« Dabei spielt auch ein Sich-nicht-ernst-Nehmen eine große Rolle: Du nimmst dich nicht ernst und kannst auch andere nicht ernst nehmen. Gerade als Kind ist das sehr ernüchternd, weil das Verletzliche und das Schwache doch das ist, was wir insbesondere in der Entwicklung und eben auch in unserer heutigen Zeit brauchen. Eine weitere Art, Schwäche nicht zuzulassen, äußert sich oft in einem Belächeln oder Herunterspielen der eigenen oder der Bedürfnisse von anderen. Auch zeigst du in diesem Fall häufig eine Neigung dazu, Ratschläge zu erteilen oder etwas gleich und schnell fixen zu müssen – anstatt dem, was ist, einfach Raum zu geben. Denn oft braucht es da nicht mehr – lediglich einen Raum, in dem diese Dinge sein dürfen. Wichtig ist mir, zu verdeutlichen: Schwäche und Verletzlichkeit sind die wahren Stärken unseres Lebens. Dort ist das Gold zu holen. Zwar ist es sehr schwer, das Herz nach Enttäuschungen, Verletzungen wieder zu öffnen. Doch es lohnt sich, diesen Wunden Raum zu geben und sie heilen zu lassen und das Herz erneut zu öffnen. Auch hier bekommst du eine Buchempfehlung von mir: »Verletzlichkeit macht stark« von Brené Brown.

Der fünfte innere Antreiber »Beeil dich!« ist ein sehr ausgeklügelter, der es in sich hat. In der heutigen Zeit ist alles Fast Food. Schneller, weiter, höher. Das sind die Auswirkungen des Kapitalismus, der sich nun langsam aufzulösen beginnt. Hinter diesem Antreiber steckt vor allem auch die Angst, etwas zu verpassen, und alles erleben zu wollen. Ebenso verspürst du eine Ungeduld, die ich zutiefst verstehen kann. Die Ungeduld, dass es endlich mit dem Leben und der Lebendigkeit losgeht und nicht mehr warten zu wollen. Hier kannst du einmal beleuchten, inwiefern in deinem Leben auf Pause gedrückt wird und vor allem: wann? Wann entsteht in dir das Gefühl, dass das Leben nicht mehr fließt, dass es anhält und stockt? Und damit meine ich das innere Erleben. Denn dieser innere Antreiber sorgt dafür, dass im Außen stets viel los ist. Immer muss das Leben etwas bereithalten. Es muss etwas passieren im Außen, da du im Innen so abgespalten bist und innere Zustände wenig wahrnehmen kannst und nicht bemerkst, dass das wahre Leben und Feuerwerk im Innen stattfindet – und nicht im Außen. Eine meiner Mentorinnen hat einmal zu mir gesagt, dass diese Art, im Außen und im Leben viel zu tun, sowie die Power, die Menschen aufbringen, um ständig auf Achse zu sein, ein Füllen des inneren Bedürfnisses nach Erleben und Erfahren sind. Denn im Leben geht es ja auch vor allem darum: zu fühlen und zu erleben – etwas zu spüren. Das Schlimmste für uns Menschen ist, wie mehrfach erwähnt, das Nicht-Spüren: die Depression. Je weniger aber ein Mensch im Innen spürt, desto mehr braucht er vom Außen, um sich zu erleben. Die Reise nach innen, das Öffnen und die Weiten, die sich hier entwickeln – da beginnt das eigentliche Leben. Sobald dir das bewusst wird, wird auch die Erschöpfung eintreten, die unter diesem Antreiber gelagert ist. Denn das »Schnell, schnell!« ist vor allem dazu da, dich von dieser abzulenken. Es geht darum, möglichst viel mitzunehmen und ja nichts zu verpassen. Dieses Gefühl entsteht aus der Verzweiflung des tatsächlichen Verpassens und

Nicht-Lebens, das sich hinter den Kulissen abspielt. Denn ja: Ein Teil in dir hat absolut recht! In diesen Momenten lebst du eben nicht und verpasst dein Leben. Aber der Weg ist es nicht, immer noch schneller und mehr zu tun. Der Weg ist, weniger zu tun. Dies aber stellt eine große Herausforderung für uns Menschen dar. Denn damit verbindet sich maximale Unsicherheit. Die Geschäftigkeit hält dich nämlich in der Illusion, dass alles in Ordnung ist. Am Abend ins Bett zu fallen, etwas getan, etwas geleistet zu haben. Im Grunde ist genau das Angestelltenverhältnis ein Teil dieser Scheinsicherheit. Aber kein Mensch kann mit voller Präsenz und Liebe und Freude 40 Stunden in der Woche arbeiten. Zwischendurch ein Pläuschchen zu halten, abzuschweifen und die Zeit abzusitzen – das steht deshalb an der Tagesordnung. Allerdings geben dir das sichere Einkommen und die acht Stunden bei der Arbeit verbrachte Zeit das scheinbare Gefühl von Sicherheit, jenes von Ordnung, von Konstanz, das Gefühl, etwas geleistet zu haben und dass etwas passiert ist. Aus dieser Illusion herauszukommen, ist äußerst schwer, da sie uns von Kind an eingetrichtert wird und als Werkzeug von Sicherheit enorm dienlich ist. Doch schau hinter die Kulissen und erkenne die Illusion und den Preis, den du zahlst, um dein Inneres der Scheinwelt des Äußeren zu opfern. Ich möchte hier nicht sagen, dass Arbeit an sich schlecht ist – doch der Impuls dazu sollte von innen heraus kommen und die Arbeit uns nicht von außen aufgetragen werden müssen. In einem natürlich regulierten Nervensystem passiert das Bedürfnis, sich zu entfalten, von selbst und wird durch eine Kreation sowie ein Erschaffen zum Ausdruck gebracht. Wenn wir noch einmal auf den Antreiber des Schnellseins unser Augenmerk legen, dann können wir auch erkennen, dass es ein Festhalten von Dingen ist und dieser Antreiber auch daraus entsteht, dass uns die Zeit und Momente durch die Finger fließen. Du hast vielleicht Angst, dass die nächste Möglichkeit oder der nächste Moment einfach vorbeizieht und nicht mehr wiederkommt.

Dass es jetzt die eine Möglichkeit, das eine Zeitfenster ist und du jetzt schnell sein musst, weil die Erfahrung sonst verloren ist. Das Motto ist: Schnell, schnell, sonst verpasse ich etwas oder die einmalige Chance ist dahin!

Ein weiterer innerer Antreiber für mich, den ich über die Jahre bei Begleitungen entdeckt habe, der aber nicht in der Transaktionsanalyse vorkommt, ist der Antreiber »Ich schaffe das alleine!«. Ich brauche niemanden. Auf die anderen ist kein Verlass. Das sind die Sätze, die du dir in deinem Inneren sagst – oder auch, die es in deinem Inneren sagt und denkt und nach denen du handelst. Es alleine zu schaffen, bedeutet, sich in der Tiefe unabhängig zu machen, Enttäuschungen zu vermeiden – und somit auch schmerzhafte Erfahrungen. Dabei versuchst du, ohne mögliche Abhängigkeiten durch das Leben zu gehen und unabhängig und frei zu bleiben. Unterstützung und Hilfe anzunehmen, ist ein Eingeständnis von Schwäche, das es zu vermeiden gilt. Auch öffnest du dein Herz nicht gern oder möchtest dich ungern verletzlich zeigen. Denn du glaubst, die Verletzungen oder gar Enttäuschungen nicht gut verkraften zu können. Deshalb machst du dich gerne rar und versuchst, alleine durch das Leben zu kommen. Das muss allerdings nicht heißen, dass du keine Beziehungen hast. Doch deren Qualität ist eher oberflächlich, da du dein Herz vor Verletzungen und Wunden schützen und vor allem den alten kindlichen Schmerz vermeiden möchtest, der im wahren Kontakt zu anderen Menschen und in tiefen Beziehungen aufzukommen droht. Dein Motto ist, alleine durchs Leben kommen zu können, möglichst wenig um Unterstützung zu fragen und Beziehungen an der Oberfläche – möglichst fern von dir – zu halten und so einigermaßen gut durchs Leben zu kommen.

Du siehst: Alle diese Antreiber haben eine Geschichte und ein perfides Netz aus Geschichten und Überzeugungen, die dahinterstecken. Aber vor allem eines haben sie gemeinsam: die innere Überzeugung, nicht sicher zu sein, und kein

Vertrauen in sich und die Welt zu spüren. Wahrscheinlich hast du nun erkannt, was ich mit »Scheinsicherheit« und dem Zweifel sowie der Illusion, die darunterliegt, meine. Gerne nehme ich dich mit auf den Weg, die Illusionen aufzudecken und allmählich hinter dir zu lassen, um ein freier, lebendiger und freudvoller Mensch zu werden, der sein Leben im Hier und Jetzt frei von Kompensation genießen kann.

Welcher Kompensations- und Sicherheitstyp bin ich?

Zum Kapitelabschluss habe ich folgende Übung für dich: Nimm dir nun noch einmal Zeit und ein Tagebuch oder einfach Papier und Stift – oder nutze dieses Buch und notiere direkt hier deine Erkenntnisse. Verwende auch gern einen Textmarker und markiere jene Wörter und Sätze, in denen du dich besonders wiedererkennst. Sehr gut möglich ist, dass du durch eine Mischung von mehreren oder gar aller Kompensationsstrategien Sicherheit in deinem (Er-)Leben herstellst. Schreibe das Markierte dann hier nieder – und am Ende siehst du, durch welche Kompensationsstrategien du Sicherheit herstellst.

Scan me

Nur wenn du an deiner Seite bleibst,
kannst du etwas verändern.

JENNIFER SUBKE

Darum musst du »nur« an deiner Seite bleiben

Selbstwirksamkeit, die Feedback-Sucht und der Glaube an dich, etwas bewirken zu können

Mit dem Thema Angst und Überforderung sind auch diese Themen verbunden: Selbstwirksamkeit, die Sucht nach Feedback und der Glaube, in der Welt wirklich etwas bewirken zu können. Und mit jedem Kapitel, das du liest, erkennst du mehr, wie stark wir – und auch du – beeinflusst sind und wie viele Verletzungen in der Vergangenheit entstanden sind, die uns heute im Kleinen und im Großen in unseren Gedanken, Verhalten, Gefühlen und im Gesamterleben tief beeinflussen. Ich möchte aber noch einmal deutlich darauf hinweisen, dass wir uns – in der Regel – im Moment diesen Einflüssen von vergangenen Erfahrungen auf unser aktuelles Erleben wenig bewusst sind und diese unbewusst durch destruktive Erlebens- und Verhaltensweisen beeinflussen und tiefes Leid erzeugen. Gerne nehmen wir unangenehme Gefühle auch nicht ernst oder werten diese ab, weil wir nicht wissen, wie wir diese und unangenehme Zustände aktiv ändern können. Immer dann, wenn wir etwas nicht aktiv ändern können oder wollen, wertet unser inneres System die Wichtigkeit oder die Gefühle, welche aufkommen, ab. Ich empfinde das häufig als ein Nicht-ernst-Nehmen. Alles, was wir nicht ernst nehmen, was an Themen und Gefühlen in uns hochkommt, oder dem wir nicht mit voller Bandbreite begegnen können – es also von uns weghalten müssen –, ist ein abgespaltener Teil von uns und hat so viel mehr zu tun mit unserem Leben, als wir denken. Damit will ich auch sagen, dass genau dort die Essenz und deine Medizin liegen. Das heißt, wenn du dich speziell dem zuwendest, was so unangenehm ist, was die Welt oder du herunterspielst und du nicht sehen willst, dann findest du Freiheit und Erlösung. Im wahrsten Sinne des Wortes! Denn einmal ehrlich: Wenn dir etwas nichts ausmacht oder du nichts damit zu tun hast oder auch keine Angst dahintersteckt, warum kannst du dich und die Welt sich dann nicht einfach damit auseinandersetzen?

Deshalb ist es für mich so wichtig, Dinge direkt anzusprechen und Herausforderungen zu begegnen. Mit einer großen und essenziellen Bedingung: dabei nicht stecken zu bleiben. Denn was an Gefühlen und Themen in dir aufkommt, ist: Du wirst mehr Leid spüren, die Tragweite der Vergangenheit und jene der strukturellen und gesellschaftlichen Gewalt, die wir hier auf Mutter Erde leben, wirst du intensiver und klarer sehen können und erleben. Und da du ja von Grund auf bereits in Angst bist, versuchst du natürlich, dein Angstlevel zu erhöhen. Ich bin da aber einer anderen Meinung. Du brauchst lediglich das richtige Tool, um deine Angst fließen zu lassen, deiner Überforderung und der harten und traurigen Seite des Lebens begegnen zu können. Und dieses Tool heißt »Traumaorientierte Körperzentrierte Hypnose«. Zu verstehen, wie sehr du traumatisiert bist und auch der Rest der Gesellschaft, und gleichzeitig zu merken, wie lebendig du dich darin fühlen kannst, ist so gewaltig, so mächtig. Denn: Du kannst all die Ängste mithilfe der

Körperarbeit auflösen und transformieren. Du kannst stets entscheiden, wie du dich fühlst. Reguliere dein Nervensystem und achte darauf, dass du körperlich wirst, und die äußeren Umstände werden egal! Und ja, ich kann das zutiefst bestätigen: So ist es! Was es dazu aber braucht, ist: dass du es auch tust. Und ich möchte dem noch hinzufügen, dass du natürlich auch durch dieses Buch, indem es dir zunächst ein Verständnis dafür vermittelt, besser mit dir umgehen kannst, weil du verstehst, weshalb du so bist, wie du bist. Und gleichzeitig werden die Übungen, zu denen du mithilfe der QR-Codes gelangst, dazu beitragen, mit der »Trauma-orientierten Körperzentrierten Hypnose« bereits praktisch etwas in deinem Leben zu verändern, indem du dein Nervensystem regulierst und Sicherheit in dir kultivierst. Wenn du dazu noch Körperarbeit und Hypnose kombiniert anwendest und zu einem natürlichen Mitfließen in deinem Leben – also einer Art Meditation deines gesamten Lebens – werden lässt, ist per se: alles gut. Und das ist der Rundumschlag, der so wichtig ist. Ich würde meine Reise, die Arbeit mit den Menschen und die Begegnung mit mir und dem Leben nie missen wollen. Denn weißt du, was? Ich bin frei. Ich kann mir den größten Terror der Welt anschauen, ich muss nicht vermeiden. Nichts kompensieren und mir schönreden. Ich muss nicht Angst haben und versuchen, nicht Angst zu haben, während ich Angst habe. Ich lasse meine alten Traumata nicht mein Leben und meine Beziehungen sabotieren. Ich bin stets frei und lebendig – weil ich mich auf diesen Weg gemacht habe: den Weg, dass ich im Alltag stets den Fokus darauf habe, mich zu regulieren, meinen Körper immer an die erste Stelle zu setzen und auch mein Nervensystem. Ich nehme mich wichtig und das hat stets die oberste Priorität – und dadurch begegne ich mir und dem Leben in einer immensen Fülle und Intensität, die mir oft die Tränen in die Augen treibt.

Ich bin kein Sklave der Welt mehr, sondern die Schöpferin, die Mitte – und das Universum an sich beginnt in mir. Übrigens ist das nicht nur bei mir möglich. Auch ich bin ein Mensch wie jeder andere: Doch alles beginnt mit einer Entscheidung – einer Art und Weise von Gebet, mein Inneres und meine Entwicklung, meine Beziehung zu mir, der Welt und anderen Menschen sowie meine persönliche Entfaltung an erste Stelle zu setzen, Unangenehmem zu begegnen, Mitgefühl zu haben und da zu sein. Genau diese Qualitäten überreiche ich dir hier als ein Geschenk und supporte dich: Denn ich möchte es dir ebenfalls ermöglichen, an diesen Punkt zu kommen. Dich auf den Weg zu machen und loszulegen in ein angstfreies, selbstbestimmtes und lebendiges Leben. Und ja: Auch du kannst das schaffen!

Ich finde, dieses Plädoyer für die »Traumaorientierte Körperzentrierte Hypnose« und das Leben hat in diesem Kapitel genau den richtigen Platz gefunden, wenngleich es auch woanders stehen könnte. Warum?

Weil sie per se mit deiner Selbstwirksamkeit, dem Gefühl, etwas ändern zu können, und dem Glauben an dich und die Welt zu tun hat. Wir Menschen haben kollektiv das Gefühl, dass wir nichts bewirken können, und deshalb diverse Strategien entwickelt, um das zu überspielen und zu kompensieren. So kann es sein, dass du viel tust, dir viele Tools und Ausbildungen aneignest, ständig Feedback benötigst von der Welt oder anderen Menschen, dass du es gut machst und auf dem richtigen Weg bist – oder du den Glauben der anderen an dich und die Ermutigung vom Außen brauchst. Es kann aber auch sein, dass du genau in die entgegengesetzte Richtung gehst: du also dein Licht unter den Scheffel stellst und einfach nicht ins Tun kommst. Dass du dich womöglich über Hilfe und Therapien informierst und dann doch der Gedanke oder das Gefühl aufkommt: »Ach, ich lasse das lieber, das ist zu zeitaufwendig, zu teuer«, oder: »Ich schaffe es eh nicht!« Das heißt, dass du dein Leben permanent gleich und dich in einem kleinen Dasein gefangen hältst, um nicht damit konfrontiert zu werden, dass du einfach nicht an dich glaubst, dir nicht vertraust, dir nichts zutraust – und um nicht erleben zu müssen, dass diese inneren Überzeugungen tatsächlich wahr werden. Das ist eine Art von Opferhaltung, die sich über eine lange Zeit manifestieren kann und aus der es ohne bewusste Entscheidung nicht möglich ist, auszutreten.

Wichtig ist, dass du weißt: Du denkst und fühlst das im Inneren wirklich und es handelt sich um tiefe Verletzungen, die dir in der Vergangenheit zugefügt wurden, um dich so klein werden zu lassen. Es sind tiefe Wunden, die dich nicht strahlen lassen, die dir erzählen, dass du es nicht schaffst, und dich sukzessive in diesem Kreislauf halten. Oft merkst du das nicht, weil du dir – wie beschrieben – Strategien angeeignet hast, es zu kompensieren und nicht zu fühlen. Weil eines ist klar: Zu merken, wie sehr dein Selbstwert und deine Selbstwirksamkeit eingerissen sind, ist sehr schmerzhaft – ja, gar lebensbedrohlich.

Woher aber kommt es, dass du den Glauben an dich und das Leben verloren hast, wenig Selbstwirksamkeit spürst und ebenso im Außen danach suchst – oder dich eben so kleinmachst, dass dir das Leben damit nicht begegnen kann?

Ein Ansatzpunkt sind deine Geburt und deine Kindheit. Die Verletzungen, die in den ersten Jahren entstehen, werden nicht im Kopf oder in Gedanken abgelegt – sie werden körperlich abgespeichert. Das heißt, auch ich spüre alte Verwundungen, wenn diese mir heute als Erwachsene präsent werden, in meiner Brust, oft kommen und kamen Gefühle von Wut und Trauer auf – aber schließlich auch ein Aufatmen und eine tiefe Erkenntnis, die der rationalen Kopferkenntnis so weit überlegen ist. Genau so verhält es sich mit der Körperarbeit und auch Hypnose – es ist eine andere Art, mit deinem Körper zu kommunizieren, deiner Vergangenheit zu begegnen und dadurch ein tiefes Einsinken und Erkenntnis ganz körperlich und auch mental zu erfahren. Auf der Kopfebene kann ich dir das nie vermitteln, denn es ist die tiefste Erkenntnis deines Seins, die stets alles in dir beeinflusst: deinen Körper, dein Nervensystem, dein Energiefeld, deine Zukunft, deine Vergangenheit und dein Hier und Jetzt. Ein sehr mächtiges und tiefes Tool, um Gefühle, Erfahrungen und Verletzungen, die alt sind und dich heute im Leiden halten, zu transformieren. Ich habe bei dem Sohn meines Schwagers in diesem Zusammenhang eine sehr interessante Beobachtung gemacht. Sie hat mich bis ins Mark getroffen, als ich deren Reichweite und vor allem mich selbst darin erkannte. Zum Zeitpunkt der Beobachtung war er 1,5 Jahre alt. Und Folgendes durfte ich beobachten: Er zeigte mit seinem Finger auf einen Gegenstand im Raum und seine Mama ging zu ihm und hat ihm diesen Gegenstand gebracht.

Während ich das beobachtete, stellte ich eine Regung in mir fest und ich bemerkte, dass diese Beobachtung etwas in mir auslöste. Und dann durfte ich genau herausfinden, was diese innere Regung von Trauer mit meinem Inneren und meiner Vergangenheit zu tun hat. Das Zeigen mit dem Finger und das sofortige Erhalten des Gegenstandes koppelt ein Kind mit folgender inneren Überzeugung: dass es selbstwirksam ist und erst genommen wird und auch etwas in der Welt verändern kann. Dafür benötigt es die Aufmerksamkeit der Eltern, ein Feingefühl und eine bestimmte Umgebung und Rahmenbedingungen, die es auch ermöglichen, dass das Kind diese Erfahrungen macht. Anscheinend habe ich das etwas zu wenig in meiner Kindheit erfahren, da ich es lange nicht gefühlt hatte, tatsächlich etwas in meiner Welt verändern zu können. Ob das nun an meinen Eltern lag, den damaligen Erziehungsmethoden oder einfach an mir selbst, das ist hier nicht von Belang. Allerdings ist es wichtig, im Hier und Heute diese Fähigkeit nachzulernen und die alte Überzeugung von »Ich kann in dieser Welt nichts verändern!« loszulassen, da diese uns in einem Opfermodus hält und einem lebendigen, freien Leben in jedem Fall entgegensteht. Diese Überzeugungen haben wir Menschen zuhauf in uns abgespeichert. Der erste Schritt ist das Erkennen über Gedanken und die körperliche Regung und der zweite Schritt besteht dann darin, diese körperlich zu transformieren und neue Erfahrungen und Überzeugungen abzuspeichern, die einem guten Leben dienlich sind. Falls du über diese Prozesse, die in der Kindheit geschehen, noch mehr erfahren möchtest, kann ich dir das Buch von Dami Charf »Auch alte Wunden können heilen« empfehlen. Es erklärt jene Lernschritte, die du in deiner Kindheit vollziehst und vollziehen solltest. Ebenso zeigt es, was passiert, wenn du notwendige Lernschritte und Erfahrungen nicht machst, und wie diese sich heute in deinem Leben als Erwachsener auswirken und dich hemmen, ein glückliches Leben zu führen. Bei mir gab es diverse Geburtstraumata, die sich lange auf mein heutiges Erleben ausgewirkt haben. So bin ich schon sofort nach der Geburt auf die Seite gelegt worden, weil meine Zwillingsschwester alle Aufmerksamkeit benötigt hatte. Es gab Komplikationen und sie wollte nicht so recht das Licht der Welt erblicken. Ich habe es schon erwähnt: Für ganze 20 Minuten lag ich alleine auf der Seite – in der Kälte, mit Todesangst. Denn genau das spürt ein Neugeborenes, wenn es nach der Geburt nicht direkt an die Brust der Mutter gelegt wird. Und aufgrund dieses Ereignisses und womöglich anderer Situationen habe ich es ganz körperlich in mir abgespeichert, dass ich – egal, was ich tue – nichts in der Welt verändern kann. Dass ich und meine Bedürfnisse nicht ernst genommen werden und ich nicht selbstwirksam bin. Und genau deshalb hat mich die Beobachtung bei meinem Neffen, der seine Selbstwirksamkeit ganz natürlich erfahren durfte, so sehr berührt und mir erneut vor Augen geführt, wie wichtig es ist, alte Traumata zu erkennen und aufzulösen, um nicht länger in diesen alten

Traumaschleifen festzuhängen, die absolut nicht der Wahrheit entsprechen.

Ich denke, dass der Einfluss unserer Kindheit und Vergangenheit auf unser Leben enorm unterschätzt wird. Wir Menschen spüren heute noch die Auswirkungen alter Wunden, allerdings sind sie uns selten bewusst, weil sie im Körper und nicht im Kopf ihren Platz gefunden haben. Und da wir Menschen größtenteils den Bezug zu unserem Körper verloren haben und somit auch den Kontakt zu unserem Inneren, spüren wir sie nicht. Und dennoch beeinflussen diese Erfahrungen und Prägungen aus deiner Vergangenheit auch dich und dein heutiges Erleben – sehr häufig in Form von einem körperlichen und psychischen Leiden. Da wir Menschen alle leiden, nehmen wir an, dass dies der Normalzustand ist, und denken oft, dass wir im direkten Vergleich mit anderen ganz gut abschneiden. Denn uns geht es ja doch einigermaßen gut. Doch ein Leben in Leid als den Normalzustand anzunehmen, empfinde ich als unter der menschlichen Würde eines freien, lebendigen und glücklichen Lebens. Das Leben ist an sich magisch und ekstatisch – und jeder Mensch hat es verdient, dies zu erleben. Das ist wie ein Geburtsrecht, das jedem von uns zusteht. Und ganz nebenbei möchte ich schon einmal spoilern, dass sich diese Abgespaltenheit von uns, die wir an den Tag legen, in der Art und Weise widerspiegelt, wie wir mit anderem Leben auf dieser Erde umgehen. Und das hat drastische Konsequenzen und Folgen, die wir uns wiederum schönreden oder nicht spüren wollen.

Wie erwähnt, litt nicht nur ich an den Folgen von alten Verwundungen, sondern sehr viele weitere Menschen auf dieser Erde tun das. Wenn ich einmal genau beobachte, würde ich sagen, 99,9 Prozent der Menschen leiden heute aufgrund ihrer Vergangenheit und der Erlebnisse, die sie hatten. Nun möchte ich nicht gemeinsam mit dir in diesem Leid versinken – jedoch ist es mir sehr wichtig, dir mitzuteilen, dass deine Selbstwirksamkeit, ernst genommen zu werden und der Glaube an dich und daran, etwas in deinem Leben verändern beziehungsweise bewirken zu können, enorme Folgen für dein Erleben und auch dein Leben hat. Deshalb habe ich diesem Thema ein eigenes Kapitel gewidmet. Wenn du dich nämlich nicht als wirksam erlebst, wirst du entweder permanent eine Maske tragen oder eine Rolle einnehmen, von der du denkst, dass sie gut ankommt in der Welt. Du wirst versuchen, viel zu geben, wenig Grenzen zu setzen und deinen Selbstwert anderweitig zu erhöhen. Dementsprechend wirst du deine Gabe in diesem Leben nicht erkennen können. Hingegen wirst du Leiden, der Welt und anderen Menschen zu viel Macht geben, was dir dann wieder deine eigene, wenig vorhandene Wirksamkeit bestätigt. Das kann nur zu noch mehr Leid führen – und ich möchte dir gerne helfen, es aufzulösen, sodass dein Licht in dieser Welt strahlen kann und sie etwas schöner und friedlicher machen kann.

Wie funktioniert das Ganze? Im Grunde geht es darum, dass du – wie bei allen Informationen aus den anderen Kapiteln – deinen Körper wieder spürst. Das heißt, dass du nicht mehr von oben herab auf deinen Körper schaust, sondern dass du ein von innen herausfühlendes Wesen wirst – pulsierend und lebendig. Helfen kann dir dabei jeder Druck, den du von außen auf deinen Körper ausüben kannst. Besorge dir also eine Faszienrolle, eine Akupressurmatte, eine Wurzelbürste und – wenn du magst – auch eine Gewichtsdecke. Beginne dann, dich einmal täglich zu schütteln, dich abzubürsten und deine Arme und Beine mit viel Druck über die Faszienrolle gleiten zu lassen. Du aktivierst deinen Rücken, indem du dich danach auf die Akupressurmatte legst. Wenn du magst, kannst du die Gewichtsdecke nehmen und sie anschließend auf dich legen, während du den Boden und das Getragensein spürst. Übrigens kannst du auch meinen Onlinekurs mitmachen, mit dem ich dich praktisch und parallel zum Buch sehr gern begleite – nähere Informationen dazu findest du am Ende des Buches.

Es kann einige Zeit dauern, bis du dich tatsächlich mehr spürst. Aber erste gute Anzeichen sind, dass die Energie und der Fokus, also deine Aufmerksamkeit und das, was du spürst, sich mehr auf dein Körpererleben richten, dass du nicht mehr von oben herab auf deinen Körper blickst mit dem Kopf und Gedanken – und somit deine ganze Aufmerksamkeit nicht mehr auf dem Kopfgehirn liegt. Das tägliche Schütteln ist besonders wichtig, um die Lebensenergie im Körper zu verteilen sowie überschüssige Energie aus deinem Nervensystem zu regulieren.

Das ist die Basis aller folgenden Übungen und die Möglichkeit, mit deinem Inneren in Kontakt zu treten. Bedenke stets, dass dein Inneres über deinen Körper erreichbar ist. Das heißt, um mit deinem Inneren in Kontakt treten zu können, musst du deinen Körper spüren. Wenn du so weit bist, möchte ich dir nun folgende spezifische Übung mitgeben, die sich gerade in Bezug auf die Selbstwirksamkeit, das Ernst-genommen-Werden und den Glauben an dich und die Welt einfach und schnell umsetzen lässt.

Diese erste Übung ist: Stell dich hin und schließe deine Augen! Zentriere dich und konzentriere dich auf deinen Körper! Fühle den Kontakt zum Boden und lass die Gedanken mehr in den Hintergrund gehen, indem du Körper wirst! Gerne kannst du dich vorher schütteln und abbürsten. Nun streckst du deine Arme nach vorne aus – mit den Händen nach unten – und sagst laut und deutlich: »Ich will!« Wiederhole dies fünfmal und beobachte, welche Reaktionen im Körper aufkommen. Dann wiederholst du die Übung noch einmal und sagst zuerst: »Ich will!«, und drehst dann deine Hände nach oben und sagst: »Ich erhalte.« Achte darauf, dass du dabei nicht nach vorne fällst, sondern aufmerksam in deiner Mitte bleibst. Du musst nicht aus dir herausfallen, um etwas in deiner Welt verändern zu können. All das spürst du über den Körper. Wiederhole diese Übung für eine Woche täglich und spüre!

Eine zweite Übung beziehungsweise eine Änderung deines Alltags, die ich dir mitgeben möchte, ist, dass du selbst dafür sorgst, deine Bedürfnisse zu erfüllen. Damit meine ich: Warte nicht ab, bis die Welt es dir recht macht, sondern kümmere dich darum, dass es passend ist! In diesem Zusammenhang kannst du dein Tagebuch nehmen und dir aufschreiben, welche Bedürfnisse du gerade hast. So kann es sein, dass du einen Spaziergang machen möchtest oder gerne etwas essen willst. Oder einkaufen gehen willst oder aber spürst, dass du Ruhe brauchst. Nimm dir jeweils zwei Stunden täglich Zeit und spüre ganz genau in deinen Körper, was er gerade braucht: Dann setze sofort um! Du wirst merken, es überrascht und wirkt Wunder. Auch hier gilt es, dies eine Woche täglich zu wiederholen.

Die dritte Übung, die sich sehr leicht in den Alltag integrieren lässt, ist, dass du jeden Tag die Hand auf dein Herz legst und es sehr warm reibst. Dann stellst du dich hin und streckst deine Arme zu beiden Seiten aus – so weit wie möglich. Ziehe die Finger dabei auseinander und bleibe in dieser Position für einige Minuten, auch wenn es unangenehm ist. Du wirst merken, dass der Glaube und die Größe sowie das Herzgehirn sich öffnen, was dich allmählich auch mehr an dich glauben lässt.

Das sind drei kleine Übungen für den Alltag. In der »Traumaorientierten Körperzentrierten Hypnose« gehen wir darauf natürlich umfassender, individueller und tiefer ein, sodass du bald eine Veränderung bemerkst. Deshalb kann ich dir von Herzen empfehlen, den Begleitkurs zum Buch zu absolvieren – oder dich auch gerne direkt bei uns zu melden, sodass wir dich persönlich auf deiner Heilreise unterstützen können.

In guten wie in schlechten Zeiten: Bleib auf deiner Seite!

In guten wie in schlechten Zeiten: Ich hatte vor nicht allzu langer Zeit ein Buch gelesen, das davon handelte, sich selbst zu lieben und wie egal es dann ist, wen du heiratest.

Die Selbstliebe bildet die Basis eines guten Lebens in dieser Welt. Mittlerweile findest du auch an jeder Ecke unzählige Angebote, die dich damit locken, dich doch endlich selbst zu lieben und so annehmen zu können, wie du bist. So manches Angebot hatte auch mich vor Jahren angelockt. Erst Jahre später nach unzähligen Affirmationen und intensiver »Mir-Widmung« merkte ich, dass das Thema Selbstliebe in dieser Welt so verbraucht ist wie kaum ein anderes. Und auch so missverstanden. Denn die meisten der Angebote da draußen kratzen lediglich an der Oberfläche – ohne Tiefgang. Deshalb verändert sich natürlich in der Tiefe auch bei dir nichts.

Selbstliebe ist so viel tiefer, als du dir vorstellen kannst. Es ist die bedingungslose Liebe zum Leben und zu dir. Die verkörperte Wirklichkeit des Auf-deiner-Seite-Bleibens, des Zu-dir-Stehens, wenn es brenzlig wird, und des Sich-dir-in-der-Tiefe-Zuwendens und Mutigseins. Dich an erste Stelle zu stellen und gleichzeitig in Verbundenheit mit der Welt und anderen Menschen zu leben – ohne in die Unabhängigkeit und Abspaltung zu gehen. Es ist der Punkt zwischen Bedürftigkeit, Selbstaufgabe und Abhängigkeit sowie Unabhängigkeit, Abspaltung und Alleinesein.

Und es handelt sich um das Schwerste, was es in dieser Welt zu erreichen gibt. Denn es ist nicht leicht, zu 100 Prozent immer bei sich und auf seiner Seite zu bleiben. Vor allem dann nicht, wenn das Leben es einem nicht leicht macht. So bist du vielleicht selbstständig und die ersten Hürden kommen, Kunden bleiben aus oder andere Komplikationen treten ein – und schwuppdiwupp überlegst du dir, das Weite zu suchen, oder suchst nach Auswegen. Oder du bist angestellt und merkst, dass dich im Job einiges überfordert, und googelst dann nach Stellenanzeigen, die dir versprechen, deine Probleme in einem anderen Job zu lösen.

Du hast Träume und möchtest in deinem Leben etwas erreichen und umsetzen, aber die Zweifel und Ängste halten dich zurück. Womöglich läuft in deiner Beziehung nicht alles nach Plan und du merkst, dass der andere nicht so recht will wie du, oder empfindest diese als Ballast, weil du dich aufgeben oder verbiegen musst – und sogleich löst du dich etwas innerlich von diesem Menschen und aus dieser Beziehung, ziehst dich zurück und zweifelst. Du vertraust dir selbst und der Beziehung nicht und die Zweifel sorgen für ein Abwenden von dir, deinem Tun und anderen Menschen. Du bleibst dir nicht treu und du vertraust dir und dem Leben nicht.

Du hast ein psychisches Leiden und suchst nach einem Menschen, der dich begleiten soll, und nach einer Lösung. Dann findest du diesen und zweifelst an dir, der Methode, an ihm oder möchtest nicht die nötige Zeit, das Geld oder eine andere Form von Energie aufbringen. Du bist es dir nicht wert und glaubst nicht an dich, es zu schaffen und etwas in deinem Leben ändern zu können.

Und all dies sind Beispiele von Selbstliebe als Reaktion auf ein Problem – und dabei kommen die Selbstliebe und dein eigener Wert hier durch deine Reaktion, durch das Auf-deiner-Seite-Stehen zum Ausdruck. Denn dein Inneres merkt sehr wohl, was du denkst, wie du fühlst und wie du handelst. Ob du dich ernst nimmst, ob du dir Raum gibst und ob du bleibst, wenn es brenzlig wird. Nicht an dich zu glauben und in Beziehung bleiben zu können, wenn es etwas schwerer wird, hängt direkt mit den Themen Selbstwert und Selbstliebe zusammen. Denn wenn du an deinen

Wert glaubst und dich selbst liebst, dann bleibst du an deiner Seite, bei deinen Träumen und auch bei einem anderen Menschen, wenn es schwierig wird. Du lässt dich weniger leicht beirren und von deinem Weg abbringen.

Doch je weniger du dies bei anderen kannst, desto weniger kannst du das bei dir. Damit will ich auch sagen: Je weniger du auf deiner Seite bleibst, desto weniger kannst du auf der Seite des Lebens und anderer Menschen bleiben. Umso mehr schwenkst du um und versuchst, Unangenehmes zu vermeiden, desto weniger kommst du in deine Kraft und desto mehr lebst du in Angst, die du zu kompensieren versuchst.

Wenn Vertrauen und Zutrauen fehlen: Mit diesem Nicht-auf-deiner-Seite-bleiben-Können geht auch einher, dass du Angst hast, es nicht zu schaffen, und dass du dir auch nicht zutraust, in der Welt etwas bewirken zu können. Dass du eine Möglichkeit hast, dir das Leben und vor allem die Innenwelt zu erschaffen, die dich groß und wirksam fühlen lässt – unabhängig vom Außen. Das heißt: Ich erkenne hier zwei sehr große Knackpunkte. Der erste ist, dass du Wirksamkeit erlebst durch radikale Selbstregulation in deinem Inneren. Denn das stimmt: Auf das Außen hast du nur begrenzt Möglichkeiten, einzuwirken. Das heißt, je mehr du versuchst, durch das Außen und im Außen etwas zu ändern, sodass du dich im Inneren besser fühlst, desto weniger wirksam fühlst du dich und umso mehr weichst du von dir ab und verbiegst dich womöglich. Wenn du aber den inneren Hebel und die Schaltstellen in deinem Nervensystem und Körper ansprichst und regelst, dann merkst du plötzlich, wie wirksam du bist und auch wie kraftvoll. Denn dort im Körper findest du zum einen zu jedem Zeitpunkt Sicherheit und zu jedem Zeitpunkt Vertrauen. Das heißt, du lernst nach, dass du eben doch etwas ändern kannst.

Ebenso sehe ich einen zweiten Knackpunkt: dass du dableibst und fühlst, wenn etwas nicht so läuft, wie du dir das vorstellst. Dass du beim Schmerz bleibst, der übrigens ein alter ist. Das heißt, die Illusion aufzudecken, die hinter der verzweifelten Strategie liegt, »das sinkende Schiff« zu verlassen und zu denken, dass es anders oder woanders besser ist. Denn das ist es nicht. Diese Strategien sind lediglich dazu da, den alten Schmerz nicht spüren zu müssen – dass es tatsächlich einmal sehr schmerzhaft war, zu bemerken, dass deine Bedürfnisse nicht anerkannt werden, du nichts ändern kannst, es eben nicht schaffst und keine Wirksamkeit in diesem Leben hast.

Was mit 1,5 Jahren begann und jetzt dein Leben beeinflusst: Circa im Alter von 18 Monaten lernst du Selbstwirksamkeit und Vertrauen und ebenso, auf deiner Seite zu bleiben. Das heißt, du beginnst, zu laufen und auf Dinge zu zeigen und so deine Bedürfnisse einzufordern. Hast du zu diesem Zeitpunkt jedoch ein Gegenüber (= Eltern oder andere Personen, mit denen du in Kontakt gehst), das kein Feedback gibt, deine Bedürfnisse nicht versteht oder dich nicht ernst nimmt, so legt sich in dir ab, dass du nichts ändern kannst in der Welt. So legt sich ab, dass du es nicht geschafft hast. Wenn ein Elternteil oder eine wichtige Bezugsperson dich nicht ernst nimmt, beginnt sich zudem eine tiefe Scham in dir zu entwickeln, das Gefühl, zu viel zu wollen, und jenes, anders sein zu müssen, damit der andere dich mag und ernst nimmt. Hier siehst du auch den Ursprung, warum du dich von dir abgewendet hast und deiner Bezugsperson gefolgt bist. Du hast irgendwann aufgegeben und damit einen tiefen Herzensbruch erlebt. Dieser spiegelt sich in deiner heutigen Wirksamkeit, Selbstliebe und dem Vertrauen in dich und das Leben wider.

Der entscheidende Punkt liegt im Hier und Jetzt: Du darfst also heute genau diese dir als Kind versagten Bedürfnisse nachholen. Wie bereits beschrieben, erfolgt der einfachste Weg über deinen Körper und dein Inneres – beispielsweise mithilfe der »Traumaorientierten Körperzentrierten Hypnose« zu merken und tief auf Zellebene zu verankern, dass du etwas bewirken kannst. Dir deine Wirksamkeit zurückzuholen, indem du ganz körperlich erlebst, dass egal, welche Umstände dein Leben prägen, dies nie deine innere Essenz angreifen und dir das Leben so nichts anhaben kann. Zu merken, dass du auf deiner Seite bleibst und für dich gehst – und eben dann, wenn sich andere Menschen abwenden, festzustellen, dass dies nicht das Ende der Welt ist, sondern der Anfang. Zu verstehen, dass es der alte Schmerz ist, der dich in diesem Kreislauf hält – und damit setzt du schließlich die Stücke deines Mosaiks an alten Verletzungen und Fehlinterpretationen aufgrund von alten schmerzhaften Erfahrungen zusammen, um vollständig zu werden und zu erkennen, dass alles da ist und du absolut selbstwirksam auf dein Leben und diese Welt einwirken kannst. Das ist Selbstliebe vom Feinsten, sage ich dir.

Wie zeigen sich mangelnde Selbstliebe, Selbstwirksamkeit und ein geringer Glaube an dich konkret in deinem Leben?

- Du verlässt das Spielfeld schnell, wenn es unangenehm wird.
- Dir fallen Konflikte und Herausforderungen schwer und sie bringen dich schnell aus dem Gleichgewicht.
- Du hast das Gefühl, für ein Problem gleich eine Lösung finden zu müssen, weil du Unangenehmes schwer in deinem Leben halten kannst.
- Du möchtest gerne das Leben anders haben oder selbst anders sein, damit du zufrieden und glücklich bist.
- Du hasst dich manchmal selbst.
- Du bist sehr strebsam und versuchst, viel zu tun und zu erreichen, und dabei behältst du gerne die Kontrolle.
- Dir fällt es schwer, loszulassen, und du hältst die Zügel gerne in der Hand.

* Du hast aufgegeben und traust dir nichts zu und kommst nicht ins Tun.
* Du verstellst dich, um sicherzustellen, dass andere dich mögen oder dass du erfolgreich sein kannst.
* Du gibst dich für andere auf oder du hältst andere von dir fern, indem du unabhängig und frei bleibst.
* Du weißt nicht, was du willst, und schwankst.
* Das Leben fühlt sich mehr wie ein Kampf an.
* Ab und an redest du dir das Leben schön, anstatt direkt hinzuschauen.

Deine Vergangenheit erschafft deine heutige Realität – und dein Heute dein Morgen

Im Grunde hört sich das ziemlich logisch an und dennoch ist uns Menschen die Art, wie sich unser Leben gestaltet, unbewusst. Und genau das ist der Punkt, worauf ich hinauswill: das Unbewusste bewusst zu machen. Das ist auch eine der Herangehensweisen, die ich in meinen Retreats, Onlinebegleitungen, meiner Academy, dem Podcast und meinen »Innere Ruhe & Kraft«-Impulsen verfolge. Es klingt so simpel! Und dennoch leben wir Menschen – ich und vermutlich auch du – sehr häufig in unterbewussten und automatischen Tendenzen. Die meisten Menschen verwenden wenig Zeit darauf, sich diese Tendenzen bewusst zu machen. Aber ich kann dir sagen, das ist die kostbarste, effektivste und beste Zeit, die du deinem Leben widmen kannst. Nicht mehr passiv Beifahrer zu sein, sondern aktiv in den Sattel, in die Mitte, an die Zügel deines Lebens zu kommen und es so selbstwirksam und nach deinen Wünschen zu gestalten. Ich sage dazu gerne: Werde Schöpfer oder auch Pionier deiner Zeit und deines Lebens – und werde so auch zur Inspiration für andere Menschen und beeinflusse das gesamte Nervensystem der Welt. Hau eine Delle in dein Erleben – und zwar ganz im positiven Sinne. Und ich kann dir sagen: Yeah, das macht Spaß! Etwas an deinem Erleben verändern und darauf einwirken zu können, ist das Lebendigste und Berauschendste, was du erleben kannst. Schließlich erleben wir Menschen in unserem Leben zuhauf das Gegenteil. Dass wir nur ein kleiner Stern im Universum sind und einfach nichts ändern können. Und leider lernen das sehr viele Menschen bereits in der Kindheit und geben so all ihre Würde, Macht, Schöpfer- und Gestaltkraft des Lebens auf – und noch schlimmer: Sie geben sie an die Obrigkeiten und das Leben selbst ab. Doch es wird Zeit, dass du dir deine Macht zurückholst und dein Erleben erneut in die Hand nimmst. Ganz deutlich wird mir das immer, wenn ich reiten gehe. In dem Moment, in dem ich alles auf mich zurückwerfe und mich als Mittel- und Ausgangspunkt des Reiterlebnisses erlebe, spüre ich die unterbewussten Handlungen, mache mir diese gemeinsam mit meiner Reitlehrerin bewusst und ändere etwas – und schwuppdiwupp erlebe ich ein ganz anderes Ergebnis.

Dabei gibt es folgende Haken oder auch Bedingungen, die du beachten darfst. Denn allein ist es gar nicht so einfach, in den Sattel des Lebens zu kommen und sich der eigenen Verantwortung, Macht, Schöpfer- und Veränderungskraft bewusst zu werden. Das liegt vor allem daran, dass unser Körper sehr gerne Energie sparen möchte und die Reize des Außen mit deinen bereits abgespeicherten Vorstellungen und Annahmen abgleicht und dir diese als deine Wirklichkeit ausliefert. In Wahrheit sind wir nämlich von enorm vielen Reizen umgeben und nehmen meist nur jene wahr, die mit unseren inneren Annahmen, Vorstellungen, Ängsten und Wünschen kongruent sind. Ein gutes Beispiel ist hier, wenn du Single bist. In dem Moment wünschst du dir womöglich eine Liebesbeziehung und siehst in deinem Leben nur noch glückliche Paare. Dabei handelt es sich um eine absolute Verzerrung. Weil das Leben aber deinem Fokus folgt, der von deinen Annahmen, Ängsten, Wünschen und Sorgen geprägt ist, bekommst du auch immer diese Ergebnisse geliefert. Dass du andere Ergebnisse erhältst, wenn du einen anderen Fokus setzt, ist dir jedoch nicht so klar. Allerdings ist das sehr magisch! Denn ich kann dir sagen: In dieser Welt gibt es alles. Entsprechend der Quantentheorie, dass alles und nichts zu jedem Zeitpunkt existiert, gibt es auch das in deinem Leben. Du hast jederzeit Verfügung und Zugriff auf alle Felder, vorausgesetzt, sie sind dir bewusst. Und genau das ist das Thema – denn neben dem, dass dein Gehirn und Körper dir nie alle Ergebnisse gleichzeitig liefert und damit nach deinem bisherigen Erleben und Fokus immer wieder die gleichen Reize bewusst ausspielt, um so Energie zu sparen, gibt es andere Hintergründe, weshalb du meist stets das gleiche Ergebnis erlebst und schwer aus deiner Vergangenheitsschleife aussteigen kannst, um neue Ergebnisse zu kreieren. So sind schmerzhafte und unangenehme Ereignisse tief in deinem Körper und Unterbewusstsein abgespalten, sodass du bewusst keinen Zugriff darauf hast. Deshalb wirken diese unterbewusst auf dein Leben, bis du in deinem Nervensystem Sicherheit herstellst und es so ermöglichst, dass diese alten Wunden allmählich von selbst nach oben ploppen können. Denn dein Nervensystem gibt sie nur frei, wenn es sich im Modus von Sicherheit befindet – und dabei handelt es sich um einen sehr biologischen Prozess. Ebenso hilfreich ist es, wenn ein Mensch dich begleitet, nach und nach alte Verwundungen – oder auch Traumata genannt – nach oben schwimmen zu lassen, an die Oberfläche, ins Bewusstsein. Dabei brauchst du nie Angst haben – dein Körper gibt immer nur so viel frei, wie du auch verkraften kannst, denn er will dich und dein Überleben schützen. Und genau das ist auch der Grund, weshalb du vor langer Zeit bestimmte Themen und Ereignisse überhaupt erst in dir abgespalten hast. Denn du konntest diese damals nicht regulieren und in dir halten oder gar bewältigen – das Leben war zu viel und in deinem Nervensystem ist der Error »Lebensbedrohung« versendet worden. Mit diesem Error geht eine automatische Abspaltung der Wunde direkt ins Unterbewusste und den Körper einher, um dich zu schützen. Und der Körper vergisst nie – deshalb ist die »Traumaorientierte Körperzentrierte Hypnose«, mit der ich mein Leben und das Leben von Tausenden von Menschen radikal zum Positiven und Leichten verändert habe, auch so effektiv. Sie setzt nämlich genau an den genannten Punkten an und das ist sehr praktisch. Mit Sprechen allein oder gar damit, deinem Inneren etwas vorzugaukeln, kommst du hingegen nicht weit – und das ist auch der Grund, weshalb herkömmliche Therapien und Coachings sehr oft scheitern und sich bei den meisten Patienten oder Coachees danach in der Tiefe nichts getan hat.

Nun ist es so, dass du deine aktuelle Realität stets als eine natürliche Konsequenz und ein Ergebnis deines vergangenen Fühlens, Erlebens und Verhaltens zu verbuchen hast. Denn das, was heute deine Realität ist, hast du gestern, vorgestern oder auch vor einem Jahr erschaffen. Die meisten Menschen lesen dann anhand ihrer aktuellen Realität ab, was ihnen in ihrem Erleben und Leben erlaubt und vergönnt ist. Das heißt, wenn du im Hier und Jetzt keine harmonische Liebesbeziehung in deinem Leben hast und erfährst, dann gehst du automatisch davon aus, auch morgen oder im nächsten Moment (= Tag, Monat, ein Zeitpunkt in der Zukunft) keine zu erleben. Wenn du wenig Geld auf dem Konto hast oder keine Kunden kommen, dann gehst du – als Verlängerung der Gegenwart in die Zukunft – genau von dem gleichen Ergebnis aus. Und je öfter du dieses Ergebnis erlebst, desto mehr legt sich dieses als Pfad neuronal in deinem Gehirn, deinem Körper und deinem Unterbewusstsein an. An diesem Punkt kann die Hypnose helfen, neue Realitäten im Hier und Jetzt zu erleben, da dein Gehirn nicht zwischen Realität und Imagination unterscheiden kann. Besonders effektiv ist es, wenn Körperarbeit und Hypnose gemeinsam angewendet werden. Das kannst du dir dann so vorstellen, dass du ganz körperlich mit all den wunderbaren Hormonen und Gefühlen die gewünschte Realität erlebst und somit zunehmend zu deiner Wirklichkeit werden lässt. Deshalb dient die Körperarbeit nicht nur dazu, dein Nervensystem zu regulieren, sondern auch dazu, dich in gewünschte Zustände der Sicherheit, Freiheit und Freude zu bringen und diese mit bestimmten Erlebnissen, Ergebnissen und Ausgängen in deinem Leben zu koppeln, ohne das Außen oder die »aktuelle« Realität verändern zu müssen. Du musst also nicht erst darauf warten, bis der richtige Partner kommt, um es als wahr zu erleben, oder die Kunden hereinströmen sehen, um dich als einen erfolgreichen Menschen zu identifizieren. So kannst du dein Leben maximal gestalten. Allerdings wird dir auf diesem Weg auch das Unangenehme begegnen – was aber per se gut ist, auch wenn wir Menschen dies zunächst als Rückschlag oder schlecht empfinden. Und das möchte ich dir nun genauer erläutern.

Wenn wir Menschen uns etwas aus tiefster Seele wünschen und es im jetzigen Leben noch nicht eingetreten ist, gibt es meist einen »Mismatch« zwischen dem im Bewussten Gewollten und dem im Unterbewussten Geglaubten und Verkörperten. Aber wir dürfen dies zu einem Match werden lassen. An einem Beispiel möchte ich dir das etwas plastischer erklären: Stell dir vor, du möchtest unbedingt eine liebevolle Beziehung führen, in der du gesehen wirst und die auf Augenhöhe und Harmonie basiert. Nun denkt es in dir aber, dass du das nicht verdient hast, dass es zu schön wäre, um wahr zu sein, oder dass du es nicht wert bist, eine solche Beziehung zu führen. Möglicherweise denkt es auch, dass du immer geben musst, dass du Geschenke des Lebens nicht einfach so ohne Gegenleistung annehmen kannst oder dass Beziehungen an sich anstrengend sind und mit Selbstaufgabe einhergehen. Ich hatte einmal eine Klientin, die sagte, sie spüre, dass sich beim Gedanken an eine Beziehung alles in ihr zusammenziehe und sie In-Beziehung-Sein mit einer absoluten Selbstaufgabe und einem Freiheitsverlust verbinde. Diese verkörperten Annahmen haben ihre ganz natürliche Konsequenz, denn sie gestalten die Wirklichkeit und nicht die bewussten Wünsche. In diesem Fall würde aber beispielsweise nie eine passende Beziehung in das Leben der Person kommen oder sie einfach stets den falschen Partner wählen, da sie den richtigen aufgrund ihres Filters einfach nicht erkennt oder attraktiv findet. Denn ganz ehrlich: Wer würde denn freiwillig in ein Gefängnis gehen? Aber genau das empfand meine Klientin in Bezug auf das Konstrukt Beziehung.

Diese Überzeugungen entsprechen jedoch keiner Wahrheit, denn sie sind eine Illusion, die in der Vergangenheit aufgrund von alten Wunden und Verletzungen entstanden ist. So kann es sein, dass, wenn eine Person in der Kindheit die Ehe der Eltern als absolut schmerzhaft erlebt hat und ihre Mama in einer Abhängigkeit zum Papa war, sich das im Kind (und in dir, wenn du gerade dieses Kind bist) abspeichert als: Ich werde nie abhängig und gebe meine Freiheit nie auf. Und dabei handelt es sich um eine sehr tiefe Wunde, die hier wirkt. So wird dir ganz automatisch auf dem Weg zu deinem Ziel – unabhängig davon, ob es sich um eine glückliche Partnerschaft oder einen anderen Wunsch handelt – immer das Alte, Unterbewusste auf die Füße fallen, wenn du diesem Raum gibst und zuhörst. Genau so etwas passiert im Leben und in den Begleitungen mit meinen Klienten zuhauf. Aber das Schöne ist, dass wir dann gemeinsam diese alten Wunden und Verletzungen auflösen und so eine gute Erfahrung und neue Assoziationen mit der neuen gewünschten Realität bilden können. Bald darauf folgt auch die gewünschte Realität und der Genuss tritt ein. Jedoch darf der Genuss schon vorab eintreten. Erst der körperliche Genuss und die positive verkörperte Reaktion und dann das Erscheinen und Manifestieren in deiner Realität. So darfst du stets dem Weg von innen nach außen folgen. Der alte Schmerz darf nachgefühlt und bewusst gemacht und somit einer neuen passenden Realität angepasst werden. Das ist wahre Schöpfung und – ich nenne es gerne – Pionierarbeit für dich, deine Mitmenschen und diese Erde. Denn zu erkennen, dass alles in dir beginnt, ist magisch. Denn was dich angeht, kannst du jederzeit einwirken und wirksam werden, wenn du weißt, wie es geht – und das kannst du wieder erlernen. Also schaue ab heute nicht auf deine aktuelle Realität und nimm diese nicht als Maß für deine zukünftige Realität und Möglichkeiten im Leben, sondern sei dir stets bewusst, dass sie eine Kreation deiner alten Version ist und du hier, jetzt und heute eine neue Version kreieren kannst!

Ich möchte dir nun ganz gezielt eine Übung mitgeben, um dir noch mehr Bewusstsein über dich, deine Möglichkeiten im Leben und deine Realität zu bringen. Bitte schreibe dabei auf, was du in deiner momentanen Realität erlebst oder auch nicht erlebst. Du kannst selbst auswählen, welche Lebensbereiche du nehmen möchtest: Beruf, Gesundheit und Körper und deine Psyche.

____

____

____

____

Was erlebst du gerade und was fehlt?

Was hättest du gerne anders?

Was wäre ein gewünschtes Ergebnis?

Was assoziierst du mit dem gewünschten Ergebnis ganz konkret?

Was sind negative Konsequenzen, die mit dem Ergebnis einhergehen?

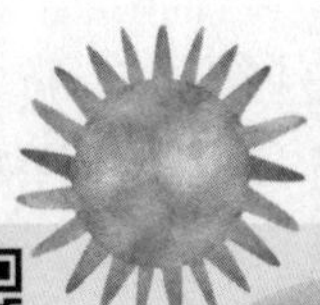

Scan me

Lerne, deine natürlichen Instinkte
zu verstehen und zu nutzen, und
du wirst frei und lebendig sein!

JENNIFER SUBKE

Die Dreh- und Angelpunkte von innerer Unruhe, Überforderung und Ängsten

Angst – auf dem Highway in die Energie!

Wenn wir über das Thema Sicherheit sprechen, dann unterscheide ich, wie du inzwischen weißt, gerne zwischen Sicherheit und Scheinsicherheit. Denn das, was wir Menschen unter dem Herstellen von Sicherheit verstehen, ist keine tief verankerte, geerdete Sicherheit, sondern eine Kompensation, die dann zu einer Scheinsicherheit führt. Echte Sicherheit (= Körpersicherheit durch ein reguliertes Nervensystem) ist so etwas Ähnliches wie knackig frisches, vitaminhaltiges Gemüse (= etwas, das uns in der Tiefe nährt). Wir Menschen konsumieren aber schon so lange gespritztes Gemüse oder solches aus fernen Ländern, dass wir gar nicht mehr schmecken, dass in diesem leblosen Grünzeug nichts mehr drinsteckt (= uns also nicht nährt). Bis zu dem Zeitpunkt, wenn wir eine frische Tomate aus dem heimischen Garten essen, die dann nicht einmal Salz benötigt und so intensiv schmeckt.

So verhält es sich auch mit der Angst und dem Angsthaben als Form des Herstellens von Sicherheit. Denn in den Ursprüngen der Evolution, des menschlichen Nervensystems und Daseins ist Angsthaben dazu gedacht, die Kräfte in uns zu mobilisieren und uns so auf den Weg in die Sicherheit zu begeben. Und dies ist durch Flucht oder Kampf möglich! Allerdings nicht durch Erstarrung, Ohnmacht und Kollaps.

Als Kulturangst bezeichne ich jene Angst, die wir Menschen uns antrainiert haben. So ist Kulturangst die Angst, die wir haben, während wir versuchen, keine Angst zu haben, weil wir erstarren. Erstarren ist im Wildlife-Setting, in dem dir tatsächlich ein Säbelzahntiger begegnet, eine Strategie, die von einem Tier gewählt wird, wenn es weder fliehen noch kämpfen kann. Dabei erstarrt es und hofft, vom Angreifer als tot gesehen oder auch einfach übersehen zu werden. Ganz wie der Käfer, der auf dem Rücken liegt und alle viere von sich streckt, um dann im nächsten unbeobachteten Moment zu verduften.

Wir Menschen haben es uns von Kindheit an antrainiert, permanent auf bedrohliche Situationen mit Erstarrung zu reagieren. Dabei spaltet sich dein Körper ab und du spürst nichts mehr. Mit der Zeit verlierst du so komplett den Kontakt zu dir und deinem Körper. Denn dein Körper ist das Verbindungsmittel zu dir und deiner inneren Essenz. In ihm ist jedoch alles gespeichert und kann auch alles transformiert werden. Was passiert aber mit der Energie, die in deinem Körper mobilisiert wurde, um dich in Sicherheit zu bringen? Sie schießt in den Kopf und bleibt dort in Form von Gedanken stecken. Sorgen, Gedankenkarusselle und Gedankenschleifen stehen dann an der Tagesordnung. Du versuchst, mit deinen Gedanken Sicherheit herzustellen. Das ist eine Form von Scheinsicherheit, die erzeugt wird. Allerdings entsteht dabei nie das tiefe Gefühl von Sicherheit in deinem Nervensystem, das dich in einen Modus von Loslassen und tiefer Verbundenheit wie auch Entspannung bringt. Weitere Optionen, wie du dann versuchst, Sicherheit herzustellen, sind die schon erwähnten Kompensationsmöglichkeiten wie etwa übermäßiger Konsum, Drogen, übermäßiges Reden und Bei-anderen-Halt-Suchen, viel arbeiten, alles perfekt machen oder es alleine schaffen. Diese Handlungen und Kompensationsmöglichkeiten geben deinem System Scheinsicherheit, da du verlernt hast, wie ein Säugetier die Angst zu leben, was ganz automatisch zu einem Switch in deinem Nervensystem führen würde, der dann Sicherheit, Halt und Vertrauen herstellt.

Das erreichst du durch die Körperangst. Stell dir wieder die Situation vor, in der du vor dem Säbelzahntiger stehst, während dein Nervensystem bereits voller Adrenalin und Energie ist, um dein Leben zu sichern. Kampf oder Flucht – das entscheidet sich in Abstand zu der Bedrohung. Ganz natürlich, oder?

Jetzt stell dir einmal vor, du erstarrst einfach, beredest dich, kaufst dir was Schönes oder gönnst dir Alkohol. Hilft das und ergibt das Sinn? Kannst du dich so gegen den Angreifer wehren? Nein, wohl kaum. Aber die Bedrohungen in unserem Alltag sind so zahlreich, als würden wir am Tag hundertmal einem solchen Tiger begegnen. Aber weil wir die Bedrohung nicht visuell als Tiger wahrnehmen und unseren Körper nicht mehr spüren, checken wir einfach nicht, dass das Lästern am Abend beim Partner oder die Sorgen im Kopf eigentlich aufgrund einer Angst entstanden sind. Beispielsweise aufgrund jener vor Ablehnung, die für dein Nervensystem mindestens so bedrohlich ist wie ein waschechter Tiger. Doch diese Angst nimmst du nicht als Angst wahr, sondern kompensiert sie in dem Fall durch Reden. Was es aber braucht, ist die Körperangst. Die Angst im Rücken wahrzunehmen und dann die Beine in die Hand zu nehmen und eine satte Portion Wutkraft einzusetzen – die Arme durch den Raum fliegen zu lassen oder zu spüren, wie deine Finger sich in ein Kissen krallen, um deinem Nervensystem und Körper das Gefühl zu geben: Ich habe gerade gekämpft, ich bin gerade geflohen – schalt bitte mal wieder mein Entspannungssystem, in Form des zehnten Hirnnervs namens Vagusnerv, frei – ich bin wieder sicher!

Gerade in der heutigen Zeit zeigen sich immer mehr Ängste. Ich hatte erst gestern ein Interview mit einem Reporter, der mich mehrmals fragte, wie er denn unterscheiden könne, ob die Angst seine sei oder von anderen Menschen. Daraufhin meinte ich, dass das gar nicht so einfach sei. Denn entgegen unserer westlichen Vorstellung der Trennung und des Individuellen bist du mehr kollektiv, als du denkst. Hinzu kommt, dass du auch mehr deine Mama, dein Papa, Opa, Oma, Uroma, Uropa – und inzwischen bis zu sieben Generationen vor dir – bist. Denn transgenerational und kollektiv wird mehr weitergegeben, als du wahrnehmen kannst. Aber du denkst, du bist einfach du. Ich hatte im Studium einen Professor, dessen feste Überzeugung es war, dass wir Menschen, unsere Verhaltensweisen und unser Charakter unveränderlich sind. Aber das stimmt nicht! Wir sind wandelbarer, als wir denken, auch wenn es schwer und mit Arbeit verbunden ist. Doch im Gegensatz zu der Vorstellung, dass Arbeit negativ und anstrengend ist, kann eine gewisse Anstrengung sehr beflügelnd sein. Und so können das Wachstum und die Entwicklung schrittweise zu einem Dir-näher-Kommen und somit auch zu deiner inneren Essenz führen. Und die innere Essenz eines jeden Wesens ist die Liebe. Mit der Liebe meine ich allerdings nicht die Art von romantischer Liebe, die du aus alten Erzählungen, Märchen oder der Disney-Filmindustrie kennst. Damit meine ich eine tiefe Verbundenheit und eine Nähe zu dir selbst und der Welt. Diese Liebe tragen wir Menschen alle in uns – bereits ein kleines Wesen strahlt diese vollkommene Liebe aus. Diese Liebe zum Leben aufrechtzuerhalten oder wiederzuerobern, ist das größte Geschenk. Denn mit dieser Liebe schaffen wir es, alle Hindernisse zu überwinden, in unsere Größe zu kommen und gemeinsam zu wachsen und auch anderen Menschen zu helfen, in ihre Kraft zu kommen.

Dem erwähnten Reporter bin ich schon in einem früheren Interview zu Neujahrsvorsätzen mit Input zur Seite gestanden. Dabei erzählte er mir, dass er beobachtet hatte, dass viele Menschen aufgeben und sich keine Ziele oder Vorsätze mehr setzen oder gar nichts mehr erwarten. Allerdings ist das kein Nichts-mehr-Erwarten, wie du es womöglich aus der »Spiriszene« kennst, sondern es ist ein Aufgeben in Form von Ohnmacht. Und Ohnmacht ist jener Bereich deines Nervensystems, den du als Letztes erreichen kannst. Dieser ist die Nachstufe der Erstarrung. Du erinnerst dich an den Säbelzahntiger, der in dir Angst in Form von Energie (Hormone, Stresslevel steigt, Herzklopfen et cetera) mobilisiert, um dich durch Flucht oder Kampf in Sicherheit zu bringen? Dabei gibt es ja ebenso die dritte Möglichkeit – die Erstarrung. Viele Menschen hängen in einer ständigen Erstarrung fest und bemerken das nicht einmal. Da ich mittlerweile lange Zeit an diesen Themen dran bin, spüre ich das – und ja, es ist anstrengend und macht auch etwas mit mir. Nun ist es so, dass wir alle das spüren, was das Kollektiv, also die Menschen, die uns umgeben, spürt. Dabei gibt es verschiedene Bewusstseins- und Energielevel. Das Level der meisten Menschen ist sehr niedrig. So kannst du dir vorstellen, dass, wenn du dein Level anhebst, andere Menschen sehr stark daran interessiert sind, dein Level wieder zu senken. Auch bei Kindern machen wir das so – bis sie auf unserem niedrigen Level sind. Der Grund ist: Andere Menschen bemerken, dass du etwas höher schwingst, und spüren dann den Impuls, ebenso etwas ändern zu müssen, wozu allerdings Arbeit und Energie notwendig sind, was sie wiederum vermeiden möchten. Ebenso kannst du dir höhere Energielevel so vorstellen, als würdest du auf einem Stuhl stehen. Es ist einfacher, dich da herunterzuholen, als eine Person von unten zu dir nach oben zu holen. Daher braucht es ein tägliches Dransein, um das Level zu steigern. Aber wieso erzähle ich das alles – und was hat das mit Angst zu tun? Nun ja, der Gegensatz von Angst, der sich in einem Nerven- und auch Energiesystem freischaltet, ist Liebe! Sie ist die höchste Frequenz und hat unglaubliches Heilungspotenzial. Doch um in diese zu kommen, brauchst du Sicherheit – dann schaltet sie sich automatisch frei. Nun zurück zum Zustand der Erstarrung, der als dritte Option vorhanden ist, um auf die Angst zu reagieren. Wenn der Tiger nahe genug ist und dein System checkt, dass es jetzt gleich gefressen wird, dann fällst du in Ohnmacht. Ein Tier stirbt dabei. Ein Mensch stirbt nicht körperlich – jedoch hängt er in diesem Sterbeprozess fest, ohne aus dieser Schleife wieder austreten zu können. Er gibt auf – und die Ohnmacht und das Nicht-Spüren werden ein Teil seines Lebens und bestimmen sein Erleben somit ebenso. Genau das passiert, wenn zu viel Angst im System ist. Nun ist es so, wie es schon der Reporter von den Passanten erfahren hat, dass der betreffende Mensch nach und nach aufgibt. Ich hatte auch kürzlich einen Klienten, der zuerst bei mir angefragt, aber dann geschrieben hatte, dass er keine Hoffnung mehr sehe, da sich ja eh nichts ändern würde. Solche Menschen, das Gefühl der Ohnmacht und des Aufgebens erlebe ich zuhauf. Und vor allem gehäufter in der jetzigen Zeit. Das ist übrigens die niedrigste Ebene an Energie und Schwingung, die wir Menschen erreichen können. Aber immer mehr Menschen gehen in Ohnmacht und verlieren die Hoffnung und das Leben in sich. Warum ist das so?

Wir leben in einer Zeit der starken Veränderungen und unkontrollierbaren Ereignisse, auf die wir keinen Einfluss haben. Kriege, Inflation und das System aus Scheinsicherheit, das wir als Gesellschaft in der Vergangenheit so sorgsam aufgebaut haben. Nichts scheint mehr zu funktionieren. Das Alte passt einfach nicht mehr und das Neue scheint auch noch nicht richtig ausgereift oder eine gute Zukunft in Aussicht zu sein. Und ganz wichtig: Wir Menschen durchlaufen momentan einen sehr schnellen, großschrittigen Wandel in eine neue, friedlichere Welt. Und genau hierfür braucht es erst einmal Chaos und Unstimmigkeit. Denn Chaos und Unstimmigkeit führen zu einem Umdenken, Fühlen und Handeln. Das Leid lässt uns in die Tat kommen und das Chaos kreiert die neue Welt, bis diese wieder zur Normalität und Gewohnheit geworden ist. Und in dieser neuen friedlichen Welt wird es einfach nicht mehr möglich sein, auf Pause zu drücken, sich Geschichten zu erzählen, die Angst mit Scheinsicherheit zu kompensieren und in Illusionen zu leben. Deshalb ist es völlig natürlich, dass gerade ein unangenehmer Aufwachprozess einsetzt. Und wie das eben so ist mit der Enttäuschung, wenn also eine Täuschung auffliegt, dann ist das kein angenehmer Prozess. Auch ich merke das – und je mehr ich die Essenz des wahren, lebendigen Lebens kosten durfte, desto weniger möchte ich wieder zurück. Und das ist die Hoffnung und der Weg in der jetzigen Zeit. Dies ist auch der Grund, weshalb ich dieses Buch schreibe, und womöglich auch der Grund, wieso du es in deinen Händen hältst und jetzt diese Zeilen liest. Wenn ein Nervensystem einmal den Weg aus dem Kollaps und der Ohnmacht geschafft hat, dann wird ihm das höchstwahrscheinlich das nächste Mal wieder gelingen. Und derjenige wird das auch wieder wollen: Denn wer die Käfigstäbe des westlichen Komforts durchbrochen, Verantwortung für sein Leben übernommen hat und in seine Kraft gekommen ist – der möchte mehr. Und wenn du an dem Punkt bist, dass du den Benefit deutlich spürst, dann wirst du auch weitermachen. Denn das Lebenselixier, das dadurch entsteht, ist die Mühe des Aufraffens und der Auflösung des Kollapses wert. Allerdings sind wir freie Wesen und müssen selbst den Popo hochbekommen. Wir müssen uns immer wieder in unser Hinterteil treten und selbst motivieren, damit etwas passiert. Wir müssen einen inneren Drang entwickeln, etwas in der Tiefe ändern zu wollen, Herausforderungen zu trotzen, Widerstände aufzulösen und für die eigene Wahrheit sowie den eigenen Weg einzustehen – koste es, was es wolle. Das Schöne ist: Die anderen werden es dir gleichtun. Du wirst sie inspirieren, es ihnen leichter machen, auch den Weg zu beschreiten und größer, wilder und weiter zu werden. Aus den braven, gesellschaftlich/sozial anerkannten und geordneten Strängen des Lebens auszubrechen und Licht in die Welt strahlen zu lassen. Dass wir alle Licht sind, ist mittlerweile übrigens auch wissenschaftlich bewiesen. Und genau deshalb heißt es auch »Ausstrahlung«. Seit ich mich mehr auf diesen Ebenen bewege, bemerke ich auch, wie Leistung, Geld, Aussehen und Prestige in den Hintergrund treten. Es catcht mich weniger und die Verlockungen des Lebens ziehen bei mir nicht mehr. Ich bin dafür weniger anfällig – wenn du nämlich die Liebe in dir trägst und weißt, wie du mit deiner Angst umgehen darfst, dann bemerkst du genau, wenn dich das Leben testen und täuschen will, und gehst – wie wir in Bayern gerne sagen – mit einem »Passt scho!« einfach vorbei, ohne darauf eingehen zu müssen. Du bist dann auch weniger anfällig für Manipulationsversuche. Denn eines steht fest: Menschen, die sich aufgegeben haben, keine Verantwortung übernehmen und in Angst leben, sind rein von der Biologie her sehr leicht beeinflussbar und lenkbar. Und nun kannst du dir selbst einmal die Frage stellen, wer davon profitieren könnte.

Alles, was derzeit nicht auf Liebe basiert, beginnt, langsam zu bröckeln. Alte Strukturen, die auf Macht, Ausbeutung und Kampf beruhen, fallen allmählich in sich zusammen. Viele Menschen verlieren ihre Arbeitsplätze und das macht Angst. Allerdings ist es nie so, dass die Welt uns etwas Böses möchte oder gar gegen uns ist. Ganz klar: Wenn etwas sich in deinem Leben zu wandeln beginnt, ist das immer ein Zeichen der Heilungsmöglichkeit und der Chancen. Auch wenn es mitunter ausweglos und unfair erscheinen mag oder gar nicht zu bewältigen, möchte das Leben stets das Beste für uns. Das Leben ist immer für uns, auch wenn das für uns auf den ersten Blick manchmal nicht ersichtlich ist.

Das Beste, was du tun kannst, ist, dein Nervensystem auf Sicherheit zu trainieren. Die richtige Sprache zu sprechen, um zu erfahren, was dein Inneres benötigt, und so dem Wandel und dem Wachstum des Lebens als eine starke Persönlichkeit zu begegnen. Ich würde sagen, die Wellen des Lebens zu surfen und dich nicht von ihnen überrollen zu lassen. Dann kannst du den Wandel, den wir als Individuen, Gesellschaft und Welt erleben, gut durchlaufen, anstatt dich jeden Tag dagegen wehren zu müssen. Denn du gegen die Welt – das wird auf Dauer wohl sehr anstrengend. Deshalb ist meiner Beobachtung nach das größte Gut der aktuellen Zeit: Nervensystemregulation, Körperkontakt und die eigene Unberührtheit zu spüren.

Wut, die völlig missverstandene und unterschätzte Kraft

Wenn ich in diesem Buch von Wut spreche, dann ist definitiv mit einigen Annahmen und Überzeugungen aufzuräumen, die viele Menschen mit ihr verbinden. Denn Wut ist eine unterschätzte und missverstandene Kraft, die dich in Wahrheit umgehend aus dem Zustand von innerer Unruhe, Angst und Überforderung befördern kann. Wut ist der Schlüssel, der verwundete Grenzen heilt und uns wieder in Würde leben lässt. Wut ist etwas, das tief in unserer Gesellschaft und vermutlich auch in dir abgespalten, also nicht körperlich spürbar und zugänglich, ist. Und sie ist per se eine Kraft, die viele Menschen selbst ablehnen oder sogar zutiefst fürchten.

Wenn ich dich gezielt nach Wut frage:
Was verbindest du dann damit? Ich bitte dich, dir nun einen Moment zu nehmen und es aufzuschreiben, bevor du weiterliest. Denn dies ist wichtig, um im Anschluss herauszufinden, was dich davon abhält, in deine Wutkraft zu gelangen.

Ich verbinde mit Wut ...

Wut ist in unserer Gesellschaft nicht nur etwas Abgespaltenes, sondern auch nicht wünschenswert und sozial verträglich. Wer will denn schon wütend sein? Doch ich kann hier schon einmal spoilern, dass es sich definitiv für dich lohnt, dich mit deiner Wutkraft zu beschäftigen und sie in dir zu kultivieren. Wut an sich können wir in unserer Gesellschaft zudem in zwei Richtungen eingruppieren: in die männliche Ausdrucksweise von Wut und die weibliche. Und auch hier erkennst du das Trauma des Entweder-oder und Kategorisierens. Denn was es im Grunde braucht, ist eine gesunde Mitte mit graduellen Abstufungen. Ich meine hier auch nicht, dass sich die männliche Ausdrucksform von Wut nur auf Männer bezieht oder die weibliche ausschließlich auf Frauen. Nein, es ist einfach, wie in jedem Menschen, im Yin und Yang gekoppelt – die eher männliche und weibliche Kraft, die in uns allen unabhängig vom Geschlecht innewohnt. Die männliche Art der Wut zeigt sich meist in cholerischem Verhalten und Angriff sowie in einem Blind-vor-Wut-Sein. Sie geht mit Zerstörung einher, mit viel Kummer, Leid und Unterdrückung des anderen, der die Wut abbekommt. Zudem geht sie mit einem Knall, einem Lautsein und vor allem dem Katapultieren von Energie nach außen einher. Das heißt, ein Mensch, der seine eigene Wutkraft nicht halten kann, schleudert diese nach außen durch Worte und Taten, die tendenziell als extrem und nach außen gerichtet erlebt werden. Hingegen ist die weibliche Tendenz der Ausdrucksform von Wut die passive Aggression, die sich im Selbsthass, in einem Lästern und in einer ruhigen Tendenz des Intrigierens zeigt. Dabei arbeitet sie im Hintergrund, äußert sich wenig und zermürbt den Menschen dennoch in der Seele. Und wenn sie nicht als wahre Wutkraft gelebt wird, führt sie so allmählich mit Sicherheit zu Verbitterung. Du erkennst dich selbst oder auch andere Menschen bestimmt wieder in der einen oder anderen beschriebenen Ausdrucksform. Lass uns einmal schauen, welche Tendenz bei dir eher ausgeprägt ist.

Neigst du tendenziell zur männlichen Wutkraft in Form von cholerischem Verhalten, extremen Wutausbrüchen, körperlicher Gewalt gegen andere oder auch verbaler Gewalt wie Lautwerden und Schreien?

Oder neigst du eher zur weiblichen Ausdrucksform der Wut in Form von Lästern, schlecht über dich selbst zu reden, andere indirekt zu beschimpfen, dich selbst zu hassen oder sogar zu verletzen und im Hintergrund zu intrigieren, während du im Vordergrund den Schein wahrst?

Es kann auch sein, dass es situationsbedingt variiert und du beide Anteile aufweist. Notiere gerne auch jene Situationen, in denen du die jeweilige Ausdrucksform der Wut bei dir erkennst und wie sich diese dann genau äußert.

Nun ist es so, dass beide Formen der Wut kein richtiger Wutinstinkt sind und zur Kulturwut zählen. Das heißt, die Wut, die sich in Form eines Instinktes in deinem Körper aufbaut, um dich wachsam, stark und präsent zu machen, wird von unserer Kultur umgeleitet und zeigt sich dann in den beiden genannten Formen. Allerdings sind beide Formen des Wutausdrucks dir, deinem persönlichen Wohlbefinden und deiner inneren Ruhe und Sicherheit nicht dienlich.

Denn Wut als Instinkt und damit als Körperwut gelebt ist im Gegensatz zur Kulturwut etwas, das dich stark macht, wach macht und dich lebendig werden lässt. Es ist wie eine Art Erhabenheit und Stärke sowie auch Größe, die sich in dir ausbreitet – doch nie eine erdrückende Energie, die nach außen geschleudert werden muss. Hier erinnere ich mich sehr gut an das Bild einer majestätischen Tigerin, welche die Wutkraft in der Tiefe verkörpert und repräsentiert. Eine Tigerin ist zu jedem Zeitpunkt erhaben und präsent und löst in dir das Gefühl aus: Achtung, mit mir ist nicht zu spaßen – und bitte beachte meine Grenzen, denn sonst kann es sehr schnell ungemütlich für dich werden! Ich zögere nämlich nicht, mich, meine Liebsten und meinen Raum zu verteidigen! Diese Tigerin muss erst gar nicht brüllen, da dein Instinkt (spürbar durch dein Inneres) genau diese Anmut und diese Bedrohung zugleich spüren kann und deine Instinkte wachküsst. So ist es auch beim Menschen, wenn wir Wut als Instinkt richtig verkörpern. Denn eine wahrhaftig verkörperte Wut lässt dich erhaben und stark werden und gibt dir Kraft. Sie pusht dich nach oben und lässt andere Menschen deine Grenzen sehen und respektieren. Deshalb ist sie die Medizin für ein glückliches und gesundes Leben. Denn wir Menschen glauben immer, dass Grenzen etwas sind, das wir verbal kommunizieren müssen. Allerdings ist genau das Gegenteil der Fall: In dem Moment, in dem dein Körper Wutkraft aussendet und ausstrahlt, beachten die anderen Säugetiere ganz automatisch deine Grenzen. Und sollten diese dennoch übertreten werden, schreitest du ein und stellst diese klar und wieder her. Ein Mensch, der natürliche Grenzen hat und diese verteidigt, fühlt sich zu jedem Zeitpunkt sicher. Und hier kommen wir auch zu dem Knackpunkt, weshalb die Wutkraft unerlässlich ist, um aus innerer Unruhe, Überforderung und Ängsten auszusteigen. Wenn du dich jetzt noch einmal an den Säbelzahntiger erinnerst, der vor dir steht, dann gibt es zwei instinktive Reaktionen, die dich – sobald ausgeübt – erneut in die Sicherheit und somit in die Entspannung katapultieren und dich folglich in der Tiefe regulieren: der Kampf in Form der Wutkraft und die Angst in Form der Fluchtkraft. Wenn du den Kampf wählst, dann ist das stets die bessere Option als die Flucht. Jedoch ist die Flucht zunächst meist die einfachere Option, da Kampf ein größeres Maß an Überwindung und Energie erfordert.

In den meisten meiner Begleitungen trainieren wir deshalb zuerst die Körperflucht, sodass der Klient erst einmal nicht in die Erstarrung und Abspaltung geht, sondern bei einer Bedrohung im Hier und Jetzt bleiben kann – indem er ganz körperlich spürt, dass er sich durch Flucht in Sicherheit bringt. Dann ergibt die Wutkraft meist Sinn sowie der Angriff und Kampf, den wir trainieren dürfen. Wut bedeutet hier im alltäglichen Sinne, dass du dich nicht selbst übergehst, dass du ein tägliches Training mit deinem Körper und deinen Instinkten absolvierst und den männlichen und weiblichen Ausdruck der Wut, den du in deinem Leben lebst, in einen dir förderlichen Körperausdruck bringst. Das bedeutet, dass du in allen Momenten, in denen deine Grenzen von Mitmenschen überschritten wurden – in denen du klein beigegeben und deine Bedürfnisse nicht gesehen und umgesetzt hast, um anderen zu gefallen –, durch Wutkraft eine Reparatur dieser entstandenen Wunden in Gang setzt.

Die natürliche Folge einer gut verkörperten Wut ist, dass du mehr Frieden in deinem Leben findest, dich nicht mehr ungerecht behandelt, dich stattdessen gesehen fühlst, dass du mehr Mitgefühl zeigen kannst, dass du weißt, was du willst, und das auch verteidigst, dass du dich sicher in deinem Leben fühlst, dass du erst einmal für dich gehst anstatt für den anderen, dass du dich nicht mehr aufopferst, dass dein Selbstwert sich allmählich reparieren kann, dass du gute Beziehungen mit natürlichen Grenzen führst, dass du satt und lebendig voller Anmut durch dein Leben gehen kannst, dass das Leben dich nicht mitreißt, sondern du Stärke fühlst, und dass sich Liebe und Vertrauen in dir kultivieren können. Du merkst also bereits, dass es mit zahlreichen Vorteilen einhergeht, Wutkraft in dir zu erschließen.

Wir Menschen haben aber auch eine starke Angst vor Wut und ich kenne nicht wenige Klienten, die aufgrund einer narzisstischen Person in ihrer Kindheit (Vater, Mutter oder eine andere wichtige Bezugsperson) die Wut in sich sehr abgespalten haben. Sie gehen Konflikten dann bevorzugt aus dem Weg, um sich in der Sicherheit der Harmonie zu wiegen. Harmoniesucht und der Wunsch, dass sich alle lieb haben, sind hier das toxische Symptom einer inneren Verzweiflung, die Kontrolle nicht zu verlieren. Ein Kind, das von der cholerischen Wutkraft eines Elternteils so oft überwältigt wurde, spaltet diese als etwas Negatives ab und hat oft auch keinen Zugriff darauf. Hier ist es dann besonders wichtig, dieser Angst zu begegnen und größer zu sein als diese Person. Ich hatte so ein Erlebnis in einem Seminar, als die 40 Menschen um mich herum alle gebrüllt haben und ganz körperlich in ihre Wutkraft gekommen sind. Dabei habe ich so eine Ohnmacht in mir gespürt, dass ich den Raum verlassen musste. Das heißt, ich habe mich von meinem Körper abgespalten und mich von meinem Körper und Erleben dissoziiert (= gelöst und abgespalten), da ich die Wutkraft, welche ich im Raum wahrgenommen hatte, als derart bedrohlich erlebt hatte. Meine Medizin war es dann, größer und lauter zu werden als die anderen Personen im Raum. So habe ich mich auf eine Erhöhung gestellt und noch lauter gebrüllt. Ich habe meine Wutkraft noch größer werden lassen und bin dadurch in meinem Körper geblieben und habe meine Überlegenheit und Kraft gespürt. In dem Moment, in dem wir uns als wirksam erleben und merken, dass wir dem anderen etwas anhaben können, sind wir wirklich frei. Denn dann stellt sich in unserem Nervensystem ein Gefühl der Sicherheit ein, dass wir es mit dem Leben und anderen Menschen aufnehmen können.

Wutkraft an sich kannst du wie ein Tier ganz deutlich in deinem Körper ansprechen. Am besten ist es, in eine langsame Wutübung zu gehen, weil du dann präsenter mit allen Sinnen da sein kannst. In meinem begleitenden Input zu diesem Buch findest du eine solche Übung, sodass du neben der Beschreibung hier auch aktiv angeleitet wirst und mitmachen kannst. Nimm dazu den Vierfüßlerstand ein und lege ein Kissen vor dich. Beginne dann, ganz langsam deine Hüfte und dein Becken zu bewegen, und rekle dich wie ein Kater. Bewege die Hände und Arme nach vorne und die Beine zur Seite und nach hinten. Beginne dann, deine Zähne zu zeigen, und gib fauchende und kehlige Laute von dir. Fletsche die Zähne und verzieh dein Gesicht zu Grimassen und mach dich hässlich! Spüre die aufkommende Wut in dir und die Instinkte, die jetzt durch die Körperarbeit in dir angeregt werden. Dann beginnst du, deine Fußnägel als Krallen in den Boden hineinzurammen und auch deine Fingernägel wie Krallen in den Boden zu pressen und zu scharren. Sei hier auch nicht zimperlich und mute dich zu! Die Laute aus der Lunge, deine körperlichen Bewegungen und das Zähnefletschen machst du immer gleichzeitig. Dann visiere das Kissen vor dir und stell dir eine Person vor, welche dich wütend macht, oder auch gerne eine Situation. Wenn dir keine einfällt, mache die Übung einfach so weiter. Dann beginnst du, deine Finger in das Kissen zu rammen und wie eine Katze die Finger auf und ab zu bewegen und in das Kissen einzuarbeiten. Du zerfetzt das Kissen beinahe und bist dabei sehr präsent. Lass dann nach und nach ab und spüre, wie sich jetzt dein Körper und deine Instinkte anfühlen.

Praktizierst du Wutkraft in deinem Leben, wirst du weniger Handlungen im Außen benötigen, um deine Bedürfnisse zu befriedigen und dich sicher zu fühlen. Du wirst dich als mehr bei dir erleben und Mitgefühl für andere haben. Die männlichen und weiblichen Ausdrucksformen deiner Wut werden allmählich weniger werden und du wirst sie durch die Körperwut ersetzen. Du wirst eine innere Ruhe erleben, die mit einem umfassenden Präsentsein einhergeht.

Aufopferung und Selbstaufgabe

Das Nicht-Spüren des Körpers, die Selbstaufgabe und Aufopferung zählen zu den Hauptursachen für innere Unruhe, Ängste und Überforderung. Auf den ersten Blick scheint dies gar nicht so ersichtlich. Doch beim näheren Hinschauen wird es sehr deutlich. Deshalb möchte ich dieses Kapitel diesem Thema widmen. Schon zuvor habe ich wiederholt das Thema Traumata einfließen lassen, das ich in Bezug auf Ängste als eine der Hauptursachen sehe. Denn Traumata führen zu einer erlernten Überforderung, die sich in deinem Nervensystem abspeichert und es dann unmöglich macht, das Leben noch als einen sicheren und entspannten Ort voll Vertrauen und Liebe zu sehen. Wie bereits erwähnt, hat das mit der Biologie des Nervensystems zu tun, in dem du dich nie in zwei Zuständen zugleich befinden kannst. Das heißt, es gibt den Zustand des Parasympathikus, in dem du durch die Aktivierung des Vagusnervs in einem weiten, geerdeten Flow-Zustand von Liebe und Entspannung bist, sowie den Zustand des Sympathikus, in dem dein Fokus enger wird, sich auf das Negative und vermeintlich Bedrohliche ausrichtet, wobei du einfach nur dein Überleben sichern möchtest. Beziehungsweise sind das natürlich autonome Instinkte, die dein Körper dann aktiviert, sodass dein Körper unterbewusst und automatisch den Kampf- oder Fluchtreflex anschaltet und demnach alles dafür Notwendige in deinem Körper an Kraft und Energie mobilisiert. Wenn du als Kind aber nicht einen sicheren Rahmen erhältst und von deinen Eltern Regulation lernst, dann fällst du in den dritten Modus, die Erstarrung, und spaltest dich von dem Körper ab, um Sicherheit herzustellen. Und genau hier kommt der Knackpunkt für das Thema Aufopferung und Selbstaufgabe. Denn: Für dich gibt es als Kind zwei sehr starke Bedürfnisse – die Autonomie sowie die Geborgenheit und Fürsorge deiner Eltern. Wenn du Kinder beobachtest, erkennst du, dass diese am Anfang, vor allem nach der Geburt, intensiv den Körperkontakt ihrer Mama brauchen und einfach glücklich sind, wenn sie diesen bekommen. Sie benötigen die bedingungslose Liebe und Zuwendung, um gut hier landen zu können und sich stets sicher zu fühlen, da sie sich noch nicht selbst regulieren und im eigenen System Sicherheit herstellen können. Sie sind also sehr verletzliche und bedürftige Wesen. Je älter sie werden, desto mehr kommt das zweite Bedürfnis der Autonomie zum Tragen. Das bedeutet, sich wie ein kleiner Tiger immer mehr in größeren Kreisen von der Mama zu entfernen und dann wieder zurückzukommen. Den eigenen Spielraum auszuweiten und das Okay der Mama dafür zu erhalten, dass immer noch Sicherheit besteht, ist so immens wichtig für ein Kind und dessen Entwicklung. Nun ist es so, dass die meisten Eltern und Bezugspersonen von Kindern mit einem der zwei genannten Bedürfnisse oder auch beiden einen inneren Konflikt haben, weil sie aufgrund eigener Bindungsverletzungen aus der Kindheit selbst ein Autonomie- und/oder Verschmelzungsthema haben, das sich dann indirekt und auch direkt über die Art und Weise des Umgangs mit dem Kind ausdrückt. Eine Mutter, die tendenziell unabhängig sein möchte und in ihrer Kindheit Autonomie gewählt hat, weil sie diese eben wählen musste und nicht beides von den Eltern bekommen konnte, wird ihr Kind relativ schnell innerlich und mitunter auch äußerlich von sich fernhalten und dazu erziehen, eigenständig zu sein. Es muss dann möglichst früh im eigenen Kinderzimmer schlafen, soll stark sein und sich selbst zurechtfinden. Eine Mama oder die Eltern, die sich als Kind eher für die Abhängigkeit und Liebe ihrer eigenen Mama entschieden haben, gehen eher den Weg der Verschmelzung, des Helikopterdaseins und der übermäßigen Kontrolle und Sicherheit. Das heißt, sie werden das Kind kaum aus den Augen lassen, alles dreht sich nur noch darum, sie wollen es nicht loslassen und es fällt ihnen äußerst schwer, das Kind in die Autonomie gehen zu lassen, da sie dabei selbst eine Angst und Unsicherheit verspüren. Und ich hoffe, du bemerkst hier schon, dass es sehr selten ist, eine Mutter zu haben, welche die Balance zwischen Nähe und Distanz gut meistern kann. Deshalb sage ich immer wieder gern, wie wichtig es ist, sich vor oder bei Beginn der Elternschaft die eigenen Themen anzuschauen und diese aufzulösen, um sie nicht unterbewusst oder bewusst an das Kind weiterzugeben. Denn bewusst hast du keine Chance, deine Ängste zu verbergen. Ein Kind, das autonomer werden möchte und spürt, wie unglücklich die Mutter mit diesem Bedürfnis ist oder Angst hat, wird definitiv dieses Feedback auf sich und die Welt beziehen. Es wird fühlen, dass es sich lieber nicht so weit entfernt, und wird die Welt nicht spielerisch-neugierig als sicheren Ort wahrnehmen. Hier beginnt auch das Thema mit der Kontrolle, das so viele Menschen ihr ganzes Leben begleitet, und die Fähigkeit, loszulassen und zu vertrauen, bildet sich nicht aus. Loszulassen und zu vertrauen, sind allerdings bedeutsame Fähigkeiten, um ein gutes Leben führen zu können – in Verbundenheit mit sich, anderen Menschen und der Welt an sich zu sein.

Nun ist es so, dass, wenn du dich für den Weg der Verschmelzung entschieden hast, weil deine Mama es nicht gut findet, dass du autonomer wirst, oder du eine Angst in ihr spürst, wenn du dich distanzierst, und/oder sie dich einfach nicht gehen lässt, du tendenziell – und das kann auch wechseln – dich selbst verlässt und mit der Aufmerksamkeit bei deiner Mama hängen bleibst. Du beginnst also, sie zu regulieren, und deine Frage ist: Liebe Mama, wie muss ich sein, dass du dich sicher fühlst und mich so lieb haben kannst, wie ich bin? Diese Entscheidung und die Frage, die sich dann tief in dir verkörpern, haben massive Auswirkung auf dein Leben und werden dieses bis heute prägen, indem du dich nicht spürst, indem du in Beziehung stets auf den anderen schaust, indem du dich nicht entfalten kannst in Beziehungen. Dabei ist dein Grundmodus Verschmelzung und In-Beziehung-Gehen, du kannst nicht wirksam sein, dich nicht entfalten und hast Ängste wie es nicht zu schaffen, nichts erreichen zu können und Verluste zu erleiden. In dir ist dann zum einen eine tiefe Scham verankert: »Ich bin nicht richtig«, und zum anderen eine Schuld: »Ich bin verantwortlich für die Gefühle anderer.« Und die Schuld und Scham, die andere Menschen bewusst oder unterbewusst ausspielen, beeinflussen dich und du wirst eine Marionette der Welt und des Lebens sein.

Aufopferung und Selbstaufgabe führen in deinem heutigen Leben ganz konkret dazu, dass es dir schwerfällt, Nein zu sagen, deine Bedürfnisse vor jene anderer zu stellen und dafür zu sorgen, dass du sicher bist. Doch dies ist an sich die Basis, dass du überhaupt mit anderen Menschen und dem Leben gut in Kontakt gehen kannst. Daher ist es essenziell, dir – analog zu Notfällen im Flugzeug – erst einmal selbst die Atemmaske anzulegen, bevor du dich um andere kümmern kannst. Denn tust du das nicht, übergehst du dich in vielen Situationen – und die kleine Version von dir, die in dir doch so viel mehr Zuneigung bräuchte, zieht sich noch mehr in sich zurück. Du spürst das Leben und dich weniger, vermeidest und fällst aus dir heraus. Das Thema ist, dass dich weniger zu spüren, stattdessen mehr für den anderen zu gehen und deine Bedürfnisse nicht zu fühlen und auch nicht darauf eingehen zu können dazu führt, dass du tendenziell viel zu viel machst und ebenso Dinge tust, die nicht förderlich für dich und deine innere Ruhe sind. Viele meiner Klienten kommen aufgrund einer Panikattacke oder auch mit Ängsten zu mir und fragen sich, woher diese denn kommen. Sie spüren sich nicht und erachten ein Leben in Drama, Gehetztheit und auf der Flucht als normal, weil sie es ja jeden Tag erleben. Dabei sind sie von Menschen umgeben, die ebenso viel tun, sich aufgeben, und in diesem Vergleich scheint es so, als sei das Leben einfach so. Aber schauen wir dann tiefer, regulieren wir das Nervensystem, sehen wir Bedürfnisse und zentrieren wir in die eigene Mitte, wird schnell klar, dass das jetzige Leben als eine natürliche Konsequenz ganz klar zu Unruhe hat führen müssen.

Hinter dieser Strategie der Aufopferung sowie Selbstaufgabe steckt wie hinter jeder Art der Vermeidung eine tiefe Verletzung – und eine Verzweiflung. Es ist sehr wichtig, dies zu wissen, um mit einer gewissen Weichheit den anderen und sich selbst sowie dem eigenen Anteil oder dem inneren Kind begegnen zu können. Dies bildet auch die Basis für eine Veränderung. Begegnest du dir hier mit Selbsthass und Ablehnung, dann führt das automatisch zu noch mehr Selbsthass und Ablehnung – und dein System macht zu. Daher ist mir gerade dieser Teil der Aufklärung und des Verstehens – neben der reinen Praxis – so wichtig. Wenn wir verstehen, weshalb wir sind, wie wir sind, können wir mit einer viel größeren Weichheit auf uns eingehen, die es an dieser Stelle wirklich dringend braucht. Hinter der Aufopferung und Selbstaufgabe steckt nämlich die Angst, dass der andere nicht mehr da ist, wenn du dich zeigst, wie du bist – wenn du die Maske fallen lässt und einfach du in deiner innersten, wahren Essenz bist. Diese Angst sitzt sehr tief und lässt sich mit einer Todesangst gleichsetzen. Als Kind hätte es schließlich auch den Tod bedeutet, wenn deine Eltern sich von dir abgewendet hätten. Deshalb hast du natürlich alles dafür gegeben, dass du ihnen entsprichst und dir ihre Liebe sicherst. Ich kenne viele Menschen, die diese Art von Grausamkeit, dass Liebe an eine bestimmte Bedingung geknüpft ist, noch in ihrer Kindheit erlebt haben und nach wie vor den Vater oder die Mutter auf ein Podest stellen oder das letzte Hemd dafür geben würden, endlich das Lob oder die Anerkennung von ihnen zu bekommen, was mit einer tiefen, bedingungslosen Liebe gleichgesetzt wird. Menschen mit Aufopferung fällt das Geben oft viel leichter als das Nehmen. Sie können einfach nicht glauben, dass ihnen etwas geschenkt wird, und erst recht können sie dies nicht ohne Gegenleistung annehmen. Stets muss alles erarbeitet werden und der Modus ist Geben und Dasein. Doch du kannst nicht mehr geben, als du hast – und wenn deine Ressourcen nicht täglich gefüllt werden, dann hast du irgendwann nichts mehr zu geben und dann bricht das gesamte Kartenhaus in sich zusammen. Allerdings ist es so, dass es in dir denkt: »Nur wenn ich mich aufgebe, kann ich in dieser Welt existieren. Nur wenn ich gebe, kann ich Freundschaften haben und Beziehungen leben.« Deswegen ist es natürlich klar, dass du aufgrund von dieser immensen Bedrohung in deinem Nervensystem des Empfangens, Loslassens und des Dich-dir-Zuwendens kaum von alleine diesen Weg einschlagen wirst. Welcher Mensch würde sich auch freiwillig in eine Todeszone begeben? Das ist auch der Grund, weshalb dein Körper und dein Kopf dir immer wieder Geschichten liefern, wieso es doch gut ist, dass du dich aufgibst, und sie die Benefits klar und deutlich hervorheben. Außerdem redet dir dein Kopf in gleichem Maße aus, auf dich selbst zu achten, beschenkt dich dann mit dem Gefühl von Scham, Schuld und betitelt dich als einen Egoisten, sodass du in sehr niedrige Frequenzen von Energie kommst, die dich dazu bringen, dich schlecht zu fühlen. Weil die Selbstaufgabe sich für dich dann einfach gut und stimmig anfühlt und das Zentrieren und das Richten des Fokus auf dich selbst schlecht, nimmst du automatisch an, auf dem richtigen Weg zu sein, und lässt den Dingen ihren Lauf – bis dein Körper dir eine Grenze setzt: Das ist der Zeitpunkt, an dem der Leidensdruck für viele Menschen so groß wird, dass sie beginnen, hinzuschauen, und sich Hilfe und Unterstützung suchen.

Die vier Leitstellen, die bei dem Thema Selbstaufgabe den Hebel bedeuten, sind: Wut, Angst, Schuld und Scham. Du findest hier im Buch alle Schaltstellen und ich gehe in diesem Kapitel jetzt noch einmal darauf ein, wie sie dich in diesem ganz bestimmten Fall von Aufopferung sowie der damit einhergehenden Angst letztlich in einen Zustand der Selbstliebe und Selbstachtung katapultieren.

Wut ist hier die erste Frequenz, die eine immense Macht hat und in unserer Gesellschaft, wie schon erwähnt, so missverstanden wird. Denn Wut assoziieren wir oft mit einem cholerischen Ausbruch oder mancher auch mit einem Lästern. Die direkte und indirekte Aggression zeigt sich dann, wenn diese nicht als Körperwut gelebt wird. Was es hier braucht, ist, dass du die Wut wie ein Tiger direkt lebst und verkörperst, sodass sie gut verarbeitet werden kann und dich energetisch nach oben katapultiert. Eine körperlich gut verarbeitete Wut geht nämlich immer mit einem Energieschub einher. Ist diese nicht richtig verkörpert, dann zieht sie Energie, weil du im Widerstand mit dir bist und dich Widerstand per se sehr viel Anstrengung kostet. Dies gilt ebenfalls für die anderen Schaltstellen, die ich gleich noch beschreibe. Das Sinnbild für eine richtig verkörperte Wut ist für mich, wie du weißt, eine Tigerin. Die Tigerin ist in Anmut und gleichzeitig hat sie unseren größten Respekt, da wir einfach spüren können, dass mit ihr im Ernstfall nicht zu spaßen ist. Diese Verkörperung geht mit einer natürlichen Aura von Grenzen einher und sollten diese doch einmal überschritten werden, zögert die Tigerin nicht, ihren Bereich und Raum wieder einzunehmen und die Grenzen zu reparieren. So kannst du dir das auch bei dir vorstellen, wenn es um das Thema Wutkraft geht. Du darfst erst einmal deine Grenzen ganz körperlich reparieren. Dann darfst du dich auf dich konzentrieren und den Fokus auf dir halten und dich nicht davor scheuen, für dich einzustehen. Dies gelingt durch basale Körperübungen mit der »Traumaorientierten Körperzentrierten Hypnose«. Diese stelle ich dir in diesem Buch durch QR-Codes zur Verfügung, sodass du den Effekt spüren kannst.

Die zweite Leitstelle für deine Veränderung betrifft die Angst. Denn in dir und deinem Nervensystem ist massig Angst gespeichert, die dich erstarren und funktionieren lässt. Sie sorgt dafür, dass du dissoziierst, nicht mehr im Körper anwesend bist und dein Kopf und alte Überlebensstrategien überhandnehmen. Dabei hast du in der Tiefe Angst, verlassen, abgelehnt zu werden, in einen Konflikt zu geraten, nicht richtig zu sein und am Ende alleine dazustehen. Diese und weitere aufkommende Ängste darfst du aber ganz körperlich in deinem Nervensystem verarbeiten, indem du dich der einfachen Methode des Ganzkörperschüttelns bedienst und die Angst ganz körperlich durch dein Nervensystem bewegst. Zwar gibt es noch viele weitere Methoden, aber das Schütteln ist die einfachste, schnellste und effektivste Möglichkeit, derer du dich hier bedienen kannst. In dem Moment, in dem du dich lebendig in der Angst spürst, was automatisch im Schütteln passiert, wird die Angst sich lösen und nach und nach gehen – und du wirst an einem bestimmten Punkt bemerken, nach mehreren Wochen des täglichen In-die-Angst-Schüttelns feststellen, dass du es nicht mehr mit Angst verbindest, für dich einzustehen.

Ein kurzes Innehalten: Schreibe hier nieder, welche Ängste du spürst, wenn du dir vorstellst, ab heute deine Bedürfnisse und dich an erste Stelle zu stellen. Welche Konsequenzen zeigen sich? Welche Gedanken kommen? Und vor allem: Was spürst du ganz körperlich?

Der dritte Dreh- und Angelpunkt ist die Schuld. Schuld ist etwas sehr Tückisches und kommt in unserem Tierreich so nicht vor. Tiere empfinden keine Schuld, Menschen schon. Dies liegt daran, dass Schuld eine kulturelle Erfindung von uns Menschen ist, um uns kleinzuhalten. So geht Schuld mit einer sehr niederfrequenten Energie einher und Lebensenergie kann nicht mehr fließen, wenn wir in Schuld sind. Schuld macht dich klein und gefügig. Sie ist neben Angst das größte Instrument unserer Zeit, das dich lenk- und berechenbar macht. Deshalb bedienen sich auch größere Einheiten wie beispielsweise die Politik der Schuld, um ihren Willen und ihre Macht durchzusetzen. Bestimmt erinnerst du dich an einen Moment in deinem Leben, in dem du etwas nicht gesagt hast oder getan hast, weil du eine andere Person nicht verletzen wolltest. Du hast dich dann angepasst und den Mund gehalten, weil du nicht für eine miese Stimmung oder negative Gefühle beim anderen verantwortlich sein wolltest. Du hast dich verbogen, um dich nicht schuldig fühlen zu müssen. Schuld ist in deiner Kindheit entstanden, als deine Eltern ihre Gefühle und ihr Erleben von deinen Verhaltensweisen abhängig gemacht haben. »Die Mama ist ganz schön froh, wenn du brav und ruhig bist.« – »Wenn du so laut bist, das mag die Mama aber gar nicht.« Und das geht natürlich über das gesagte Wort hinaus. Denn du hast als Kind ganz genau gespürt, dass bestimmte Verhaltensweisen von dir zu einer Freude, einem Kollaps, einer Wut oder einer Angst in deiner Bezugsperson geführt haben. Dementsprechend hast du die einen mehr gezeigt, die anderen unterdrückt und dich angepasst. Und es ist auch noch heute in dir abgespeichert, keine Umstände zu machen oder ja nicht anstrengend oder fordernd zu sein. Jedoch gilt es, genau diese Zustände in dir zu kultivieren. Ich feiere es heute sehr, Menschen durch mein Verhalten in innere Konflikte zu bringen – und an ihre Grenzen. Ebenso mag ich es sehr, fordernd zu sein und viel zu wollen. Und auch dafür feiere ich mich jeden Tag, um mir in dieser Kultur die nötige Anerkennung für Verhaltensweisen zu geben, die so verpönt sind. Beispielsweise trainiere ich mich regelmäßig in Situationen der Scham und Schuld und übe mich in Resilienz. Schuld kannst du ganz konkret auflösen, indem du dir zunächst bewusst wirst, dass Schuld am Start ist. Das heißt, in dem Moment, in dem du spürst, dass du einem anderen zuliebe deine Verhaltensweisen anpasst, damit sich dieser nicht unwohl fühlt, ist Schuld aktiv. Denn du spürst: Ich bin verantwortlich für die Gefühle des anderen. Und du möchtest in jedem Fall vermeiden, dass dieser sich aufgrund von dir unwohl fühlt. Die Medizin hier ist, dein Verhalten nicht anzupassen und dich in Ekstase zu üben. Das heißt, dir eine Gute-Laune-Playlist anzuwerfen und wie wild die Hände nach oben und unten zu reißen, zu schreien, zu lachen und Freude zu initiieren. Dein Körper hat nun keine andere Wahl mehr, als sich gut und frei zu fühlen und die Schuld aufzulösen. Natürlich kannst du das vor und nach den besagten Situationen tun.

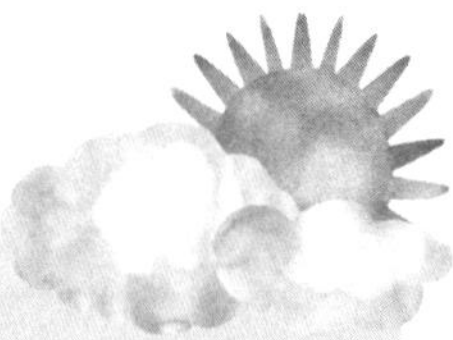

Ein kurzes Innehalten: Kommen dir Situationen in den Sinn, in denen du dich schuldig oder verantwortlich gefühlt hast? Und was hast du in diesen Situationen genau gemacht, um deine Schuld zu begleichen?

Die letzte Leitstelle ist die Scham. Scham ist wie Schuld eine der niedrigsten Frequenzen, die dein Nervensystem und Körper kennen. Das Tückische aber ist, dass Scham dich nicht besser fühlen lässt und zu noch mehr Depression und Kollaps führt. Also bringt es dir und deiner Umgebung null Komma nichts, wenn du Scham und Schuld empfindest. Denn diese zwei kulturell antrainierten energetischen Räume sind an sich nicht heilend und fördernd. Scham ist hier das Gefühl »Ich bin nicht richtig« oder auch »Ich bin falsch«. Und es geht mit einem tiefen Gefühl der Selbstwertverletzung einher, die vor Jahren in dir passiert ist. Dein Körper erinnert sich in jedem Schammoment wieder daran und bei Menschen, die verkörpert sind, also ihren Körper und Gefühle im Körper wahrnehmen können, zeigt sich das dann oft durch ein Stechen in der Brust oder im Solarplexus. Beide Bereiche sind mit dem Selbstwert und der Selbstliebe assoziiert. Scham kommt im Tierreich nur dann vor, wenn zwei Tiere kämpfen und eines der beiden merkt, dass es unterlegen ist. Dann duckt es sich und zieht sich zurück, um sein Überleben zu sichern. Die menschliche und kulturelle Scham hingegen ist künstlich erzeugt und wie Schuld ein Mittel der Macht und Lenkung sowie des Gefügigmachens. Scham führt dazu, dass du kleiner wirst und dich verstecken möchtest. So heißt es auch, du würdest am liebsten vor Scham im Boden versinken. Aber genau diese Reaktion löst Scham aus – und die Medizin ist somit die gegenteilige Reaktion: dass du also sichtbar wirst, groß wirst und am besten dich schüttelst und dich in dem Gefühl, dich schämen zu müssen, auf eine Erhöhung im Raum stellst – du also egoistisch bist. Bitte nimm deine Hände dabei nach oben und öffne den Brustkorb. Wende dich mit voller Bandbreite dem Leben zu! Der zweite Schritt besteht darin, deine Scham und das, wofür du dich schämst, verbal und auch körperlich mit einem anderen, dir vertrauten Menschen zu teilen. Fällt Licht auf die Schatten, dann lösen sie sich auf – genauso ist das mit Scham.

Ein kurzes Innehalten: Wofür in deinem Körper und deinem Leben schämst du dich? Was hättest du gerne anders? Und was kommt in dir auf, wenn du tatsächlich daran denkst, Nein zu sagen und für dich einzustehen?

Wenn du diese Schaltstellen angehst – bewusst und unterbewusst körperlich –, dann wird sich zu 100 Prozent etwas in deinem Erleben, deinem Verhalten und deinem Leben ändern. Das geht gar nicht anders, weil dein Erleben dem Zustand deines Körper- und Nervensystems folgt, dein Verhalten deinem Erleben folgt und dein Leben sich nach deinem Verhalten und daraus resultierenden Ergebnissen gestaltet. So einfach und gleichzeitig so »kompliziert« ist das. Denn natürlich geht dies mit einer Anstrengung einher – aber in dieser wird sich ein Teil von Leichtigkeit finden.

Wichtig ist mir, darauf hinzuweisen, dass bei Menschen, die sich sehr aufopfern, gerade am Anfang, wenn sie bemerken, dass es so nicht weitergehen kann und sie etwas ändern möchten, eine Überabgrenzung stattfindet. Das heißt, das Pendel, das so lange in die Richtung der Abhängigkeit und in jene, für den anderen zu gehen, ausgeschlagen hat, geht ganz natürlich in die andere Richtung der Autonomie und Überabgrenzung. Dieser Prozess hilft ab einem bestimmten Zeitpunkt, in der natürlichen Mitte der Grenzen und gleichzeitig der Verbundenheit mit dir, der Welt und anderen Menschen zu landen. Dies ist auch der Punkt, an dem sich die zwei Bedürfnisse des kleinen Kindes in dir nach Autonomie sowie Zuwendung und Liebe nicht mehr ausschließen und sich ganz natürlich in deinem Leben, deinem Erleben und deinem Körper verbinden. Dann wirst du auch bemerken, dass deine Ängste, Überforderung und Unruhe kein Thema mehr sind – weil du in deinem Leben zwischen deinen Bedürfnissen, Grenzen und den Kontakt zu anderen Menschen ganz natürlich pendelst und sich das über einen Tag oder auch eine Woche immer wieder ausgleichen kann.

> Löse deine alten Verwundungen
> und erkenne, dass du immer schon
> vollständig und heil warst.
>
> Jennifer Subke

Trauma, Bindung und Beziehung – warum dein Leben dich und andere Menschen braucht

Das Leben als Verlängerung und Wiederholung deiner Kindheit

Es sind einige Wochen nach einem inspirierenden und kraftgebenden Seminar vergangen und ich sitze gerade auf Sri Lanka in meinem Zimmer, während ich eine Ayurvedakur durchlaufe. Falls du nicht weißt, was das ist: Kurz gesagt werde ich in 18 Tagen entgiftet und gereinigt. Und puh, ich kann dir sagen, das ist eine ganz schöne Hausnummer. Ich war letztes Jahr schon auf Sri Lanka und konnte damit meine Histaminintoleranz nach einer schweren Magen-Darm-Erkrankung auskurieren. Dabei haben sich derart viele positive Effekte ergeben, dass ich für mich beschloss, diese Kur meinem Körper und Geist jährlich zu gönnen. Aber wie unsere Psyche nun einmal so ist, hatte ich nur die

Benefits meiner letzten Reise abgespeichert. Nun gut: So sitze ich also hier mit Kopfschmerzen, etwas Schwindel und Benommenheit, während mein Körper alle möglichen Entgiftungssymptome zeigt und ich das Rauschen des Meeres im Hintergrund höre. Dabei möchte ich dich weiter auf deiner und auch meiner Reise begleiten. Denn es ist stets eine gemeinsame Entwicklung, die wir durch das Schreiben meinerseits und das Lesen deinerseits der kommenden Seiten durchlaufen. Dabei möchte ich dich im Laufe der folgenden Kapitel auch auf meine persönliche Reise mitnehmen, es geht sozusagen ebenfalls um meine Geschichte und meinen inneren Ruf, die Menschen und so auch dich zu unterstützen, wieder ins Fühlen zu kommen – und zwar in ein Fühlen von Lebendigkeit, Freiheit und Glück. Aber jetzt einmal der Reihe nach.

Ich bin im April 1994 auf die Welt gekommen als Erstgeborene von Zwillingen. Bei der Geburt wäre meine Schwester beinahe gestorben und ich hatte, wie ich heute weiß, ihr Leid bis in die Knochen und ins Mark gespürt, denn als kleines neugeborenes Wesen war ich nun einmal sehr offen und aufnahmefähig. Diese Art der Aufnahmefähigkeit hast du bestimmt schon einmal erlebt, wenn du beispielsweise mit einem Kleinkind Memory gespielt hast. Ich durfte diese Erfahrung erst vor ein paar Wochen machen, als die kleine Maus einer guten Freundin mich beim Memory herausforderte. Nun ja: Du kannst dir denken, wie das ausging. Sie gewann haushoch. Warum ist das so? Der Grund ist die Neuroplastizität des menschlichen Gehirns. Das ist die Veränderungs- und Anpassungsfähigkeit unseres Gehirns durch Eindrücke im Außen oder auch Innen, im Anschluss an eine äußerliche Erfahrung mit der Welt. Das Nervensystem, Körpergedächtnis und Gehirn eines Kindes sind wie ein Schwamm. Alles wird aufgesaugt und Kinder lernen 300-mal schneller als Erwachsene. Das kann von Vorteil sein, das ist es sicherlich, denn sonst hätte unser Körper uns als Kind nicht mit dieser und weiteren Funktionen ausgestattet. Jedoch bedeutet dies auch, dass Erfahrungen, die nicht sehr vorteilhaft für unser späteres Erleben sind, ebenso tief in uns abgespeichert werden. Wichtig zu wissen, ist: Was in den ersten drei Lebensjahren erfahren wird, das speichert sich nicht kognitiv in Gedankenerinnerungen ab, sondern in unseren Zellen, Knochen und in unserem Gewebe. Später beeinflusst es unser autonomes Nervensystem – und ich bezeichne es sehr gerne als »Körpergedächtnis« oder auch »Unterbewusstsein«. Besonders emotionale Momente des Glücks oder auch Momente der Bedrohung und Trauer speichern sich dabei noch tiefer ab. Diese bilden dann das Gerüst, die Brille, die emotionale Färbung, das »Körper-Set«, den Anzug, wodurch wir das Leben erleben. Diese Erfahrungen ergeben also die Basis für alles, was wir uns im weiteren Verlauf unseres Lebens zutrauen, was wir uns unterbewusst erlauben zu denken, zu fühlen und zu erträumen, was wir manifestieren und wie wir all das erleben. Ja, vor allem ist für mich hier bedeutsam: wie du dein Leben und vor allem wie du die Welt und die Beziehung zu anderen Menschen erlebst. Als liebevoll, dir zugewandt, als einen Ort voller Möglichkeiten, in Vertrauen, Sicherheit und Liebe? Oder in Bedrohung, als unsicheren Ort, als Ort, in dem du etwas tun musst, um eine Daseinsberechtigung zu haben, in Hass, Angst, Wut, Abwehr und Trauer?

Die ersten drei Lebensjahre sind also die wichtigsten und dabei kannst du dir vorstellen, dass der Einfluss mit jedem weiteren Lebensjahr abnimmt und dennoch in der Kindheit bis ins Jugendalter sehr groß ist. Danach wiederholen wir gewissermaßen unsere Kindheit und erschaffen uns ein Leben, das eine Verlängerung unserer kindlichen Annahmen und Überzeugungen ist, die auf emotionalen und Bindungserfahrungen basieren. Wenn wir im Erwachsenenalter sehr bedrohliche Dinge erleben, die wir gerne als »lebenseinschneidende« oder »-verändernde Ereignisse« bezeichnen, hat dies ebenso einen sich tief einprägenden Effekt, ähnlich den Erfahrungen in Kindheitsjahren. Auch wenn wir tranceähnliche Zustände erreichen wie zum Beispiel in Körperpraxis oder Hypnose, switchen wir in einen Zustand erhöhter Lernfähigkeit. Und dort können wir uns die erhöhte Neuroplastizität unseres Gehirns zunutze machen, weil der Körper durch veränderte Gehirnwellen und einen Wechsel des Zustandes die Lernfähigkeit um ein Vielfaches erhöht, ähnlich wie die eines Kindes. Was bedeutet das konkret für dich? Na, lass dich einmal praktisch mit deinem Erleben in Kontakt gehen und es wird klarer werden. Lass uns einmal schauen, was dein verlängertes Erleben und Fühlen deiner Kindheit ist!

Ganz konkret: Durch welche Brille siehst du dein Leben heute? Und wichtig: Dies basiert auf deinen Erfahrungen aus der Kindheit, die dir nicht bewusst als Erinnerungen zugänglich sind. Schlage dieses Buch jetzt also nicht zu, weil du dich nicht an deine Kindheit erinnern kannst oder weil du denkst, du hattest eine tolle und harmonische Kindheit. Denn das tut hier nichts zur Sache. Hier geht es darum, in eine Wahrheit mit dir zu kommen – und vor allem zu verstehen, was dich von Lebendigkeit, Freiheit und Glück abhält und wo du in Bezug auf diese Erlebenszustände im Moment stehst.

Mit dir in Kontakt gehen

Nimm dir ein Blatt Papier und beantworte folgende Fragen für dich:

- Wie denkst du über das Leben?
- Das Leben meint es … mit mir.
- Ich kann alles/nichts erreichen.
- Ich habe es verdient, in einer guten Beziehung zu sein – ja oder nein?

- Leben bedeutet für mich ...
- Wie zufrieden bin ich?
- Was ist dein überwiegendes Erleben? Welches Lebensgefühl überwiegt (Angst, Trauer, Lebendigkeit, Freude, Erstarrung, Überforderung, Kampf et cetera)?
- Bist du in einem Gedankenkarussell gefangen?
- Hetzt du von Termin zu Termin?
- Lebst du mehr in der Vergangenheit und der Zukunft als im Hier und Jetzt?
- Spürst du eine innere Unruhe?
- Hast du viele Sorgen und Zweifel?
- Belastet dich deine Vergangenheit?
- Ist dein Leben von Ängsten geprägt?
- Ist der Anspruch an dich enorm?
- Fühlst du dich innerlich gelähmt?
- Kannst du schwer loslassen?
- Oder möchtest du niemanden an dich heran- oder in dein Leben lassen?
- Fühlst du dich einsam?
- Möchtest du keine tiefen Bindungen eingehen und lieber in Freiheit leben?
- Möchtest du am liebsten mit deinem Partner verschmelzen und hast Angst, ihn zu verlieren?
- Fühlst du dich abhängig von anderen?
- Hast du das Gefühl, etwas leisten zu müssen, um etwas wert zu sein?
- Oder besonders schön sein zu müssen, um etwas wert zu sein?
- Hast du das Gefühl, in einem Hamsterrad des täglichen Tuns zu stecken, während das Leben an dir vorbeizieht?
- Möchtest du mehr vom Leben, traust es dir aber nicht zu, mehr zu wollen?

Ich kann dir nur ans Herz legen, dir einige Momente zu nehmen, auch wenn diese unangenehm sind, und dich mit diesen Themen schriftlich zu beschäftigen. Fühle dabei auch den Schmerz oder die anderen Gefühle, welche die Fragen in dir auslösen. Denn sie alle sind ein Zeichen davon, dass du noch nicht in Lebendigkeit, Freiheit und Glück lebst. Falls dich keine der Fragen anspricht, kannst du sie auch auslassen, jedoch dennoch weiterlesen, wenn dich die Thematik interessiert. Oft sind wir Menschen nämlich auch sehr gut darin, uns etwas schönzureden. Komm dir auch hier auf die Schliche und sei ehrlich mit dir! Dies ist der erste Schritt in Richtung Veränderung auf deinem Weg in die Lebendigkeit, die Freiheit und das Glück. Denn ich lasse dich keineswegs mit deinen Gefühlen alleine, sondern ich begleite dich in diesem Buch auf deiner persönlichen Reise, die auch meine war und jene der Menschen, die ich schon begleiten durfte. Falls du dich parallel auch auditiv begleiten lassen möchtest, kannst du sehr gerne meinem Podcast »Moment mal! Dein Psychologiepodcast für mehr innere Ruhe & Kraft!« lauschen. Diesen findest du unter: podcast.jennifersubke.de. Ich freue mich, dich unterstützen zu dürfen.

Nun aber zurück zu mir: Ich war vor einigen Zeilen dabei, dir zu erzählen, wie meine Geburt ablief und wie ich die ersten Momente als Säugling auf dieser Welt erlebt hatte. Mittlerweile ist die Forschung so weit, dass klar ist, dass nicht nur die ersten Momente und die ersten drei Lebensjahre bis ins Erwachsenenalter maßgeblich für unser heutiges Erleben sind, sondern auch transgenerational und pränatal im Mutterleib die Erfahrungen in unseren Zellen abgespeichert werden und enorm beeinflussen, wie wir als Erwachsene unser Leben erleben.

Bei mir war das konkret so, dass ich – wie jeder Säugling – pure Liebe war, als ich auf die Welt kam. Aber die Welt reagierte nicht mit purer Liebe, was in meinem Inneren einen »Mismatch« und Konflikt auslöste, den ich bereits als kleines Wesen kompensieren durfte. Dadurch legte sich meine erste tief verkörperte Überzeugung in mir ab und prägte mich die ersten 25 Jahre meines Lebens maßgeblich. Zum einen war es so, dass ich den Beinahe-Tod und die Schmerzen meiner Zwillingsschwester hautnah gespürt hatte, zum anderen kam ich auf die Welt und war die ersten 20 Minuten meines Ankommens alleine, weil sich die Ärzte, Hebammen und mein Vater um meine Mutter und meine Schwester kümmern mussten, da diese es nur durch ihre Hilfe auf die Welt geschafft hatte. Nun kann ein kleines Wesen nicht denken: »Ah, anscheinend braucht meine Schwester gerade Hilfe und deshalb warte ich jetzt mal ganz entspannt ab, bis es weitergeht.« Nein – denn mal ehrlich, es ist an sich bereits sehr anstrengend, als kleines Wesen von der beinahe sterbenden und leidenden Schwester getrennt aus dem Mutterleib durch einen engen Geburtskanal gedrückt zu werden. Für ein Kind ist es traumatisch, so etwas zu erleben. Ist ein Neugeborenes dann danach auch noch in der Kälte alleine, ohne den Herzschlag einer anwesenden Person zu spüren – denn Babys können in den ersten Wochen noch nicht sehen oder etwas kognitiv verstehen, sie sind fühlende und wahrnehmende Wesen –, und nimmt es nichts wahr, dann hat es Todesangst. Genau das war bei mir der Fall. Ich hatte Todesangst, wurde von meiner Schwester getrennt, ohne sie weiter zu spüren, als wäre sie gestorben – und keiner war da, der mich in diesem Moment hätte regulieren können. Denn Säuglinge können sich nicht selbst regulieren. Das heißt, sie können aus einem traumatischen Zustand des Nervensystems nicht wieder selbst in die Sicherheit, Ruhe und Entspannung finden. So blieb ich alleine, traumatisiert und verängstigt zurück in der kalten, einsamen Welt und verspürte Todesangst. Ebenso wollte ich nicht wirklich landen in dieser grausamen Welt und dissoziierte und erschuf mir meine eigene Fantasie- und später Kopfwelt in meinen Gedanken.

Nun frage dich einmal, welche Traumasymptome ich 25 Jahre meines Lebens als Verlängerung meiner Kindheit nichts ahnend gezeigt hatte. Erstens hatte ich tierische Platzangst, zweitens konnte ich Beerdigungen oder den Tod an sich in Form von Trauer nicht spüren und an mich heranlassen, da diese abgespalten von mir waren, drittens war ich in einem abhängigen Bindungsmuster und war viel bei anderen – und es war mir absolut wichtig, was andere von mir hielten und dachten, ich wollte allen gefallen. Ablehnung war für mich eine absolute Bedrohung und ich war in einem Gedankenkarussell und lebte in der Zukunft und in meinem Kopf. Ebenso fühlte ich eine tiefe Einsamkeit, egal ob Menschen da waren oder nicht, empfand mich als nicht gut genug, raste förmlich durch das Leben, lebte in einem dramatischen Auf und Ab, hatte Verlust-, Versagensangst und sonstige Ängste sowie Panikattacken.

Ich war eine junge Frau, die wunderschön sein wollte, weil sie Angst hatte, ansonsten nicht mehr geliebt zu werden. Ich war eine junge Frau, die ein perfektes Leben mit super Noten haben wollte, weil sie sich dann sicher fühlte. Ich war eine junge Frau, die in der Zukunft lebte – im Höher, Schneller und Weiter. Ich war eine junge Frau, die bis nach Australien reiste, um das Gefühl des Ankommens und der Leichtigkeit zu entdecken. Ich war eine junge Frau, die narzisstische Beziehungen hatte und deren Leben darin bestand, die eigenen Minderwertigkeitsgefühle durch Erfolge im Außen zu kompensieren. Ich war eine junge Frau, die weit entfernt davon war, lebendig, frei und glücklich zu sein. Mein Leben bestand aus Drama, Kompensation und Überlebensstrategien, die ich als Charaktereigenschaften annahm und mit einem »So bin ich eben« verband. Das alles gehüllt in ein perfektes Leben nach außen, das die Gesellschaft anerkannte. Das perfekte Leben mit guten Noten, einem tadellosen Aussehen, einem charmanten Partner und einer Topleistung. Es war eine perfekte Fassade, welche die tiefsten Abgründe in sich barg. Mein Vater hatte mir vor ein paar Jahren ein Duschgel zu Weihnachten geschenkt, auf dem stand: »Sei verrückt, frei und glücklich!« Damals hat mein Herz einen Sprung gemacht, denn das hatte ich tatsächlich geschafft. Mit Hypnose, Körperpraxis (Embodiment) und Traumatherapie (von mir begründet als Begleitung der »Traumaorientierten Körperzentrierten Hypnose«). Schließlich gab es nach Monaten von Teilnahmen an Seminaren, einer intensiven Begleitung im Alltag und dem wirklichen Dranbleiben von mir einen Tag, da konnte ich stehen bleiben und mich umdrehen und da waren sie verschwunden – meine Ängste. Die Angst, nicht gut genug zu sein, der Perfektionismus, der Drang, etwas leisten zu müssen, um endlich geliebt zu werden, die Minderwertigkeitsgefühle, diese tiefe Einsamkeit und vieles mehr. Viele sagen zu mir heute: »Jennifer, du bist noch so jung und hast schon so viel aufgearbeitet, erreicht und aufgebaut.« Und ich sage: »Ich habe meinen Heilungsweg gefunden, bin diesen Weg gegangen und zutiefst dankbar dafür.« Heute begleite ich Menschen mit diesen Themen und ich weiß ganz genau, wovon ich spreche. Denn ich kann sagen: »Ich habe es auch erlebt und geschafft.« Und du kannst das auch! Ein Leben erleben, das frei, verrückt und glücklich ist oder auch – wie der Titel dieses Buches andeutet – ein Leben in Lebendigkeit, Freiheit und Glück, und zwar mit dir, deinen Beziehungen, deinem Job (deiner Berufung) und der Welt, ohne Angst, Unsicherheit und Drama. Kein Leben, das auf Pause gedrückt ist. Ich muss zugeben, gerade bin ich sehr emotional. Denn ich sitze hier und schreibe diese Worte und bin so dankbar für das Leben und Erleben, das ich mir erschaffen habe. Denn das Schöne ist: Du kannst all deine Erfahrungen, Traumata, Verwundungen, Überzeugungen, Kompensationen, das Erleben, was du nicht magst, ändern. Du bist nämlich der Erschaffer deiner inneren und äußeren Wirklichkeit. Das Einzige, was du brauchst, ist zu wissen, wie das geht. Und wie es funktioniert, das erzähle ich dir auf den kommenden Seiten – oder zumindest einen Teil davon. Denn letztlich bist du ein Individuum und hast deinen eigenen Weg, den du gehen darfst. Ich kann dich unterstützen und begleiten, aber kann nicht den Weg für dich gehen. Und glaub mir, das würdest du auch nicht wollen. Schließlich macht es einen Heidenspaß, sich aus alten Fesseln zu befreien, auch wenn es zu Beginn wie eine nicht zu meisternde und äußerst anstrengende Aufgabe erscheint. Doch mach dein Leben zu einem Leben, auf das du gerne zurückblickst, wenn du mit 90 Jahren im Schaukelstuhl sitzt. Mach dein Leben zu einem Leben und Erleben, auf das du Bock hast! Mach dein Leben zu einem Leben, das deiner würdig ist!

Beziehung als Glücksquelle – und was Bindung damit zu tun hat

Am Beginn dieses Kapitels saß ich eine Weile und überlegte, wie ich hier anfangen kann. Beziehung ist eine der größten Quellen unseres Lebensglücks, wie Dami Charf in ihrem Buch »Die 3 Quellen echten Lebensglücks« so schön beschreibt. Und bereits in ihrem vorherigen Buch »Auch alten Wunden können heilen« erklärt sie, wie sehr uns die Vergangenheit beeinflusst und Prägung und Bindung die Basis eines zufriedenen – oder eben auch weniger zufriedenen – Lebens sind. Nachdem ich mich mehr mit dem Thema Beziehung und Bindung beschäftigt habe, dachte ich mir oft: Wie schaffen wir Menschen es überhaupt, miteinander klarzukommen und Beziehung zu leben? Denn fast alle Menschen in unserer Gesellschaft sind beziehungsunfähig oder leiden an einem Trauma aus der Vergangenheit. »Trauma« heißt »Verwundung« und ich meine hier explizit nicht Schocktraumata, sondern die individuellen Verwundungen, die wir erlebt haben, als wir kleine, unschuldige Wesen waren und einfach nur eines wollten und waren: pure Liebe! Womöglich hast du dich mit dem Thema Trauma bereits auseinandergesetzt. In jedem Fall kann ich dir nur empfehlen, auch weiterhin dranzubleiben. Und ich bin sehr froh, dass diese Themen verstärkt aufkommen und durch Bücher, Ausbildungen und weitere Aufklärung durch Podcasts oder andere Medien in die Welt getragen werden. Dennoch bin ich immer wieder verblüfft, wie wenig Menschen sich diesem Thema, ihrer eigenen Geschichte und der Vergangenheit widmen oder gewidmet haben. Und so leben sie jeden Tag als Fortsetzung ihrer Vergangenheit und bemerken das nicht einmal. Denn die Prägungen unserer Kindheit – ebenso pränatal im Mutterleib, transgenerational und auch seelisch – entscheiden, wie du dein Leben erlebst und fühlst. Durch welche Brille du Situationen wahrnimmst und welchen Anzug du trägst. Es ist wie eine Schicht an Überzeugungen aus deinem Inneren, was in deinem Leben möglich ist und was nicht. Aus diesen Traumata und Prägungen entstehen auch die inneren Antreiber, die ich im vorherigen Kapitel zu Trauma und Prägungen beschrieben hatte. Im Grunde lebst du dein Leben als Fortsetzung deiner Vergangenheit, das sich in Schleifen abspielt. Ich nenne es gerne: das gleiche Schauspiel, nur sind es eben eine andere Bühne und andere Darsteller. Aber die Essenz bleibt dieselbe. Die Frage ist: Ist dir das Stück zuträglich? Bringt es dich weiter und lässt es dich groß und weit werden?

In den meisten Fällen lässt sich das mit Nein beantworten. Auch wenn unser Körper so schlau ist, uns das dennoch als den richtigen Weg zu verkaufen. Weil es eben der gewohnte Weg ist. Dabei kannst du dir vorstellen, dass die Überzeugungen, die du dir in der Vergangenheit angeeignet hast, in dir abgespeichert werden und dein Inneres sich mit den Möglichkeiten und Gegebenheiten im Außen immer wieder abgleicht, bis es ein Match gibt. Das ist auch der Grund, warum wirkliche tiefe Veränderungen so schwer möglich sind. Vor allem alleine und ohne Hilfe ist es kaum möglich, nicht auf die Stimmen und Geschichten im Inneren zu hören. Wir nehmen diese als wahr und gegeben an. Dabei muss ich gerade an einen Mann Mitte 30 denken, mit dem ich kürzlich ein telefonisches Vorgespräch für eine mögliche Begleitung hatte. Er erzählte mir, dass er immer wieder die gleichen Beziehungsmuster erlebe. Auch hatte er das Gefühl, er müsse die Frau am Anfang jagen und sie müsse sich rarmachen, damit er sie attraktiv fände und mit ihr in Beziehung gehen wolle. Das ist seine Wahrheit – und das Problem daran ist, dass er daher immer wieder nur Frauen in seinem Umfeld auswählt, die ebenso gewisse Beziehungsthemen und die gleichen Muster aufweisen, und so erhält er immer wieder das gleiche Beziehungsergebnis. Jedoch ist es so, dass er das als attraktiv wahrnimmt, als richtig und stimmig. Aber alte Gefühle, ein Stimmigsein und ein Ja zu bestimmten Dinge trügen uns oft – da sie einfach ein Ja zu der Vergangenheit und dem Alten sind, was aber oft nicht mehr in dein erwachsenes Heute passt oder wiederum in einem alten kindlichen Leid endet. Deshalb ist für mich Trauma auch fortwährendes Leiden, das durch dich aufgrund von alten, in deinem Körper abgespeicherten Prägungen und einen dadurch entstandenen Filter erzeugt wird. Ich möchte in diesem Kapitel nun genauer auf das Thema Bindung, Bindungstraumata, Prägung und Beziehung eingehen.

Denke an das Wort »Beziehung«: Was stellst du dir darunter vor? Die meisten Menschen denken sofort an die Liebesbeziehung und Partnerschaft. Dabei ist alles, was wir im Leben haben, Beziehung. Die Beziehung zu uns selbst sowie jene zu unseren Freunden, dem Chef und auch zu unseren Hobbys, Aktivitäten, zu den Bäumen, zum Leben und der Welt an sich. Im letzten Jahr veranstaltete ich mit meiner Assistentin gemeinsam einen Onlinekongress zum Thema

»Mit dir, der Welt und anderen Menschen in eine gute Beziehung kommen«. Darum geht es: Beziehung ist alles, was du erlebst, sobald du wach und bewusst bist. Nun ist es so, dass die Art und Weise, wie du Beziehung lebst, zu 100 Prozent mit deinen alten Erfahrungen, Traumata und Prägungen aus der Kindheit zusammenhängt. Das kann subtil sein, sich manchmal aber auch sehr deutlich zeigen. Da fast alle Menschen sehr schmerzhafte Erfahrungen gemacht haben, leiden viele heute in ihren Beziehungen und bemerken das nicht einmal. Zumindest so lange nicht, bis sehr große Herausforderungen auftreten wie ein Jobverlust oder ein Beziehungsende, ebenso wie psychische und physische Krankheiten, die sich wie ein Warnschild melden, dass hier etwas nicht stimmt. Bis dahin scheint alles fein zu sein und zu passen. Aber in meinen Augen passt in dieser Welt einiges nicht – und zwar, was jegliche Form von Beziehung angeht. Doch wir Menschen sind einfach taub, lenken uns ab und sind zu abgespalten, um das wirklich wahrzunehmen. Wir sind kollektiv beziehungsunfähig, benutzen andere Menschen und die Welt und versuchen, es uns einigermaßen komfortabel zu machen. Von einer guten und tiefen Beziehung ist das meilenweit entfernt.

Ich möchte jetzt mit dir die verschiedenen Bindungstypen anschauen und wie sie sich in deinem Leben auswirken. Dann möchte ich gerne auf die Beziehung oder auch Liebesbeziehung im zwischenmenschlichen Setting eingehen, um näher zu beschreiben, wie wir Menschen Beziehung zu unseren Gunsten nutzen, auch wenn wir das oft nicht so sehen oder wahrhaben wollen.

Hier möchte ich nicht allzu sehr in die Tiefe gehen und belasse es bei den drei Bindungstypen, die dein Erleben gut abbilden können. Wichtig: Es sind Typen. Daher kann es gut sein, dass du zwischen ihnen wechselst oder dich in einer Mischung erkennst. Es ist nicht fix und soll dir lediglich einige Vorgänge und Schlussfolgerungen deines Lebens aufzeigen, die auf deinen Prägungen, Traumata und deiner Bindung beruhen und dazu führen, wie du Beziehung heute lebst und auch leben kannst. So gibt es die abhängige, unabhängige und die sichere Bindung.

Bei der abhängigen Bindung erlebst du, dass dein Hauptmotiv im Leben die Verschmelzung ist. Wie schaffe ich es, mich endlich vollständig zu fühlen? Was muss ich tun, um endlich richtig zu sein und geliebt zu werden? Das sind Fragen, die dein Leben in diesem Typ dominieren. Dabei fühlst du dich oft einsam und wenn du deinen Körper spüren kannst, dann merkst du des Öfteren ein Ziehen und Brennen im Solarplexus, welcher der Bereich unter deiner Brust ist und für Selbstwert steht. Du bist der »Good Boy« oder das »Good Girl« – »Everybody's Darling«. Du versuchst, Harmonie aufrechtzuerhalten, es allen recht zu machen, und Ablehnung ist eine sehr starke Herausforderung für dich, die es dringlichst zu vermeiden gilt. Du gibst mehr für die Beziehung als für dich und gibst dein letztes Hemd und dich selbst komplett auf, nur um Beziehung aufrechtzuerhalten. Dabei bemerkst du deine Grenzen nicht und tust dir oft schwer, deine wahren Träume und Wünsche zu spüren, und definierst dich dementsprechend häufig über die Träume und Wünsche, die dir die Welt oder andere wichtige Menschen vorgeben. Vermutlich kompensierst du auch gerne, indem du besonders schön aussiehst, gute Noten hast und in das kulturelle Bild von »perfekt« hineinpasst. In Beziehung zeigst du dein wahres Gesicht nicht, sondern hast eine Maske auf. Denn es ist leichter für diese, abgelehnt zu werden, als für deine wahre innere Essenz, die du schwer wahrnehmen kannst – oftmals hast du auch gar keinen Zugang dazu, weil Schichten an Gefallenwollen oder Anderssein-Müssen darüber lagern. Du änderst gern und oft deine Meinung – je nachdem, wie sie gerade Gefallen findet – und gehst den Weg eines Chamäleons. Dabei kann es gut sein, dass du dich in Beziehung aufopferst und Beziehung mit Opfer geben und Aufgeben verbindest. Möglicherweise lebst du auch nach dem Motto »Der Klügere gibt nach!« oder »Es kann nicht immer jeder recht haben!«. Du bist eher gutmütig, ziehst dich gerne zurück, anstatt den Kampf und die Konfrontation anzugehen. Deine Wut unterdrückst du und diese äußert sich tendenziell in Selbsthass und Selbstangriff. Hier kann es sein, dass du dich tatsächlich körperlich verletzt oder auch seelisch angreifst. Gerade Zweiteres sind tiefe Wunden und Stiche, die du gegen dich richtest, die dir aber häufig nicht wirklich bewusst werden oder zutage kommen. Selbsthass kann sich auf verschiedene Arten und Weisen ausdrücken. So kann es sein, dass du Sätze sagst oder denkst wie: »Bin ich doof!« Oder du schluckst Konflikte und Wut einfach hinunter und frisst sie in dich hinein. Wut ist für dich ein schwieriges Thema, denn sie macht dich ohnmächtig und du verbindest sie mit Aggression, die gegen andere gerichtet wird – böse und nicht wirklich praktikabel und umsetzbar für dich. Bei Frauen äußert sich die Wut dann gerne in einer unterdrückten Wut in Form von Weinerlichkeit. Jedoch findet Wut immer einen Weg – denn sie löst sich nicht einfach in Luft auf. Möglicherweise durch Lästern oder Heruntermachen von anderen wie auch durch Intrigen. Aber niemals direkt gegen eine andere Person gerichtet, um ja den Schein zu wahren. Du verlässt dich und deinen Körper, fühlst dich oft minderwertiger als andere, als könntest du es nicht schaffen. Dein Leben besteht unter anderem aus diesen Themen: Existenzangst, Verlustangst, Angst vor dem Alleinsein, Angst, zu scheitern und nicht gut genug zu sein.

In diesem Beziehungs- und Bindungsmuster ist keine wahre und tiefgründige Beziehung möglich. Weder für dich noch für deinen Partner. So kann es gut sein, dass du Beziehung daher benutzt – und zwar als eine Möglichkeit, Kontrolle zu haben. Du bist außerdem sehr viel am Geben, weil es in dir denkt, dass, wenn du nur du bist, ohne etwas zu tun oder zu leisten, der andere schlicht und einfach nicht mehr da ist. Dass du es nicht wert bist, rein deinetwegen geliebt zu werden. Deshalb gibst du dem anderen und vor allem auch dir nicht die Chance, in den Genuss zu kommen, dies zu erfahren. Du hast vor dem möglichen Wahrwerden dieser Vorstellung viel zu viel Angst, um die Erfahrung zu machen, dass es nicht so sein könnte. Du bindest Menschen gerne an dich und machst sie abhängig, um das Gefühl zu haben, gebraucht zu werden. Denn in dir glaubt es, wenn du nicht gebraucht wirst, dann gibt es keine Beziehung mehr. Ich hatte eine Klientin, die sich bei mir gemeldet hatte wegen ihres Sohnes, der sie immerzu beschlagnahmte und brauchte. An der Oberfläche sagte sie zwar: »Ich möchte gerne, dass er eigenständig ist und seinen Weg geht.« In der Tiefe jedoch fiel es ihr schwer, loszulassen, da sie dieses Gefühl, gebraucht zu werden, mithilfe von ihm bediente. Du merkst: Das, was du an der Oberfläche möchtest, kollidiert sehr oft mit dem, was es in dir denkt und fühlt. Ich habe schon erwähnt, dass ein Reporter mich zum Thema Neujahrsvorsätze interviewt hat. Dabei sagte ich ihm: »Ganz ehrlich, was am Ende wirkt, ist immer das, was es in der Tiefe denkt und wovon es in dir überzeugt ist, und nicht das, was du an der Oberfläche versuchst, zu verändern oder besser zu machen. Daher halten diese Vorsätze einfach nicht lange.«

Wenn du dieses Bindungsmuster oder Teile dessen in dir trägst, dann beeinflussen sie dich unterbewusst schon bei der Wahl der Beziehungen in deinem Leben. Du wirst dir vermutlich einen Job suchen, in dem du viel Anerkennung bekommst, mit der du die Leere und das Gefühl der Minderwertigkeit in dir füllen kannst. Wahrscheinlich wirst du keine Tiefe in Hobbys oder Beziehungen spüren. Du wirst dich gerne ablenken und ständig »on tour« sein – geschäftig. Die Beziehung zu dir wird wenig Raum haben, da du Einsamkeit und Stille schwer aushalten und nicht selbstständig regulieren kannst. Vielleicht hast du eine Liebesbeziehung, die ebenso deine inneren Annahmen bestätigt und deine damit verbundenen alten Überzeugungen bedient. Das kann eine eher narzisstische Beziehung oder mit einem Menschen sein, der tendenziell in die unabhängige Richtung mit der Hauptmotivation der Freiheit geht. Diesen findest du dann attraktiv und anziehend. Denn dein Körper empfindet es als normal, dass du dich erst verändern musst, um geliebt zu werden, dass du dich aufgeben musst, damit Beziehung möglich ist, und es Opfer braucht. Dementsprechend suchst du dir deine komplette Umgebung respektive deine Beziehungen ganz unterbewusst aus, während du denkst, dass alles frei geschehen ist, stimmig und du dabei eine Wahl hattest. Dem ist aber nicht so, bis du beginnst, diese Spielchen und Geschichten zu durchschauen. Bis du bemerkst, dass du viele Dinge und Beziehungen benutzt, um in deinem Inneren Sicherheit durch einen perfekten Abgleich mit deinen inneren alten und destruktiven Überzeugungen zu erzielen. Bis du bereit bist, das aufzugeben, dich deinen Ängsten zu stellen, und so erkennen und erleben kannst, dass das nicht stimmt und dein Leben schließlich andere Züge aufgrund anderer Überzeugungen in deinem Inneren annehmen kann.

Dein Heilungsweg und deine Medizin ist es, selbst zu erkennen, wie wertvoll du bist. Die tiefe, wahre unberührbare Essenz in deinem Inneren zu erkennen, die unabhängig vom Tun, Machen und Sein ist – nicht definiert durch das Außen. Die durch Geschehnisse im Außen nicht berührt wird, weder in die eine noch in die andere Richtung. Die sich beispielsweise von Lob wie von Kritik nicht beeindrucken lässt. Du darfst erkennen, dass das Leben im Hier und Jetzt und im Innen stattfindet. Du darfst wie eine große, erwachsene Version von dir, eine Mama oder ein Papa Verantwortung übernehmen und für dich da sein in den Stunden, in denen du andere enttäuschst und diese sich womöglich abwenden, wenn du deinen Weg gehst. In den

Stunden, in denen du dich möglicherweise abwendest und loslassen darfst, weil es nicht mehr passt. Du darfst das benutzen und die Kontrolle mehr aufgeben und dich deinen Ängsten der Minderwertigkeit, des Verlassenwerdens und des Alleinseins stellen. Werde dir bewusst, dass du dich auf die gleiche Stufe wie die anderen Menschen stellen darfst. Dass du auf Augenhöhe bist und die Leere und Einsamkeit in deinem Inneren von nichts und niemandem gefüllt werden kann. Stelle dich deinem Dasein, deinem Fühlen und deinem Präsentsein, auch wenn das erst einmal schmerzhaft sein mag. Beziehung basiert auf gegenseitigem Sich-aufeinander-Beziehen und eine Beziehung ist nur möglich, wenn beide Parts ihren Job machen. Mach deinen Job und mach dich auf den Weg – du wirst merken, dass sich jede Beziehung in deinem Leben dadurch um 180 Grad zu Vollständigkeit, Liebe, Sicherheit, Vertrauen und Geborgenheit ändert und du weniger brauchst, als du jetzt noch fühlst.

Der unabhängige Part hat in einer Beziehung als Hauptfokus die Autonomie und Freiheit. Du zeigst dich dabei weder dir noch anderen Menschen in der Tiefe, denn du möchtest nicht verletzlich sein. Um Hilfe zu bitten oder Unterstützung einzufordern, setzt du mit Schwäche gleich und jede Form von Schwäche ist für dich sehr bedrohlich und wird deshalb in jedem Fall vermieden. Du konzentrierst dich sehr auf diese emotionale Distanz und bist häufig im Kopf unterwegs. Du kannst also wenig Empathie zeigen und fühlst dich eher im rationalen Kontext zu Hause. Dort spielt sich dein persönlicher Rahmen der Sicherheit ab, da du alles unter Kontrolle hast. Als Kind hast du sehr oft erlebt, dass du stark sein musstest und dass Beziehung Schmerz und Verletzung bedeutet. Deshalb vertraust du anderen Menschen nicht und führst Beziehungen an der Oberfläche. Sehr selten hast du Zugang zu dir und deinem Körper. Dein Innenleben ist tief in dir vergraben und tiefe Gefühle sind für dich nicht möglich. Wenn es zu Stress oder Konflikten kommt, versuchst du, es allein zu schaffen und mit dir selbst auszumachen. Dies ist eine Form der Stärke, die du entwickelt hast und die für dich unerlässlich ist. Du kompensierst deine inneren Verletzungen meist durch diverse Süchte wie viel zu arbeiten, viel Geld zu verdienen, strebsam und arbeitsam zu sein, wenig Zeit für dich zu haben, Alkohol und andere Drogen sowie in ständiger Ablenkung mit TV oder Smartphone. Ruhe zuzulassen und auszuhalten, ist für dich sehr schwierig – und so holst du dir von außen immer wieder Input herein, damit es nicht zu leise wird und sich dein Inneres melden könnte. Beziehung und Bindung sind für dich ebenfalls sehr schwer und du hältst die andere Person auf Distanz. Allerdings gibt es sehr viele Menschen mit diesem Bindungsstil, die dennoch eine Beziehung führen – sehr oft eine Fernbeziehung oder eine mit sehr viel Raum. Wird die Beziehung zu nah, drohst du mit einer Trennung. Du manipulierst deinen Partner damit, dass du ihn von dir abhängig machen möchtest, und genießt es, wenn dieser sich gefügig machen lässt und dich auf ein Podest stellt. Du hast diverse Strategien, um mit Schuld und Scham zu arbeiten, und nimmst wiederholt Einfluss auf den Selbstwert deines Partners. Sehr oft bist du mit einem Menschen zusammen, der im abhängigen Bindungsstil lebt. Andere Menschen würden dir narzisstische Tendenzen zuschreiben. Wirken diese Strategien aber bei einem anderen Menschen nicht oder merkst du, dass du einen anderen Menschen emotional nicht mehr in der Hand hast, ziehst du alle Register. Die Liebe, Zuneigung und Aufopferung der anderen Person sind dein Kapital für Sicherheit. Hinter diesen Strategien steckt ein inneres Wesen, das sich einsam, allein, minderwertig und traurig fühlt. Deine Medizin ist es, dass du in deinen Körper kommst und lernst, deine Emotionen zu fühlen. Es ist sehr wichtig, dass du allmählich aus der Illusion aufwachst, dass du immer noch der verletzte Mensch aus der Kindheit bist und Beziehung gleich Verletzung und Schmerz bedeutet. Du darfst diese alten Wunden heilen und dich dir und diesen Anteilen in der Tiefe zuwenden. Sie möchten gesehen und der alte Schmerz will nachgefühlt werden, damit er endlich gehen kann. Du darfst deinen Partner als ebenbürtig sehen und aufhören, deine Spielchen aus Schuld und Scham zu spielen. Der andere Mensch bleibt auch bei dir, wenn du das nicht tust. Du darfst wahre Verbundenheit und Liebe zu anderen Menschen erkennen, wenn du diese in dir kultivieren kannst und somit deine verlorene Kindheit nachholst.

Soziale Verarmung und die Medizin der sozialen Unterstützung

Im vorherigen Kapitel bin ich bereits darauf eingegangen, was die heutige Art, wie du in Beziehung gehst, mit deiner Bindung als Kind zu tun hat. Nun möchte ich noch tiefer auf das Thema zwischenmenschliche Beziehungen eingehen. Erst einmal ist jede Beziehung, nicht nur deine Liebesbeziehung, der beste Lehrer für dich, um zu wachsen und zu heilen. Und ganz besonders gilt das, wenn Beziehung richtig gelebt wird. Ich erlebe aber auch hier in unserer Gesellschaft genau das Gegenteil – 180 Grad entgegengesetzt zu dem, was dich, dein Leben und die Menschen heilen würde. In den meisten Beziehungen sehe ich Oberflächlichkeit, Desinteresse, Kompensation und eine Vereinsamung. Doch soziale Unterstützung als deine Medizin für psychisches Wohlbefinden, also tatsächliches Interesse, ehrliches Mitteilen und tiefe Beziehungen, finden wir im Alltag leider sehr wenig.

Wir Menschen fragen zwar täglich, wie es dem anderen, zum Beispiel unserem Partner, geht, und scheinen diesen vermeintlich zu kennen. Aber oft erwarten wir auf das »Wie geht es dir?« ein »Alles gut!«. Und wirklich Tiefe, Verletzlichkeit und Zuwendung erleben wir wenig in und durch

Beziehungen. Dabei kratzen diese oft nur an der Oberfläche. Doch genau das Sichzeigen, die Schwäche und Verletzlichkeit zu offenbaren, ermöglicht eine Heilung in Beziehung. Sich ehrlich mitzuteilen und dabei gesehen zu werden – das ist die Medizin, die wir so dringend benötigen. Und da hast du bereits den Haken: Denn du darfst bei dir anfangen – 50 Prozent des Jobs liegen nämlich bei dir. 50 Prozent an Veränderung in einer zwischenmenschlichen Beziehung liegen in deiner Hand. Wir Menschen sind sehr schnell dabei, eine Lösung zu suchen – oft im Außen. Und an das Gegenüber Erwartungen zu stellen, die wir nicht annähernd selbst erfüllen. Sobald es zu einem Konflikt kommt, neigen wir dazu, diesen in das Raster »Negativ« und »Hier muss etwas nicht passen!« zu stecken. Dann trennen wir uns oder tauschen den Partner aus und reden uns ein, dass das der richtige Weg sei. Aber das Gegenteil ist der Fall, denn jede Beziehung, die in dein Leben kommt, ist eine heilende Beziehung. Sie ist aus einem Grund in deinem Leben, sie ist dein Lehrer – du darfst die Botschaft und Lernerfahrung erkennen und auch offen dafür sein, sie anzunehmen. Denn Beziehung ist mit viel altem Schmerz verbunden, mit Verletzlichkeit und packt alles Alte aus, das wir doch so gern in unserem Keller versteckt halten wollen. Aber damit Beziehung für dich heilsam sein kann, müssen gewisse Rahmenbedingungen gegeben sein, die ich im Folgenden noch erläutern werde. Doch lass uns erst einmal auf die Art und Weise, wie wir Menschen heute Beziehung leben, schauen. Diesbezüglich möchte ich betonen, dass die Innen- die Außenwelt stets spiegelt. Damit möchte ich sagen, dass die Beziehung, die du zu dir pflegst, die Art und Weise, wie du in Beziehung mit anderen Menschen gehst, bestimmt und ebenso auf lange Sicht, welche Qualität du in deinem Leben hast. Wie bereits beschrieben, ist das beste Beispiel für die Art und Weise, wie wir Menschen in Beziehung gehen, die Qualität des »Wie geht es dir?«. Wenn ich dir diese Frage stelle, wird deine automatisierte Antwort darauf sein: »Gut.« Wenn du diese Frage einer anderen Person stellst, wirst du ebenso diese Floskel erwarten. Denn wir Menschen sind Meister darin, mit unseren wahren Gefühlen hinter dem Berg zu halten, und Profis der Tarnung. Die Schminke, die viele Frauen auf ihr Gesicht auftragen, ist der Spiegel für das, was wir Menschen jeden Tag machen und viele davon 24/7: eine Maske tragen und das wahre Innere versperrt halten. Ich erinnere mich noch an meine Kindheit, als wir beziehungsweise meine Mama wie die meisten Menschen in unserem Umfeld stets darauf erpicht waren, den Schein zu wahren. Oder nach dem Motto »Was denken nur die Nachbarn?« lebten. Allerdings ist meine Mama nicht die einzige Frau, die so lebte – denn viele meiner Klienten, auch Männer, sind maskiert und möchten den Schein wahren. Und wenn der Schein an der Fassade eines anderen bröckelt, dann stehen wir rasch bereit, um mit dem Finger auf ihn zu zeigen und zu sagen: »Ich habe dir doch gesagt, dass es nicht klappt.« Oder auch: »Schau dir den mal an!«, und dann ziehen wir mit einer Lästertirade über diesen her. Allgemein sind wir Menschen schnell dabei, ein Urteil zu fällen und es besser zu wissen. Und machen wir das nicht an der Oberfläche, so geschieht es unterbewusst. Ich habe manchmal das Gefühl, dass uns das von Kindesbeinen an eingetrichtert wurde. Denn auch ich entdecke diese Tendenz bei mir. Doch diese Art des Miteinanders führt nur zu noch mehr Trennung. Denn keiner möchte der Erste sein, der sich entblößt und demaskiert – zu groß könnte die Scham sein, dafür verurteilt oder gar ausgeschlossen zu werden. Und ich kann das in der Tiefe verstehen – das ist nämlich genauso der Fall. Denn viele Menschen werden über dich urteilen – je freier, individueller und lebensfroher du wirst. Denn sie trauen sich das nicht und sehen somit ihre eigenen dunklen Flecken, die durch dein Verhalten beleuchtet werden. Deswegen kann ich dir jetzt schon sagen: Du brauchst dringend eine Portion Schamresilienz und ein Verkraften von Ablehnung – also eine tiefe innere Essenz in dir, die unabhängig vom Außen weiß, dass du ein wunderbarer Mensch bist. Aber auch viele Paare leben lange in einer Beziehung und haben sich kein einziges Mal gezeigt. Wir Menschen befinden uns in derart oberflächlichen Beziehungen. Dabei warten wir gerne ab, was der andere tut, um dann auch danach zu handeln. Nach dem Motto: Lass du erst die Hosen runter und dann entscheide ich, ob ich die Hosen herunterlasse! Doch so funktioniert das nicht. Wahrhaftig sich zu zeigen und in Beziehung zu gehen, ist einer der größten und mutigsten Akte in unserem Leben. Denn wir Menschen versuchen permanent, Beziehung zu vermeiden. So machen wir Small Talk oder schalten abends den Fernseher an. Und wir schlucken die Wut herunter und scheuen Konflikte. Selten sagen wir: »Mir geht es schlecht, denn ich fühle mich einsam und alleine.« Das am häufigsten verwendete Mittel, Beziehung zu vermeiden, ist das Sprechen an sich. Ich weiß, du bist jetzt womöglich verwundert, da dir das Sprechen bisher als die einzige Art und Weise des Miteinander-in-Kontakt-Gehens bekannt ist. Doch das Wort holt dich häufig in den Kopf und weiter vom anderen Menschen weg. Nach langer Diskussion brummt mir stets der Schädel und ich muss mich erst einmal erden. Denn in Diskussionen werden alle Emotionen abgeladen, die eigentlich im Körper reguliert gehören. Bei Wut hebt sich unsere Stimme, bei Angst können wir kaum sprechen und bei Trauer ist die Stimme ebenfalls leise. Viele Menschen benutzen die Konversation auch, um Sicherheit herzustellen, indem der andere um Bestätigung gefragt wird, oder um die Angst auszukotzen und den Müll abzuladen. Wahres In-Beziehung-Gehen funktioniert daher zu Beginn besser, indem das Wort weggelassen wird und lediglich körperliche Berührung da sein darf. Auch empfehle ich dir, dass du den anderen beim Sprechen an der Schulter oder am Bein berührst und so Körperkontakt herstellt. Dies stellt sofort Sicherheit her und erleichtert es dir, Verbindung zum anderen aufzubauen. Der Schlüssel, um in Beziehung zu gehen, ist, dich verletzlich zu zeigen, dich zu zeigen in dem Risiko, dass der andere geht, zu bleiben, wenn der andere geht, dich ehrlich mitzuteilen, dich jederzeit zu spüren und den anderen mit den Augen eines Kindes bei jedem Gespräch neu zu betrachten.

Dich verletzlich zu zeigen – zusammengefasst unter dem Stichwort Verletzlichkeit –, ist das Herausforderndste. Denn es ist so viel leichter für eine Maske, abgelehnt zu werden, als für dich selbst. Wenn du die Hosen herunterlässt und den anderen Menschen in deine Seele blicken lässt, wenn du ihm berichtest, wie es tatsächlich um dich und dein Leben bestellt ist, gehst du jeweils das Risiko ein, ausgelacht, abgelehnt oder nicht verstanden zu werden. Ebenso kann es dir passieren, dass der andere dir Ratschläge an den Kopf wirft und dich nicht ernst nimmt, indem er deine Gefühle herunterspielt. Das passiert nicht einmal böswillig. Aber wie bereits geschrieben, haben wir Menschen Taktiken, einem Beziehungs-Verbindungsversuch gekonnt aus dem Weg zu gehen. Und Auslachen, Belächeln, Nicht-ernst-Nehmen und das Geben von Ratschlägen zählen nun einmal dazu. So ein Verhalten hat in der Vergangenheit dazu geführt, dass du dich nicht mehr zeigst, weil es schmerzt. Ein Freund von mir hat einmal in einer schwierigen Phase seine Eltern gefragt, ob er psychotherapeutische Hilfe in Anspruch nehmen könne. Daraufhin haben diese ihn ausgelacht und er hat sich nach und nach aus Angst, nicht verstanden oder falsch verstanden zu werden, verschlossen. Dabei ist er ein äußerst charismatischer Mensch und hat stets einen guten Spruch auf Lager. Und damit sind wir auch schon bei der nächsten Methode, Beziehung zu vermeiden: indem du übertrieben in Kontakt gehst, der Witzbold des Abends bist oder immer einen flotten Spruch auf den Lippen hast. Dadurch verhinderst du, dass der andere überhaupt wittert, es könne etwas nicht stimmen. Aber was tatsächlich hilft, ist, sich zuzumuten und sich genau mit dem Schmerz zu zeigen. Vor dem anderen zu stehen und zu sagen: Ich fühle mich einsam. Ich fühle mich dick. Ich fühle mich nicht verstanden und ich habe Angst, dir das zu sagen.

Ehrliches Mitteilen ist eine wahre Essenz, Trauma und Wunden-Lecken wirksam zu begegnen. Gopal Norbert Klein beschreibt in seinem Buch »Der Vagus-Schlüssel zur Traumaheilung: Wie ‚Ehrliches Mitteilen' unser Nervensystem reguliert«, wie das genau funktioniert und wie du konkret Sicherheit in deinem Nervensystem herstellen kannst, wenn du dich zeigst. Auch ist es wichtig, sich bedingungslos mitzuteilen, ohne zu erwarten, dass der andere das ebenfalls tut. Denn du tust es für dich und, glaub mir, du ebnest damit auch den Weg, dass sich der andere öffnet. Und dennoch sollte es aus einem Gefühl heraus geschehen von: Ich zeige mich meinetwegen und bin ein Pionier meiner Zeit. Ich zeige mich verletzlich und werde dafür verurteilt und dennoch bleibe ich auf meiner Seite. Ich bin in der Tiefe ein mutiger Mensch und fordere den anderen auf, sich zu zeigen, indem ich mich zeige. Ich lasse nicht zu, dass meine Beziehung en an der Oberfläche dümpeln, sondern bin bereit, Konflikte und Auseinandersetzungen einzugehen – als Start einer wahren Begegnung.

Es ist eine herausfordernde Übung, sich wirklich in der Tiefe für den anderen zu interessieren. Sobald du antwortest und konterst, geht es wieder nur um dich. Ich erlebe Konversationen oft wie ein Sich-gegenseitig-Beschießen. Der eine sagt etwas, der andere kontert – und so geht es immer weiter. Doch das Besondere ist, dem anderen einfach nur zu lauschen, ohne etwas damit zu tun. Ohne etwas verändern, besser machen zu wollen, heilen zu wollen und dich zu rechtfertigen. Denn damit nimmst du dem anderen das gesprochene Wort wieder weg. Hier kann ich dir meine Wunderwaffe, das Beziehungsgespräch zu zweit, empfehlen:

Die ersten zehn Minuten sprichst du und die anderen zehn Minuten dein Gegenüber. Dabei wird ein Timer gestellt und selbst wenn eine Pause entsteht, dann redet der andere nicht hinein. Derjenige, der danach spricht, nimmt keinen Bezug auf das vorab Gesagte. Kein Rechtfertigen und kein Verbessern finden statt. Die jeweils sprechende Person redet in der Ich-Perspektive und berichtet von Situationen, Ereignissen und Gefühlen und was diese in ihr ausgelöst haben.

Allerdings ist Gefühle zu teilen ein heikler Part in unserem Leben und fällt je nach Menschentyp mitunter leichter oder schwerer. Besonders für Männer ist es tendenziell schwieriger, Gefühle zu spüren und zu teilen. Das liegt daran, dass diese in der Kindheit nie dazu aufgefordert worden sind, und auch daran, dass bei mitgeteilten Gefühlen Männer oft noch mehr als Frauen belächelt worden sind. So sitzt im Mann eine tiefe Scham, sich mitzuteilen – vor allem einer Frau gegenüber. Aber genau das zu trainieren, ist bedeutsam und wichtig. Gefühle zu teilen und sich zu zeigen, gehört ebenfalls erlernt und trainiert. Nimm dir daher Zeit und fordere von deinem Partner oder einem Freund dieses Beziehungsritual ein – und du wirst merken, dass sich eure Beziehung innerhalb von Wochen zum Positiven verändert.

Wichtig ist zudem, mit dem Vermeiden von Konflikten aufzuhören. Für viele Menschen und vielleicht auch für dich ist bereits das Wort »Konflikt« mit etwas sehr Negativem besetzt und wir versuchen, lieber die harmonische Welt aufrechtzuerhalten und Konflikte zu vermeiden. Diese sind aber wichtig, weil sie Entwicklungspotenziale in einer Beziehung aufzeigen und keineswegs ein Zeichen sind, dass etwas schlecht läuft. Im Gegenteil: Konflikte sind die Basis von echtem Zeigen und dafür, dass sich etwas ändern kann. Allerdings ist es wichtig, wie ein Konflikt ausgestaltet wird. Und hier kommt wieder das ehrliche Mitteilen ins Spiel. Nimmst du deine Störgefühle selbst ernst und teilst sie rasch mit deinem Gegenüber, stauen diese sich nicht an.

Hier empfehle ich dir, erst einmal mit dir und deinen Gefühlen in Kontakt zu gehen. Und wenn es weniger dringlich wird, es dem anderen mitteilen zu müssen, dann in Ruhe das Gespräch zu suchen und dich mitzuteilen. Übe dies, sodass es immer normaler wird. Ich hatte einmal eine Klientin, die beinahe ein Jahr gebraucht hat, um sich ehrlich ihrem Mann mitzuteilen. Sie empfand es als ein Eingeständnis, dass in der Beziehung etwas falsch lief, wenn ein Konflikt aufkam. Dies wiederum empfand sie als das Beziehungsende. Kein Wunder, dass sie versuchte, ja keinen Konflikt zu erzeugen und sich mitzuteilen. Als sie jedoch begann, sich zu trauen und zuzumuten, gelangte die Ehe mit ihrem Mann auf eine neue Stufe. Ein echtes Aufeinander-Beziehen war nun möglich und eine Heilung durch Beziehung.

Zudem gilt es, die Ansprüche an den anderen herunterzuschrauben. Denn auch das ist ein Mittel von uns Menschen, andere Menschen und Beziehung zu sabotieren und von uns fernzuhalten. Doch wir alle haben Schwächen und es ist wichtig, die Güte im Herzen zu behalten und dennoch konkret Grenzen zu setzen und etwas einzufordern. Ich würde sagen, das ist ein Jonglieren. Mit der Zeit wird das immer klarer und du wirst eine wunderbare Beziehung zu dir und mit anderen Menschen führen – in einem guten Gleichgewicht aus dich zu zeigen, mitzuteilen, einzufordern, Wärme zu geben und zuzulassen.

Den anderen dabei stets mit den Augen eines Kindes zu sehen und neugierig zu sein, ist eine wunderbare Art, Beziehung zu leben. Ich hatte eine Klientin, der ich die Übung gab, herauszufinden, welche Verhaltensweisen und Eigenschaften sie ihrem Mann zuordnete. Dabei begannen wir damit, das Wie zu resetten, sodass sie nicht in jeder Situation auf das reagierte, was sie an Reaktion vom anderen erwartete, sondern auf das, was wirklich geschah. Denn Paare, die lange in einer Beziehung sind, neigen dazu, den anderen nicht zu sehen, wie er wirklich ist, sondern in dem

Bild, wie sie ihn sehen wollen oder wie er sich in der Vergangenheit gezeigt hat. Damit machen sie es dem anderen allerdings unmöglich, sich zu verändern, und sind wenig offen für Neues. Beobachte daher einmal bei verschiedenen Personen in deinem Alltag, welche Antwort du auf ein Ereignis erwartest, und versuche dann, den anderen bedingungslos und neugierig zu betrachten. Wie ein Kind oder ein Forscher – interessiert und unvoreingenommen.

An dieser Stelle möchte ich nun speziell auf die Liebesbeziehung eingehen und Bezug auf das Tierreich nehmen. So entsteht Sicherheit in Beziehung nur, wenn folgende Schritte eingehalten werden: Annähern – Grenzen setzen – Kämpfen – Grenzen setzen – Verhandeln. Dann erst erfolgt die Paarung, gemeinsam wird ein Nest aufgebaut und eine Familie gegründet. Und so findet das im Tierreich statt – stets mit der Priorität eines regulierten Nervensystems und der Sicherheit. Nur da, wo Sicherheit ist, können Liebe, Beziehung und Vertrauen entstehen. Nun kannst du dir einmal überlegen, wie das in unserer Gesellschaft abläuft: Mann und Frau lernen sich kennen – Mann und Frau schlafen miteinander – Mann und Frau merken, dass es nicht passt, und haben bereits ein Vielfaches an sicherheitsgebenden Grenzen überschritten – Mann und Frau trennen sich – Körper und Seele leiden, da bereits eine Bindung entstanden ist. Denn beim Geschlechtsverkehr entsteht zwischen Mann und Frau eine Bindung – das zu verhindern, ist unmöglich. Deshalb ist es auch so traumatisch, den anderen dann wieder gehen zu lassen, auch wenn dieser nicht passt. So empfehle ich dir, Ruhe und Langsamkeit walten zu lassen bei deiner Partnersuche und für deine Grenzen einzustehen. Dies gilt ebenso in anderen Beziehungen in deinem Leben oder auch wenn du bereits mit deinem Partner zusammenlebst. Jedes Mal, wenn du diesem begegnest, beginnt von Neuem das Beschnuppern, das Setzen von Grenzen und dann in Kontakt zu gehen und Nähe zuzulassen. Das ist der natürliche

Prozess eines sicheren und für das Nervensystem adäquaten Miteinander-in-Kontakt-Gehens, das sich stimmig anfühlt.

Nun hoffe ich, du konntest aus diesem Kapitel zum Thema zwischenmenschliche Beziehungen etwas für dich mitnehmen und auch gleich einmal mit einigen Forschungsreisen in deinem Alltag starten. Bleib verletzlich, bleib da, unvoreingenommen, mit dir verbunden, bleibe gütig und setze Grenzen!

Die Beziehung zu deinem Kind und jene zwischen dir und deinen Eltern

Mama oder Papa zu werden, ist eine ganz besondere Erfahrung. Und auch wenn du noch nicht in den Genuss der Elternschaft gekommen bist, lade ich dich herzlich ein, dieses Kapitel zu lesen, da du in jedem Fall Kind bist und vermutlich auch Eltern hast. Dieses Kapitel hilft dir, besser zu verstehen, warum du bist, wie du bist, und was deine Eltern damit zu tun haben.

Generell liegt die Herausforderung im Elterndasein nie bei den Kindern. Ich finde, das können wir genauso übertragen auf die Tierwelt. Das »Problem« oder die Ursache liegt also nie im Hund, Pferd oder Kind, sondern stets in dir. Ich reite bereits seit Jahren und es ist immer interessant, wie mein Pferd mich spiegelt. Damit meine ich, wie es mir meinen aktuellen Zustand, meine Ängste und das, was ich gerne vermeiden möchte, also auch meine blinden Stellen, sichtbar macht.

Ich habe bereits zahlreiche Menschen begleitet, die Kinder oder Tiere haben und auch im Reitsport aktiv sind. Es ist sehr spannend, wenn sich Mamas oder Papas melden und gerne ihr Kind anders hätten oder das Kind zu mir in die Begleitung schicken. Jedoch geht es primär niemals um das Kind. Außer wenn es selbst den Wunsch hegt, zu mir zu kommen. Es geht um die Eltern. Schau dir ein Kind an und erfahre dadurch mehr über die Herausforderungen und blinden Flecken der Eltern! Denn Kinder kompensieren diese. Oft werden deswegen familiäre Traumata über Generationen immer weiter auf die nächste Generation übertragen.

Bei sehr starken psychischen Leiden wird das dann auch deutlich. Die Mutter leidet unter einer Depression und die Tochter entwickelt diese ebenso. Allerdings leiden wir alle unter gewissen Themen und auch diese Leiden werden weitergegeben – ganz nach dem Motto: Das bleibt in der Familie! Das Schöne ist: Du kannst dadurch dich selbst wunderbar erkennen und etwas ändern, wenn du das möchtest. Deshalb ist das Elternsein stets ein Geschenk, wenn du es als dieses annehmen möchtest und nicht dagegen ankämpfst. Ich hatte einen Klienten, der sich als kleiner Junge stets ungerecht behandelt gefühlt hat. Er schluckte dies sein ganzes Leben herunter und auch im Erwachsenenalter, als er in meine Begleitung kam, waren das tiefe Themen, zu denen wir schließlich vordringen durften. Er kompensierte die gefühlte Ungerechtigkeit durch ein Genervtsein und eine Ablehnung gegenüber der Welt. Zudem waren er und seine Frau in einem starken Kontrollzwang. Alles musste funktionieren, alles war dramatisch und musste daher unter strenger Kontrolle in geregelte Bahnen gelenkt werden. Doch der jüngste Sohn der Familie machte dieses Spiel nicht mit. Er zeigte auf, was in den Eltern tief verborgen war und wurde von ihnen als Störenfried und Problem angesehen. Allerdings ist nicht er die Herausforderung – denn er spiegelte lediglich die Anteile der Angst und Ungerechtigkeit der Eltern und musste diese in einem großen Maße ausleben und sichtbar machen, da die Eltern selbst diese Dinge im Verborgenen hielten. Ich erlebe es öfters, dass Kinder oder der Partner Anteile, die der andere Partner nicht auslebt, in einem verstärkten Maße selbst auslebt. Das kann beispielsweise Wut, Trauer oder auch Melancholie sein. Ebenso das Bedürfnis nach Ruhe oder Aktivität. So beobachtest du wohl in den meisten Familien, dass es einen lauten und einen ruhigen Part gibt. Bei besagter Familie begann der Sohn, von null auf hundert zu eskalieren, zu schreien und jegliche Art von familiären Ausflügen oder Ereignissen zu sabotieren. Er tobte und die Eltern erwachten bereits morgens mit dem Gedanken: »Wann geht die nächste Bombe los?« Dabei lebte der Sohn in einem gewissen Maße die einst erlebte Ungerechtigkeit des Vaters aus, weil der Junge stets, wenn er nicht erhielt, was er wollte, mit einem Riesendrama reagierte. Den Kontrollwahn der Mutter sabotierte er, indem er zu ungewissen Zeiten sehr verschieden reagierte und sein Verhalten sehr unvorhersehbar und gravierend war. Jedoch liegt das Veränderungspotenzial nicht im Sohn, sondern in den Eltern. Denn wenn die Eltern beginnen, ihre Themen auszuleben – also der Vater die Ungerechtigkeit aus der Kindheit und die Mutter sich mit der Angst beschäftigt, die sie mit der Kontrolle im Zaum halten wollte –, dann verändert sich auch das Kind.

Viele Eltern sind an diesem Punkt überfordert und versuchen, das Kind zu ändern – senden es zu einem Therapeuten oder sehen es als Störenfried. Sie erkennen allerdings nicht, dass das Kind keine andere Wahl hat, als so zu reagieren, da es die unterdrückten Anteile der Eltern zum Ausdruck bringen muss, weil diese es nicht tun. So ist der erste und wichtige Schritt, immer bei sich zu beginnen und nicht in eine Opferhaltung oder Scham zu fallen, sondern sich einzugestehen, dass etwas geändert werden darf. Und zwar immer erst bei dir und dann beim anderen. 50 Prozent liegen, wie schon erwähnt, bei dir und das ist auch durchaus vorteilhaft, weil diese 50 Prozent in deiner Macht und Verantwortung liegen. Das heißt, du kannst diese zu 100 Prozent beeinflussen und bist Schöpfer deiner Welt und deiner

Gefühle. Was du hingegen nicht beeinflussen kannst, ist das Verhalten anderer Menschen oder der Welt an sich. Kommst du aber zu diesem Ausgangspunkt, also zu dir, zurück und erkennst diese unglaubliche Macht, dann kannst du aus dieser Position mit voller Selbstwirksamkeit dein Leben zum Positiven verändern. Allerdings handelt es sich dabei auch um einen Prozess des Hinschauens und des Übernehmens von Verantwortung. Dies ist ein Prozess, der dich freier macht. Wir Menschen haben meist das Gefühl, dass Verantwortung und Macht erdrückend sind. Deshalb geben wir sie gerne ab, lagern sie aus oder geben anderen die Schuld und auch die Macht über unser Leben. Jedoch verhält es sich auch hier, wie an vielen anderen Stellen, genau um 180 Grad anders: Das heißt, Verantwortung und Macht bedeuten innere und äußere Freiheit und sind eine unglaublich erstrebenswerte Position in deinem Leben.

Wichtig ist mir, hier auch zu erwähnen, dass eine Wechselbeziehung zwischen dir und deinem Kind besteht. Ebenso zwischen dir und deinem Partner oder auch Tier. Denn genauso, wie dein Kind unterdrückte Anteile von dir spiegelt oder ebenso bei sich unterdrückt, besteht die Möglichkeit, dass du dein Kind benutzt, um aktiv deine Geschichte zu heilen. Allerdings ist dies keine wirkliche Heilung, sondern eine Art Kompensation: Du benutzt dein Kind, deinen Partner oder dein Tier, um ihm das zu geben, was im Grunde dein eigenes inneres Kind benötigt.

Ein Beispiel dafür: Du bist in der Kindheit sehr wenig geliebt worden und hast kaum Ausdrucksmöglichkeiten gehabt, dich zu entfalten. Das hätte beispielsweise im Sport oder auch der Kunst sein können. Deine Eltern hatten sehr klare Vorstellungen von dir und deinem Leben – und wenn du diese nicht erfüllt hast, haben sie dir die Liebe entzogen. Das ist äußerst schmerzhaft und erpresserisch für ein Kind. Denn es muss sich in diesem Fall zwischen der eigenen Autonomie, dem Entdecken, Ausleben und seiner Entfaltung sowie der Geborgenheit, Sicherheit und dem Raum der Liebe mit den eigenen Eltern entscheiden. Das alles kann von den Eltern bewusst oder auch unterbewusst praktiziert werden, um das Kind nach den eigenen Vorstellungen zu formen und in die anscheinend »richtigen« Bahnen zu lenken. Allerdings geht es hier nie um die Kinder, sondern stets um die Eltern, die ihre Kinder so manipulieren, dass sie am wenigsten getriggert werden oder sich nicht mit ihren eigenen Themen und Wunden beschäftigen müssen. Das ist sehr grausam und dennoch in vielen Familien bewusst oder unterbewusst an der Tagesordnung.

Hast du als Mensch ein solches Verhältnis in der Kindheit erlebt, dann prägt dich das dein ganzes Leben – unterbewusst. Es ist in dein Nervensystem und dein Körpergedächtnis eingewebt und wird dich in jedem Fall beeinflussen und spätestens, wenn du selbst eine Familie gründest oder in einer Liebesbeziehung bist, diese sabotieren. Meistens läuft das alles auf Autopilot ab und wenn du sehr geschäftig bist und dich nicht mit dir beschäftigst oder beschäftigen möchtest, wirkt das sehr subtil, aber dennoch intensiv auf dein Beziehungsleben ein. Ich erlebe dabei sehr oft, dass die alten Wunden unserer Kindheit das erste Mal sehr deutlich in einer Liebesbeziehung zutage treten. Auch wenn sie natürlich bereits unterschwellig vorab in anderen Beziehungen wirken – jedoch nicht mit der Intensität, wie es eine Liebesbeziehung mit sich bringt. Sehr viel deutlicher wird das dann, wenn eine dritte Person in das Beziehungsgefüge eintritt: Ein Kind wird geboren und kommt in das Familiensystem. Viele Menschen, die Kinder bekommen, erleben dies heute als eine sehr große Herausforderung. Ich bin davon überzeugt, dass das aber nicht am Elterndasein an sich liegt, sondern letztlich an den Themen, die dadurch auf den Tisch kommen. Die Überforderung vieler Eltern zeigt sich jetzt sehr deutlich. Sie können das Kind aber nicht umtauschen oder zurückgeben oder ihm die Beziehung aufkündigen, wie sie das bei einer Geschäfts- oder auch Liebesbeziehung machen würden. Nein – sie sind an das Kind gebunden und das Kind mutet sich ihnen zu 100 Prozent zu. Auch hier handelt es sich um einen wunderbaren Heilungsweg und gleichzeitig um eine Reise des Kampfes und Widerstands oder des Liebens und Lassens. Das ist eine innere Entscheidung.

Viele Eltern kompensieren mit ihrem Kind, Partner oder Tier dann die eigenen alten Wunden, indem sie beispielsweise bei mangelnder Liebe in der Kindheit das Kind mit Liebe überschütten – stets das Beste für das Kind wollen und die eigenen Träume und Wünsche über und durch das Kind ausleben und ausdrücken. Wenn wir da zu unserem vorherigen Beispiel zurückkommen, kann es gut sein, dass eine Mama, die in der Kindheit wenig Raum hatte, sich selbst zu entfalten, das in jedem Fall ihrem Kind ermöglichen möchte. Allerdings kann es auch sein, dass das Pendel genau in die andere Richtung schlägt und die Mama sehr wenig Grenzen setzt und das Kind gewähren lässt. Oder wie ein Helikopter über das Kind wacht und es von einer Veranstaltung zur nächsten schleppt, weil sie dem Kind keine Erfahrung verwehren möchte. Dabei geht es aber nie um das Kind, es geht stets darum, dass die Mama über das Kind und die Umgangsweise mit ihm ihre eigenen Wunden kompensieren möchte. Das Problem ist, dass diese so nicht geheilt werden. Was es eigentlich braucht, ist, dass die Mutter sich selbst Dinge gönnt, den Freiraum und die Muße, die sie in der Kindheit nicht hatte, dies alles nachholt und für die kleine Version in sich ermöglicht. Daher empfehle ich immer erst, wie eine Mama oder ein Papa für die eigene kleine Version da zu sein und dann über die gemeinsame Elternschaft und ein Kind nachzudenken. Denn wenn die eigenen Wunden klar sind und geheilt werden, dann müssen sie über das Kind weder ausgedrückt noch kompensiert werden.

Bist du bereits in einer Partnerschaft, hast du ein Kind oder ein Tier? Dann kannst du das jetzt zum Anlass nehmen und dir einmal aufschreiben, was du dir für dein Kind wünschst. Was deine Erwartungen und Vorstellungen sind und vor allem, wie du dich verhältst. Beobachte dabei, wie viel Anteil du dir selbst davon wünschst und wie viel dein Kind tatsächlich einfordert. Beginne, dir diese Medizin zu geben, und du wirst merken, dass auch dein Kind in sich ausgeglichen wird – weil es dann frei und lebendig seinen eigenen Weg gehen kann und dieser nicht von deinen Erwartungen, Vorstellungen und Überzeugungen überlagert wird.

Wenn du jetzt an deine Eltern denkst, dann gibt es meist zwei Möglichkeiten, wie sie in dir nachwirken. Die eine Möglichkeit habe ich dir gerade beschrieben. Die Ambivalenz, durch die deine Eltern in deinem heutigen Leben nachwirken, lässt sich in dem Nachstreben, also damit, genauso wie die Eltern zu werden, und dem Widerwillen beobachten, es also völlig anders zu machen als die Eltern. Das erste Motiv beruht darauf, dass in dir ein Gefühl da ist, endlich richtig zu sein und von den Eltern respektiert und geliebt zu werden. Und dies möchte endlich von dir erreicht werden. Das zweite Motiv beruht auf dem Schmerz, den deine Eltern erlebt haben durch die Art und Weise ihres Lebens.

Speziell der zweite Bereich ist mir sehr wichtig: Sehr oft erlebe ich nämlich, dass wir es genau anders machen möchten, als es die Eltern machen, und diese für ihre Lebens- und Verhaltensweise in der Tiefe ablehnen. Wichtig: Du lehnst hier nicht deine Eltern ab, sondern einen Teil in dir, der durch sie verkörpert wird. In dem Moment konzentrierst du dich zwar innerlich auf diesen Teil und wirst dennoch meist in der genau gleichen Schleife landen wie deine Eltern.

Ich möchte dir folgendes Beispiel geben, um das zu veranschaulichen: Deine Mutter wird in der Beziehung zu deinem Vater stets unterdrückt. Wenn sie sich wehren möchte, reagiert dein Vater angreifend und cholerisch. Möglicherweise arbeitet sie halbtags und ist auch von deinem Vater abhängig. Dein Vater geht fremd und du erfährst es und berichtest es deiner Mutter. Du spürst eine große Hilflosigkeit und einen großen Schmerz, deine Mutter nicht retten zu können, sowie Hass auf deinen Vater. Gleichermaßen ist da eine Ohnmacht, dass deine Mama das über sich ergehen lässt und einfach nicht handelt. Du bist emotional der Abladeort deiner Mutter, da diese den Unmut und die Ohnmacht dieser Lage an dich weitergibt – durch Reden oder Fragen oder gar Um-Hilfe-Bitten. Und dieser Schmerz und diese Ohnmacht in dir sind so groß, dass du in dir schwörst: »Ich werde mich nie von einem Mann/Partner abhängig machen. Ich werde nie jemanden so nah an mich heranlassen, weil dies Schmerz bedeutet.« So gehst du durch das Leben und versuchst, in keinem Fall abhängig zu werden. Du versuchst, einen Job und ein Leben zu finden, in dem du autark bist – jedoch immer auf der Motivation begründet, diesen Urschmerz nicht spüren zu müssen. So gehst du nie tiefe Beziehung ein oder lässt dich gar selbst mit einem Narzissten ein und das Leben deiner Mutter wiederholt sich in echt oder innerlich in deiner Vorstellung. Womöglich hast du dann auch ein Kind, das diesen Schmerz kompensieren muss, weil du den Hass auf deinen Mann, der in der Tiefe der Hass auf deinen Papa ist, spiegelst. So siehst du, dass dieses Ereignis dein ganzes Leben direkt oder indirekt beherrscht und du diesen Schmerz dennoch lebst, auch wenn du in dir behauptest, in keinem Fall so zu werden wie deine Eltern.

Was braucht es hier? Nun, dass du dich dem Schmerz zuwendest und erkennst, dass beide Eltern ihre Anteile haben. Deine Mama ist nicht die Heilige und ausschließlich das Opfer, wie sie sich gerne darstellt. Ihre Aufgabe wäre es gewesen, sich weiterzuentwickeln und mit Wutkraft für sich einzustehen sowie Grenzen zu setzen. Die Aufgabe deines Vaters wäre es gewesen, wie ein Papa für die kleine Version in sich der Wut, Eifersucht und dem Nicht-geliebt-Werden aus der Kindheit, also dem Mangel, der dort entstanden ist, ausgleichend und liebend zu begegnen. Dann hätte er sich bei keiner anderen Frau Liebe suchen müssen. Denn darum ging es dabei: die eigene Ohnmacht durch das Unterdrücken in der Kindheit an der Frau und den Kindern auszulassen und so Macht herzustellen und den eigenen Selbstwert zu erhöhen sowie den kleinen Jungen, der als Kind zu wenig bekommen hat, mit der Liebe von außen durch gleich zwei Frauen zu stillen. Dies ist übrigens auch einer der Hauptgründe, weshalb ein Mensch fremdgeht.

Löst du diese Themen in dir auf, kannst du deinen Eltern mit Liebe und Güte begegnen und damit auch deren Anteilen in dir. Denn es geht am Ende ausschließlich um dich. Wenn du in dir Frieden damit schließt, wirst du bemerken, dass dieser Schmerz deine Beziehungen nicht mehr unterbewusst sabotiert. Ganz konkret bist du dann freier und kannst beispielsweise in einer Partnerschaft als Mama daheimbleiben und dich frei fühlen oder auch arbeiten und dich frei fühlen. Es geht nie um das Was, sondern immer um das Warum oder Wie. Es geht stets darum, etwas zu können und nicht zu müssen. Frei zu sein in Entscheidungen deines Lebens. Und nicht ein Sklave des Vermeidens von alter Angst und altem Schmerz zu sein. Das zu erkennen und aufzulösen, ist ein bedeutender Schritt in deinem Leben.

Ein weiteres Beispiel ist, wenn du als kleiner Junge oder Mädchen geschlagen, weil du zu laut warst, oder auch unterdrückt wurdest. Selbst wenn du dir vornimmst, der beste Papa oder die beste Mama zu sein und alles anders zu machen – in dem Moment, in dem dein Kind schreit, hast du keine andere Wahl, als gleich zu reagieren oder nicht mehr da zu sein, indem du dissoziierst. Denn der Schmerz, der in dir dadurch aufkommt, ist so viel größer, als dass du ihn aktiv kontrollieren oder unterdrücken könntest.

Daher ist meine klare Empfehlung an dich, nun in den kommenden Zeilen einmal zusammenzutragen, welche Schmerzen du in der Kindheit erlebt hast. Wie dein Kind dich triggert und du merkst, dass Wut oder Ohnmacht aufkommt – und sehr ehrlich aufzuschreiben, was die kleine Version in dir sich so sehnlichst wünscht. Das ist der Start in eine Veränderung. Denn nach Bewusstsein folgt Veränderung:

Gesunde Grenzen versus Egoismus

Wir haben schon den Blick in die Bindungsforschung gerichtet und im Groben drei Arten von Bindungstypen oder -richtungen behandelt. Natürlich kannst du auch ein Mischtyp sein, denn die Theorie bildet die Wirklichkeit nie perfekt ab. Jedoch halte ich sie für einen guten Richtungsweiser. So hatte ich bereits beschrieben, dass es die sichere, die abhängige und unabhängige Bindung gibt. Möglicherweise hast du dich in einer Richtung bereits wiedererkannt. Die Bindung entscheidet darüber, durch welche Brille du das Leben siehst oder durch welche Art von emotionalem Filter du das Leben spürst. Das hat sehr große Auswirkung auf dein Erleben und dein Leben an sich und hängt eng mit Geburts- und Bindungstraumata aus deinen vorgeburtlichen, geburtlichen und frühen Lebensjahren zusammen. Es ist mir besonders wichtig, dir das mitzuteilen, denn dieses Verständnis war für mich vor einigen Jahren und ist auch stets für meine Klienten ein riesiger – sogenannter – Gamechanger. Bindung und Trauma und deren Folgen und Auswirkungen auf dein Leben zu verstehen, ist per se die Basis für deine Veränderung und vor allem auch für dein tiefes Verständnis für dich selbst sowie dein Verhalten und Erleben. Dadurch kannst du aufhören, auf dich draufzuhauen, auf dir herumzuhacken, und stattdessen eine liebevolle, achtsame Art und Weise der Sicht und Begegnung einleiten, die Heilung und gute Veränderung ermöglicht. Trauma und Bindung hängen auch sehr eng mit deinem Körper zusammen. So hast du dich bei Trauma, also wenn ein Erlebnis zu überwältigend war, von deinem Körper und Erleben abgespalten, weil du den damit einhergehenden Schmerz nicht halten konntest. Womöglich kommt dir das gerade und auch heute noch bekannt vor – denn das geht einher mit

Überforderung, innerer Unruhe und Ängsten. Da Trauma so eng mit dem Körper verkoppelt ist und so ein entscheidender Faktor für deine Veränderung, ist es ein essenzieller Teil meiner Arbeit und auch der von mir entwickelten Methode der »Traumaorientierten Körperzentrierten Hypnose« geworden. Veränderung bildet das Teilstück, das den Kreis schließt und für eine tiefe und nachhaltige Veränderung in meinem Leben und den Tausenden Leben, die ich bereits begleitet habe, entscheidend war und das auch in deinem Leben sein kann, wenn du das möchtest.

Da alles Beziehung im Leben ist – damit meine ich nicht die Liebesbeziehung in deinem Leben, sondern die Beziehung, die du zum Leben, zu dir und allem, was das Leben beinhaltet, führst –, hat die Bindung, welche die Basis für deine Beziehungen ist, immense Auswirkung. Sie entscheidet, welche Art von Beziehung du zu deinem Leben siehst, ob diese von Liebe und Sicherheit oder Unsicherheit und Angst geprägt ist. Dein Leben spiegelt so unterbewusst stets die Bindung aus deiner Kindheit wider und bestätigt dich in dieser. Führst du eine sichere und entspannte Beziehung zum Leben, ist dies sehr förderlich für dich. Solltest du aber eine abgespaltene, unabhängige Beziehung der Freiheit führen, dann wirst du dich nie in der Tiefe auf Leben und Beziehung einlassen und führst mehr Übereinkünfte als Beziehung. So erlangst du nie das Gefühl einer tiefen und nährenden Qualität mit dem Leben und schipperst an der Oberfläche, in vermeintlichen Illusionen und Kompensationen, die dir vorgaukeln, so sei es im Leben, und dir somit Scheinsicherheit geben. Die dritte Variante ist die abhängige Bindung, in der du dein ganzes Leben nach der Vervollständigung von dir, nach der Verschmelzung und dem Endlich-geliebt-Sein strebst. Du merkst bereits: Die letzten zwei Strategien, die in unserer Gesellschaft zu 99,9 Prozent vertreten sind, schreiben dein Leben in Überforderung, Vermeidung, Ängsten und Kompensation. Die Kontrolle abzugeben, dem Leben in der Tiefe zu vertrauen und dich vollends hinzugeben, um zum einen die nährende und magische Qualität des Lebens und von Beziehungen zu spüren, bleibt dir hier verwehrt. Aber genau darum geht es im Leben – geführt zu werden und den Kampf loszulassen. Denn das Leben ist kein Kampf – das Leben ist an sich ein friedvoller, nährender und wachsender Ort, wenn wir diesen als solchen erleben können und dem Leben erlauben, uns sich als solcher zu zeigen.

Ergänzend dazu möchte ich nun näher auf das Thema Grenzen setzen und Egoismus eingehen. Natürliche Grenzen sind für uns Menschen so fremd wie kaum sonst etwas. Grenzüberschreitungen vorzunehmen oder bei sich selbst zuzulassen – das steht an der Tagesordnung und wir nehmen dies als normal wahr. Wir Menschen sind eine Gesellschaft, die nicht ganz bei Sinnen ist, also nicht mit dem Körper und sich verbunden, folglich eben auch eine Gesellschaft mit völlig verkehrter Vorstellung von natürlichen Grenzen und deren Einhaltung. So versuchst du im abhängigen Bindungsstil, mit der anderen Person zu verschmelzen, und stellst dich an die letzte Stelle. Du gibst dich auf und Aufopferung steht an der Tagesordnung. Ich höre von solchen Personen gerne: »Es kann nicht jeder der Erste sein. Also bin ich dann in diesem Fall die letzte Person.« Scheinbar steckt eine Gutmütigkeit dahinter und ein »Mutter Teresa«-Dasein. Doch dies ist lediglich eine Tarnung und eine Schutzstrategie derjenigen Person. Denn es geht hier nicht um die andere Person und darum, dieser den Vortritt im Leben zu lassen. Es handelt sich um eine sehr eigensinnige Tat, sich an die letzte Stelle der Nahrungskette zu stellen und aufzuopfern. Menschen mit einem abhängigen Bindungsstil sind in der Tiefe davon überzeugt, dass nur dann, wenn sie alles geben und sich selbst verlassen, Beziehung erhalten bleibt. Dies ist eine sehr verzweifelte Tat, weil diese Menschen davon ausgehen, dass der Beziehungsverlust, der so in der Kindheit einmal stattgefunden haben muss, mit einer Todesangst und tiefen Verlustangst einhergeht und in jedem Fall zu verhindern ist. Außerdem sind sie davon überzeugt, dass, wenn sie sich in der Tiefe so zeigen, wie sie sind, der andere einfach nicht mehr da ist, und leben ein Leben, in dem sie sich nach dem richten, was andere gut finden. Hier existieren die Grenzen kaum, das heißt, dieser Mensch gibt die eigenen Grenzen, Vorstellungen und die eigene Würde zugunsten der Beziehung auf. Allerdings ist da natürlich keine wahre Beziehung – denn die wahre innere Essenz dieser Person kommt nicht zum Vorschein, da sie etwas spielt und sich anpasst, um gemocht zu werden. Die wahre innere Essenz des Menschen bleibt für andere und oft für den Betroffenen selbst verborgen. Nun ist es so, dass diese Menschen gerne ihre eigenen, nicht klar definierten Grenzen überschreiten lassen und sie gleichzeitig, weil sie keine Grenzen haben und diese nicht spüren, eben auch die Grenzen des anderen Menschen nicht wahrnehmen können und diese überschreiten. Du kannst schließlich stets nur das geben und wahrnehmen, was du bereits in dir kultiviert hast – das gilt ebenfalls beim Thema Grenzen. So gibt es bei diesen Menschen kein Nein, sie überarbeiten sich und geben sich auf. Dies wiederum bildet die perfekte Ausgangslage für Angst, Überforderung und ein Zuviel im Leben. Da ständig Bedrohung in Form von vermeintlichen Konflikten mit der Welt am Start ist, sind sie permanent in Habachtstellung. Nun ist es so, dass, gerade wenn ein Klient mit dem Thema Überforderung und Ängste kommt, immer ein Bindungstrauma dahintersteckt. Die Kunst besteht dann darin, die Grenzen wiederaufzubauen – und zwar ganz körperlich. Denn viele Menschen glauben – und vielleicht auch du –, dass Grenzen lediglich verbal geäußert werden können. Beispielsweise durch ein Nein oder ein Lautwerden. Das ist jedoch überhaupt nicht so der Fall und um das genauer aufzuzeigen, bediene ich mich jetzt noch einmal an der Metapher und dem Beispiel einer Tigerin. Eine Tigerin ist die Anmut per se – sie bündelt Respekt, natürliche Grenzen, Bedrohung und Schönheit in sich. Jedoch ist dies die Ausstrahlung, welche die Tigerin verkörpert. Und du siehst schon, es geht um das Thema Körper und das, was du mit diesem ausstrahlst. Denn das, worauf wir Menschen reagieren, ist nie die verbale Ebene, sondern stets die verkörperte, subtile Art und Weise, die einen Menschen in seiner Ausstrahlung definiert. Das heißt, wir Menschen können es förmlich wittern, welche Themen die andere Person hat und wie es mit der Thematik Grenzen-Setzen aussieht, ohne je ein Wort mit ihr gewechselt haben zu müssen.

Und darauf reagieren wir letztlich auch. Das bedeutet, eine Person, die unter Minderwertigkeitsgefühlen und damit auch darunter, wenig oder keine Grenzen zu setzen, leidet, darf sich der Ausstrahlung ebendieser Tigerin bedienen. Wachsam und forschend – in keinem Fall aggressiv und jederzeit sich, das Leben ihrer Liebsten und das Leben an sich verteidigend, wenn es darauf ankommt. Diese Art von Ausstrahlung kannst auch du dir aneignen. Das ist kein Problem – denn du nährst und lernst die natürliche Art, Grenzen zu setzen, in deinem Nervensystem nach und wirst sehen, dass du andere Menschen, Ereignisse und Ergebnisse in dein Leben ziehst, die dich dann wieder bestärken, die alten Wunden heilen lassen und dich in ein ausgeglichenes Leben bringen. Denn du musst deine Bedürfnisse an sich spüren, du musst mit Nein auf bestimmte Dinge und Anfragen des Lebens reagieren und dir mit einem Ja begegnen, damit du der Angst, Überforderung und der inneren Unruhe den Garaus machen kannst. Ich könnte auch sagen, du musst zum Zentrum deines Lebens werden, tief im Sattel sitzen und dort auch bleiben.

Und hier kommt schon der Knackpunkt in Bezug auf Egoismus. Wenn du das nämlich tust, nehmen das sehr viele Menschen, die ebenso bindungsverletzt sind, als bedrohlich wahr und versuchen, dich mit ihren Strategien wieder in dein altes Sein zurückzuholen. Hast du eine narzisstische Beziehung in deinem Leben, wird sich dein Partner plötzlich bedroht fühlen, weil er mit einem Mal seine manipulativen Spielchen der Macht, Schuld und des ständigen Auf und Ab, das er in dir und deinem Leben erzeugt, verliert. Denn diese ziehen nicht mehr und du springst nicht mehr an und wirst dagegen zunehmend immun. An diesem Punkt wird er versuchen, dich durch deine Wunde, die Angst des Verlustes, zu catchen und wieder gefügig zu machen, indem er damit droht, das Spielfeld eurer Beziehung zu verlassen. Und genau das wird passieren – Menschen werden gehen und werden dich verlassen. Aber einfach deshalb, weil sie nicht mehr passen. Du machst die Bank deines Spielfelds einmal leer, sodass zu deiner neuen Version passende Menschen in dein Leben kommen können. Diese Art, keine Beziehung zu haben, Ablehnung und Verlust gilt es dann gut zu verarbeiten und heilend zu integrieren. In diesem Prozess lernst du, dass der Schmerz, den du mit Verlust gleichsetzt, alt ist und in diesem Maße nicht auftritt, wenn das Ereignis tatsächlich in deinem Leben eintritt und die Illusion fällt. Du wirst ein freierer, zunehmend selbstbestimmter Mensch – eben gleich der beschriebenen Tigerin. Nun ist es auch hier so, dass das Pendel von Abhängigkeit und Unabhängigkeit gerne einmal in die Gegenrichtung ausschwenkt, um einen Ausgleich im Leben zu erschaffen. Es kann also gut sein, dass du – nach einer langen Episode des Aufopferns und der Abhängigkeit – in genau den Gegenpol der Trennung und Unabhängigkeit rutschst. Dass es für dich leichter ist, in Trennung zu gehen, als Übergang für den Mittelweg – für die Verbundenheit. Das ist ein völlig normaler Prozess, den ich bei mir selbst und in der Arbeit mit meinen Klienten immer wieder erlebe.

Nun ist es so, dass in unserer Gesellschaft ein selbstbestimmter Mensch mit gesunden Grenzen oft als Egoist erlebt wird oder auch, dass du dich auf dem Weg zu ebendiesem selbst als egoistisch erlebst – und genau darauf möchte ich jetzt noch eingehen, um das Bild zu vervollständigen. Egoismus per se ist in der Gesellschaft sehr negativ behaftet und dennoch tut eine gewisse Portion Egoismus insbesondere jenen Menschen gut, die dazu tendieren, sich aufzuopfern. Ein Mensch, der seine Werte lebt, der fordernd ist und aufmerksam, ist kein Egoist. Ein Mensch, der nicht in Verschmelzung geht und es anderen nur recht machen möchte, ist ebenfalls kein Egoist. Ein Mensch, der gesunde Grenzen hat, für sich einsteht und verbunden und dennoch gezielt in einem Bewusstsein mit sich lebt, ist ebenso kein Egoist. Und trotzdem erleben viele Menschen und vor allem jene, die sich in dem Veränderungsprozess befinden, von einem verschmelzenden, aufopfernden abhängigen Dasein in ein solches mit natürlichen Grenzen zu gehen, dass andere Personen sie oder auch sie selbst sich als Egoisten erleben. Aber genau das Gegenteil ist der Fall. Denn ein Mensch, der gesunde Grenzen hat, ist ein Mensch, der genau das Gegenteil eines Egoisten ist – und ein Mensch, der in einer Abhängigkeit oder Unabhängigkeit und Trennung zu anderen Menschen lebt, ist ein Egoist. Denn: Ein Egoist kann nur der sein, der zu wenig Zuwendung in seiner Kindheit erlebt hat und auch zu wenig Zuwendung seines erwachsenen Ichs für sich selbst erlebt. Dieses Zuwenig wird dann zum einen über eine Art Selbstaufgabe kompensiert: Dabei stellt sich die betreffende Person als »Heilige« oder auch gutmütig dar – allerdings geht es in keiner der Handlungen um die andere Person. Denn eine abhängige und sich aufgebende Person ist zu jedem Zeitpunkt mit sich selbst beschäftigt und damit, sich so anzupassen, dass der andere in jedem Fall bleibt und Konflikte vermieden werden. Hingegen fordert zum anderen eine Person, die eher unabhängige und trennende Tendenzen in Beziehung aufweist, sehr aktiv ein, dass es um sie geht und der andere spuren muss, da sonst der Beziehungsverlust droht. Diese Person braucht es, auf einem höheren Podest zu stehen, umworben zu werden und die Macht zu haben. Die gesunde Mischung besteht darin, dass eine Person das Spotlight des Lebens auf sich gerichtet hat und bei sich bleibt und die eigenen Bedürfnisse sieht und erfüllt, dabei Grenzen setzt, wenn ihr etwas nicht zusagt, und dennoch in Beziehung bleibt, die mitfühlend sich und den anderen gegenüber ist und sich dabei nicht verlässt – die in einen tiefen Kontakt mit dem anderen geht und sich hineinfühlt sowie gemeinsame Wege sucht und weder sich noch den anderen automatisch an erste Stelle stellt. Eine gesunde Mischung zeigt sich bei einer Person, die Verbundenheit und das Gemeinsame sieht und Konflikte als ein Potenzial des Wachstums betrachtet, die den anderen jeden Tag mit neuen Augen sehen kann sowie neugierig und interessiert durch das Leben geht.

Scan me

> Wir Menschen sind per se gut und wollen immer das Beste. Jedoch ist es uns oftmals nicht möglich, im besten Sinne zu handeln.
>
> Jennifer Subke

Die Not in dir (an-) erkennen und verstehen

Hilfe, eine Lösung muss her!

Ein Zeichen von Angst und Überforderung ist, wenn stets eine Lösung hermuss. Für viele Menschen ist es schlicht und einfach nicht möglich, Herausforderungen oder Probleme im Feld zu haben, die nicht gelöst sind. Schließlich sind wir die Gesellschaft der Erschaffer und Lösungsfinder, der Dichter und Denker.

An sich ist das auch nicht schlecht, aber ich würde in unserer heutigen Gesellschaft von einer toxischen Not des Lösungen-Findens sprechen. Und dies macht sich auch die Werbeindustrie zunutze. Für alles, jede Herausforderung gibt es ein Gegenmittel. Doch Herausforderungen oder Probleme werden von dir selbst kreiert und das hat einen Grund: In deinem tiefen Inneren könntest du es nicht aushalten, dass alles gut ist. Verwurzelt ist das, wie in diesem Buch mehrfach beschrieben, in der Vergangenheit, die ein Konglomerat aus Erfahrungen in der Kindheit, von Vorleben, transgenerationalem Vorleben und der Gesellschaft ist, in die du geboren wurdest. Dabei würde ich fast schon davon sprechen, dass dein (Er-)Leben dann anstrengend und zu einem Kampf wird, wenn deine Vergangenheit dein Hier und Jetzt durch beispielsweise Traumata (= seelische und körperliche Verwundungen und Verletzungen) destruktiv beeinflusst. So sind Probleme Teil unseres Lebens und nicht mehr wegzudenken. Auch Zeitungen und die Nachrichten vermitteln uns das. Diese verankern negative und schreckliche Mitteilungen tief in dir, weil du beim Fernsehen und Nachrichten-Sehen und -Hören in eine Art Trance übergehst, in der in dir Unsicherheit und Angst verankert werden als Realität des Lebens. Du fütterst dann in dir die Überzeugung, dass die Welt kein sicherer Ort ist und es schwierig ist, sein Glück zu finden – dass du auf der Hut sein musst und dass der Raum der Probleme, der uns alle verbindet, immens ist.

Bei vielen Menschen ist dies zu einem permanenten Negativdenken und Jammern ausgeartet. Und da wir Menschen alle Verbindung und Verbundenheit suchen, ist es nahezu normal, gemeinsam zu jammern und sich zu beklagen. So finden wir einen gemeinsamen Raum, der sich wie eine Art von Kontakt und Verbindung anfühlt. Die Sucht nach Problemen liegt dabei vor allem, wie bereits beschrieben, in der Vergangenheit. Also nicht im Hier und Jetzt. Allerdings reinszenierst du die Vergangenheit durch deine Überzeugungen, Gedanken und Handlungen und die selektive Wahl deiner Ergebnisse immer wieder.

Neurobiologisch ist das wunderbar erklärbar und damit lässt sich beispielsweise durch die Hypnose sehr gut darauf einwirken. So hast du in deinem Gehirn neuronale Verbindungen und Synapsen, die diese verknüpfen. Sie bauen sich bereits ab deiner Zeugung im Mutterleib aus und durch die lebenslange Neuroplastizität, die Weiterentwicklung und Anpassung deines Gehirnes verstärken sich die Verbindungen, mit denen du häufig in Kontakt kommst und die eine starke emotionale Ladung haben.

Speziell im Kindesalter und eben auch in der Trance, dem Zustand während der Hypnose, lernst du 300-mal so schnell im Vergleich zum »normalen« erwachsenen Zustand. Kinder sind äußerst sensibel und lernen von ihrer Umwelt, wie das Leben funktioniert. Dies nehmen sie dann als ihre Wahrheit an. So bekommen sie die Probleme und das Negativdenken der Eltern hautnah mit und, um noch ein Stück weiterzugehen, spüren sie deren körperliche Reaktionen und die Veränderung im Nervensystem. Sie merken, es stimmt etwas nicht – und wenn die Mama in Angst und Panik ist, sind sie es auch. Geschweige denn, dass in einem derart dysregulierten Zustand der Mutter diese ebenso nicht adäquat auf das Kind und die Bedürfnisse eingehen kann. Denn ihr biologischer Fokus ist dann die Enge und die Ausrichtung erfolgt auf Überleben. Sie befindet sich in einer Überforderung und einem Überlebensmodus. In diesem ist sie von sich abgekapselt und kann wenig in Beziehung gehen mit der Umwelt. So auch nicht mit dem Kind, das in diesem Moment alleine sich selbst, seinen eigenen Gefühlen und Ängsten ausgesetzt ist. Allerdings kann sich ein Kind schlecht selbst regulieren und wird dadurch in dieser Schleife aus Angst und Panik feststecken und diese in seinem Leben mitziehen. So lernt es früh tatsächlich am eigenen Leib: Die Welt ist voller Probleme und Kampf.

Wenn du nun einmal in die Welt schaust, dann stecken so viele Menschen in diesem Modus der Überforderung, Angst und dem Überleben fest, dass diese die tiefsten Grundstrukturen unserer Gesellschaft und das Leben, wie du es heute kennst, prägen. Ein Beispiel: Ein traumatisierter Mensch in der Politik wird Traumastrukturen in der Gesellschaft umsetzen, die sich dann wieder auf dich auswirken. Wie du mittlerweile weißt, werden diese Strukturen im Leben als normal angenommen. Das gilt auch für die Probleme und die Negativgesellschaft. Ich kann das zutiefst nachvollziehen, denn es fühlt sich für dich, mich wie auch andere Menschen eben auch normal an. Denn dein Nervensystem signalisiert ja die ganze Zeit, dich in Sicherheit bringen zu müssen. Wie du das korrekt machst, hast du allerdings nie gelernt beziehungsweise als Kind einfach verlernt.

Nun gehört die Art und Weise, wie das Leben sich gestaltet, eben auch dieser Ausgangslage an. Wir als Menschheit und du als Individuum erschaffen jede Sekunde Probleme, die wir lösen können, als Reinszenierung unserer alten Wunden und als Bestätigung, uns wieder im Überlebensmodus zu befinden. Immer dann, wenn eine Lösung da ist, kommt das nächste Problem. Wenn du dich an dieser Stelle fragst, warum dir die Welt da etwas Böses will, kann ich dich beruhigen: Die Welt gibt dir nur das, was du erwartest. Dabei reagiert sie aber nicht auf deine oberflächlichen Wünsche und Gedanken, sondern auf das, was es tief in dir denkt und fühlt – also auf den Zustand deines Nervensystems. Das bedeutet, wenn du permanent in Angst bist und das aufgrund der Konditionierung dieser Gesellschaft nicht mehr bemerkst, dann produzierst du jeden Moment weitere Angst. Das heißt, das Leben liefert dir mehr davon – aber das Leben ist per se wertungsfrei.

Nun kannst du dir vorstellen, dass es ein ganz schön großer Job ist, dies zu ändern. Dafür braucht es eine gewisse Art und Weise der Änderung deines Zustandes. Und es gibt einige Angebote, die dir das versprechen. Erst gestern saß ich in meinem Auto am Parkplatz und betrachtete ein Werbeplakat eines Nussriegelherstellers. Dort stand so etwas wie: Iss diesen Riegel und werde glücklich! Du wirst bei diesem Satz jetzt schmunzeln, da er doch so banal ist. Möglicherweise denkst du dir auch: »Na und? Soll das doch da stehen, ich reagiere einfach nicht darauf.« Aber das ist unmöglich – diese subtilen Botschaften machen eben doch einen Unterschied. Und je unbewusster du lebst, desto mehr beeinflussen sie dich. Zudem lauern diese Botschaften überall – in verängstigten Menschen, deiner eigenen, nicht abgebauten Angst oder Traumata, den Medien und in vielem mehr.

Und es gibt immer mehr Angebote, die dir auch dafür eine Lösung bieten. Coachings, die dir helfen sollen, positiv zu denken. Es gibt Tagebücher und Kurse, die dein Leben und dein Inneres auf das Schöne im Leben ziehen und dir helfen wollen, Probleme und Herausforderungen hinter dir zu lassen. Grundsätzlich ist diese Idee sehr gut – jedoch ist das Thema, dass diese Art der Arbeit mit dir nicht in der Tiefe greift und auf keinen fruchtbaren Boden fällt. Das heißt, wenn der Boden nicht die richtige Qualität oder Nährstoffe besitzt, dann werden diese neuen Blumen und Pflanzen dort nicht greifen können. Das kannst du etwa auch daran bemerken, dass du diese Art des neuen Lebens für eine Woche durchziehst und dann die nächste Herausforderung auf dich wartet und du wieder völlig auf dich, deine Ängste und den Boden der Tatsachen zurückgeworfen wirst. Was ich dir damit sagen will: Um wirklich etwas zu verändern, ist es notwendig, den Nährboden zu verändern.

Als ich das Thema persönliche Entwicklung angegangen bin, habe ich ebenso diesen Affirmationen und dem ausschließlich Positiven gelauscht. Dies hat dazu geführt, dass ich alles, was »negativ« war, aus meinem Leben hinausgeschmissen und den Rest mit einem rosa Schleier überzogen habe. Verletzlichkeit, Schwäche und Probleme wollte ich nicht und gab es nicht. Auch dies ist eine Form von Trauma, da es eine Abspaltung eines im Leben vorhandenen Teiles ist. Die ganzen Affirmationen haben zwar an der Oberfläche geholfen – doch tief gelandet sind sie nicht.

Als ich dann verstanden habe, dass ich den Nährboden verändern muss und vor allem wie ich das machen kann, hat sich mein Leben deutlich verändert. Das geschah vor allem durch die Körper- und Traumaarbeit. Das heißt, du darfst als grundlegende Basis zunächst dein Nervensystem regulieren und dir eine Basis an Urvertrauen und Regulation erarbeiten, die aufgrund alter Traumata nicht da ist. Hast du dir das in der Tiefe erarbeitet und verkörpert, wirst du ein Tool an der Hand haben, dich so zu beeinflussen, dass du dich schnell und nachhaltig sicher fühlst. Und dann wirst du merken, dass sich dein System automatisch für das Positive öffnet. Denn das musst du nicht erzwingen, es ist eine natürliche biologische Reaktion auf Sicherheit. Also: erst die Sicherheit und dann das Positive. Dadurch kommen Themen im Leben auf dich zu, die du als bewältigbar wahrnimmst und an denen du wächst. Das ist ein immenser Unterschied zu dem Gefühl, ein kleines Licht in dieser Welt und dem Leben ausgeliefert zu sein. Du benötigst dann wenig Lösungen im Außen, da die meisten Herausforderungen sich von selbst auflösen oder auch einfach da sein dürfen, ohne etwas tun oder diese weghaben zu müssen. Aus dieser Ausgangslage kannst du dein Leben aktiv verändern. Du kannst Rahmenbedingungen schaffen, die in dir das Positive und die Liebe kultivieren und erblühen lassen. Du kannst deine Gaben erkennen und wachsen und deine Gaben hier in der Welt weitergeben.

Unsere Co-Abhängigkeit von Ergebnissen

Auch dem Ergebnis im Leben eine immense Wichtigkeit für dein Innenleben zuzuordnen, ist nahezu normal geworden. Überlege einmal, wie du in dieser Welt konditioniert wurdest, dass du etwas tust, um dann etwas dafür zu bekommen. Ich kenne Menschen, die gefragt werden, ob sie etwas erledigen können, und daher etwas erwarten und fragen: Was bekomme ich dafür? Und das ist ein großes Thema, denn damit gehen drei Folgen einher oder auch drei Ausgangslagen, die dich dazu bringen, eben dem Ergebnis diese immense Wichtigkeit zuzuordnen. Erstens, du spürst dich kaum und bist nicht verkörpert – und so kannst du auch den Weg nicht als erstrebenswert erleben. Das heißt, du benötigst einen großen Kick, um in deinem Inneren eine Befriedigung oder Regung zu erleben. Es gibt dieses bekannte Sprichwort von Konfuzius: »Der Weg ist das Ziel.« Doch in der Tiefe fühlen das sehr wenige Menschen und es benötigt in deinem Leben und in deinem Nervensystem bestimmte Bedingungen, dass du es kannst. Wenn du nämlich den Weg mit all deinen Zellen lebendig erleben kannst, dann ist der Fokus auf das Ergebnis und dessen Wichtigkeit zweitrangig. Nun ist es aber auch so, dass eine derartige Wichtigkeit in Bezug auf den Ausgang eines Ergebnisses bewirkt, dass du davon co-abhängig bist. Das heißt zum Beispiel, dass du an der Oberfläche zwar sagst, dass es dir egal ist, welche Note du hast, ob du befördert wirst oder dein Partner rechtzeitig nach Hause kommt. Aber in der Tiefe stecken Ängste dahinter, die dich handeln, dich zittern und bibbern lassen, dass doch alles gut ausgeht. Viele Menschen neigen dann dazu, etwas nicht mehr zu wagen oder es sich schönzureden nach dem Motto »Es wird doch noch alles gut werden!«. Viele klammern sich dann auch an diesen Gedanken fest oder auch an gewissen Handlungen. Sie stecken viel Zeit in ein Projekt hinein und geben sich darin auf oder denken ständig daran. Daher ermuntere ich dich, stets zu fragen, warum du etwas machst und was du dir erwartest. Erwartungen sind an sich nichts Schlechtes, ebenso wenig wie an das Gute zu glauben und zu träumen. Jedoch ist es so, dass wir diese Strategien gerne benutzen, um die Angst, die darunterliegt, nicht spüren zu müssen. Denn was ist, wenn ein bestimmtes Ergebnis nicht eintritt? Was ist, wenn die Geschichte kein Happy End hat? Was machst du dann? Gerade wenn es um die tiefsten unserer Ängste geht, also die sogenannten Worst Cases, die auf Todesängsten basieren, wie ich im vorherigen Kapitel beschrieben habe, dann nutzen wir vielfältige Strategien, um diese nicht fühlen zu müssen. Dabei ist das kulturelle Angsthaben der Versuch, keine Angst zu haben, durchzuhalten und zu bangen. Zu erstarren, anstatt dich hinzustellen und dich lebendig in der Ungewissheit zu fühlen. Das heißt eben genau, dich unabhängiger vom Ergebnis zu machen. Freier zu werden und dich lebendig zu fühlen, während du gerade in deinem eingetretenen Worst Case zitterst und bangst – und das sehr körperlich. Der Clou ist, das Negative zu erwarten – und zwar körperlich. Je mehr du in der Angst zitterst, je mehr du proaktiv auf das, was nicht kommen soll, zugehst, desto unwichtiger wird es. Denn wenn du in deinem Worst Case lebendig und freudig bleiben kannst, dann verliert es seine Macht. Das heißt, es wird weniger wichtig, was das Ergebnis wird. Und die Folge daraus ist, dass du ein freierer, lebendigerer Mensch bist und auch bessere Entscheidungen triffst und handlungsfähig bleibst in Liebe – und somit natürlich auch mehr Sicherheit und Liebe in deinem Leben erschaffst. Denn alle deine Entscheidungen, um das Ergebnis doch noch ins Positive zu lenken, sind solche aus Vermeidung und Angst. Und das Ergebnis, was dir die Welt liefern wird, ist eben genau das: mehr Angst.

Dementsprechend ist es eine absolut lebensverändernde Übung und Lebensweise, proaktiv auf deine Worst-Case-Ängste zuzugehen und diese in Lebendigkeit zu erleben – also mit allen Sinnen – und voll präsent mit deinem Nervensystem am Start zu bleiben. Dies impliziert, dass du dich körperlich spüren musst und damit ebenso lebendig im Hier und Jetzt präsent bist. Das bedeutet wieder, dass du tatsächlich den Weg genießen kannst und das Ergebnis unwichtiger wird. Dies ist das große Training des Lebens. Wenn du nämlich deine Ängste an deinen Tisch holst, dann können sie nicht mehr lauern und dich von hinten scheinbar überraschend überfallen. Speziell in Zeiten, in denen wir nicht mit unseren Ängsten getriggert werden, fallen wir Menschen gerne in den Glauben, sie seien nicht da. Allerdings ist das ein Trugschluss, denn sie sind da, auch wenn sie im Moment nicht direkt präsent sind. Die Kunst ist daher, dass du etwas vom scheinbar Schönen abgibst und dich in den scheinbar freien und guten Zeiten, die dir die Welt zur Verfügung stellt, in deinen Ängsten trainierst und diesen proaktiv begegnest. Denn so nimmst du ihnen die Macht und wirst ein freier, lebendiger und angstfreierer Mensch.

Des Weiteren ist es ein wichtiges Tool und eine essenzielle Aufgabe, zu lernen, unangenehme Zustände zu halten und in diesen präsent zu bleiben. Das ist die Basis von Leben: Bleibe stets am Start, egal was das Leben dir zuwirft – und das Leben und die Außenwelt werden weniger wichtig und die Sicherheit und Freiheit automatisch größer. Dafür ist es zum einen erforderlich, dass du den Kollaps und die Dissoziation in deinem Körper auflöst, und zum anderen, dass du den Popo dazu auch selbst hochbekommst. Das kostet Energie und Anstrengung, die sich aber in jedem Fall lohnen. Am Anfang kann es sein, dass du dich wirklich jeden Tag aufs Neue aufraffen musst, die Körperarbeit zu machen. Und nicht in alte Muster zurückzufallen. Das Umlernen des Nervensystems ist wie das Gehen-Lernen bei einem Kind. Du fällst sehr oft hin und musst dich jedes Mal erneut aufrappeln. Das heißt, es ist erst einmal anstrengend. Aber wie eine meiner Lehrerinnen stets sagte: Das Danach ist die Lehrerin (= das wunderbare Gefühl des Erfolges und das erleichternde Gefühl eines regulierten Nervensystems in Form von Entspannung, was sich dann in dir einstellt). Das heißt, je öfter du an den Themen dran bist und je lebendiger du bist, desto mehr siehst du den Nutzen und die Motivation, den Prozess des Lebendigseins zu gehen. Denn dieser ist an sich zunächst unangenehm und wenig attraktiv, da das Halblebendige für dich ja auch in Ordnung ist. Und die bisherige Komfortzone doch auch gemütlich ist – aber je mehr du merkst, dass dies eine Illusion ist und du dich damit mit einem halblebendigen Leben zufriedengibst, desto mehr gehst du diese Extrarunden. Es sind Extrarunden, die du auf dich nimmst, um nicht mehr in Taubheit und Angst dahinzuvegetieren – und es lohnt sich in jedem Fall.

Überforderung und Angst als Killer von Beziehung und Mitgefühl

In der heutigen Zeit erlebe ich es zunehmend, dass wir Menschen wie Roboter unnahbarer und weniger mitfühlend werden. Alles wird immer schneller und abgestumpfter und die menschlichen Werte zählen weniger. Genauso hat es sich in den letzten Jahren mit Beziehungen entwickelt. Diese werden auf die lange Bank geschoben oder sind zweitrangig. Dies ist nur ein Spiegel für deine eigene Beziehung zu dir und der Welt. So werden wir Menschen durch die neuen Medien, die zwar definitiv ihren Vorteil haben, immer mehr von der Natur und der Beziehung zu uns und anderen Menschen abgespalten und getrennt. Weil in der Kindheit weniger mit anderen gespielt und durch Kindheitstraumata diese Entwicklung gefördert wird, weiters dadurch, dass Menschen in der heutigen Gesellschaft immer weniger in wahren Kontakt miteinander gehen können und wir heute beispielsweise durch das Internet und seine Möglichkeiten wie Onlineshopping, Homeoffice, Sozialmedien und Kommunikations-Apps nahezu komplett ohne anderen menschlichen Kontakt auskommen. Und durch die vielen Angebote und Möglichkeiten in der Welt nimmt die Einsamkeit trotz Trubel im Außen immer mehr zu. Das Im-Kopf-Feststecken als Kopfgesellschaft und nicht mehr im Hier und Jetzt landen zu können, gilt als normal. Kapitalismus und das Schneller, Höher und Weiter werden vor unsere Beziehungen mit uns und anderen Menschen gestellt. Wir werden schlicht und einfach vielfach schon so erzogen, dass Leistung wichtiger ist als die eigene Erfüllung und die Beziehung zu uns und anderen. Entfremdung von uns, der Welt und anderen Menschen gehört ebenso dazu. Und in diesem Modus des Traumas, der Dissoziation und der Entfremdung aufgrund von alten Überlebensstrategien, die durch die Gesellschaft befeuert werden, spüren wir Menschen weder uns noch die Tiere oder andere Menschen. Diese Entwicklung empfinde ich als sehr schmerzhaft und möchte ich als eine kollektive Weise der Abspaltung und Entfremdung bezeichnen. Ich will hier aber nicht so sehr auf unsere Gesellschaft und auf dich einhacken – und es geht mir dabei auch nicht um Belehrungen und dennoch ist es mir wichtig, es einmal niederzuschreiben, da dies kaum Platz in unseren vollen Alltagen findet. Wir Menschen haben kaum mehr Zeit zum Durchatmen und die Frage ist: Wollen wir das überhaupt?

Vor einigen Tagen habe ich mich mit einer befreundeten Lehrerin zum Frühstücken getroffen, die hier in Bayern in einer Mittelschule unterrichtet. Sie erzählte mir davon, dass es in ihrer Klasse einen Schüler gebe, dessen Eltern alkoholabhängig seien und dessen Mama im Sohn selbst das Problem für dessen psychische Labilität sehe und ihn zur Verbesserung seines psychischen Zustands jeden Mittwoch nach der Schule zum Psychologen schicke. So oder so ähnlich geht es nicht nur dem Jungen, sondern auch vielen anderen Kindern der neuen Generation. Die Eltern sehen das Problem im Kind und beschäftigen sich weder mit dem Kind noch mit dessen Herausforderungen. Denn das würde bedeuten, dass die Eltern erkennen würden, dass sie ein Teil des Ursprungs der Herausforderungen des Kindes sind. Jedoch ist es auch so, dass diese Art, sich nicht mehr mit sich oder anderen zu beschäftigen, auch durch gesellschaftliche Strukturen weiter gefördert wird. So wird beinahe schon empfohlen, dass die Mamas in den ersten drei Lebensjahren und auch danach nicht mehr zu Hause bleiben sollten – teilweise wäre das auch finanziell gar nicht möglich –, und die Kindertagesstätte dient als bevorzugte und optimale Lösung. Ich selbst bin, während ich dieses Buch schreibe, schwanger und sehe mich mit diesen Dingen konfrontiert. Bis dato hatte ich mich sehr viel mit den Themen Traumata in der Kindheit und auch im Mutterleib beschäftigt. So bin ich ja selbst lange aufgrund von alten Traumatisierungen in der Welt ohne wahres Ankommen herumgelaufen. Es kostete mich, wie erwähnt, beinahe 25 Jahre meines Lebens, bis ich tatsächlich in meinem Körper und im Hier und Jetzt gelandet bin. Dieser Schmerz ist mir so bewusst, dass ich diese Botschaft zu dir und in die Welt hinaustragen möchte. Und es macht so einen Unterschied in deiner und dem Rest der Welt, was wir aufgrund mangelnder Aufklärung nicht wissen oder aufgrund des wenig In-Verantwortung-Gehens einfach übersehen oder abtun. Und es macht einen Unterschied, wie du mit dir in Beziehung gehst. Es macht einen Unterschied, wie viel Raum du für dich und deine Wunden im Alltag hast, es macht einen Unterschied, wie du dementsprechend anderen Menschen als Spiegel zu dir selbst begegnest, und es macht einen Unterschied, wie du Tieren, anderen Lebewesen und der Welt begegnest.

Wenn wir dabei auf die wichtigste aller Beziehungen schauen, ist dies die Beziehung zwischen Mutter und Kind. Und natürlich dann ebenso zwischen Vater und Kind. Allerdings trägt die Mutter ihr Kind nun einmal neun Monate im Mutterleib und nährt es. Das Kind ist von Anfang an präsent und bekommt alles mit, was seine Mama denkt, erlebt und fühlt. Es spürt von Beginn an, ob es liebevoll gewollt ist oder abgelehnt wird. Es spürt, ob mit ihm aktiv in Kontakt gegangen wird oder es einfach so da sein darf. Dies ergibt einen bedeutenden Unterschied für das zukünftige Leben dieses kleinen Wesens. Ich begleite mittlerweile auch werdende Mamas und Papas, das bedeutet mir sehr viel. Eine Mama, die ich mit ihren zwei Kindern begleite, schrieb mir, dass das Mama-Dasein für sie die Königsdisziplin sei. Und das hat auch einen bestimmten Grund: Wenn du Vater oder Mutter wirst, triffst du mit all deinen nicht aufgearbeiteten Themen auf ein kleines Wesen, das sich dir vollkommen zumutet und auf diese eben keine Rücksicht nimmt – so lange, bis es diese in Form einer persönlichen Ablehnung auf sich bezieht und dann eben einen Herzensbruch erlebt und traumatisiert wird. Und ich kann dir sagen: Wir alle sind traumatisiert. Und so viele Menschen werden Eltern, ohne sich vorab mit sich, dem eigenen Leben und den eigenen Themen beschäftigt zu haben, und sind dann vollkommen überfordert und meinen, dass das Kind das Problem sei. Doch dem ist nicht so, wie ich dir schon erklärt habe, denn es sind die Eltern, die den Spiegel ihres Inneren vorgehalten bekommen. Und selbst wenn du kein Papa oder keine Mama bist, so bist du in der Tiefe zumindest einmal Kind. Und daher betrifft dich das genauso. Denn auch deine Eltern hatten bestimmt ihre Themen. Vor Jahren waren wir noch nicht so weit, dass wir über Traumata aufgeklärt wurden. Auch heute sind das noch Tabuthemen. Deshalb ist es mir ein Anliegen, das in diesem Buch zu erläutern. Es ist nun einmal so, dass bereits die Geburt, wie sie üblicherweise in der westlichen Welt erfolgt, per se Traumata in einem Kind auslöst. Denn es ist einfach keine Zeit mehr in den Krankenhäusern, um sich dem in Ruhe zu widmen. 97 Prozent der Mamas entscheiden, in einem Krankenhaus zu entbinden. Sehr viele von ihnen bekommen Schmerzmittel, damit es leichter ist, oder wählen aufgrund der eigenen Ängste gleich einen Kaiserschnitt. Eine Hebamme ist parallel für vier Geburten zuständig und völlig überfordert. So beginnt das Leben und da stellt sich mir die Frage: Wie begann dein Leben?

Denn es ist nun einmal so, dass vor Jahren noch propagiert wurde, dass Kinder alleine in einem Zimmer zu schlafen hätten. Möglichst schnell das Kind autonom machen und abgewöhnen, damit es alleine durch die Welt gehen kann. Ich als werdende Mama habe sofort bemerkt, dass dies nicht der Weg sein kann. Doch es geht noch weiter: Diese Art der Geburt und diese Art der Kindererziehung kann nur von Menschen so gelebt werden, die sich nicht selbst spüren. Und dies ist in unserer Kopfgesellschaft zum größten Teil der Fall. In dem Moment, in dem du nicht mit dir verbunden bist, kannst du kein Mitgefühl spüren und ist eine Beziehungskälte am Start. Dies ist sehr biologisch. Kinder werden und wurden so missverstanden und ich möchte dich hier mit meinen geschriebenen Worten einfach darauf aufmerksam machen, dass der übliche, von der westlichen Medizin empfohlene Weg, auch wenn er zahlreiche Vorteile bietet, per se seelische und emotionale Verletzungen in sich birgt und es daher nicht unwahrscheinlich ist, dass auch du Bindungsverletzungen aufgrund der strukturellen Gewalt, die in unserer Gesellschaft als »normal« bezeichnet wird, in dir trägst. Und hier gilt: Wenn du diese auflöst, wenn du in deinen Körper kommst und erkennst, dann trägst du diese Verletzungen eben nicht weiter in die Beziehungen in deinem Leben und in die Beziehungen deiner Kinder. Transgenerationale Traumata dürfen nun schwinden. Wir haben heute alle Möglichkeiten, uns eine Unterstützung zu suchen und einen anderen Weg zu nehmen – auch wenn dies bedeutet, Verantwortung zu übernehmen und ein paar Extrameilen zu gehen. Doch ich kann dir sagen: Es lohnt sich!

Vor Jahren arbeitete ich wie wild, um meinem inneren Antreiber »Nur wer etwas leistet, ist etwas wert!« gerecht zu werden. Ich hatte oberflächliche Beziehungen und kam nirgends in der Tiefe an. Doch ich bildete mir ein, dass meine Arbeit und die Sucht nach mehr ausreiche. Damals bin ich auf das schon erwähnte Buch von Dami Charf gestoßen mit dem Titel »Die 3 Quellen echten Lebensglücks«. Eine davon ist, wie du nun weißt, Beziehung. Und ich muss sagen, bis dahin erachtete ich Beziehung nur im Bereich der Partnerschaft als essenziell. Doch wie Beziehung heute gelebt wird – in der Welt und in vielen Beziehungen –, das kann man kaum als Beziehung bezeichnen. Denn es handelt sich ja vielmehr um Partnerschaften und Übereinkünfte. Denn Beziehung bedeutet, sich aufeinander zu beziehen und in Beziehung zueinander zu gehen. Allerdings ist die Liebesbeziehung neben der Elternschaft, die ja ebenso eine Beziehung ist, die Quelle größter Heilung und größter Herausforderung zugleich. Denn in Beziehung zu einem anderen Menschen und deinem Partner begegnest du ständig dir selbst. Jedoch projizieren wir unsere Themen dabei auf den Partner, um somit nicht fühlen zu müssen, dass wir uns nur selbst begegnen. Alles, was dich triggert, hat stets den Auslöser in dir und deiner Vergangenheit und wird durch die Person gegenüber lediglich sichtbar gemacht. Es ist ein großes Geschenk, wenn wir mit einer Offenheit und Mitgefühl dem begegnen, was kommt. So ist es so, dass Beziehung Arbeit bedeutet und nicht auf die lange Bank geschoben werden kann. Beziehung bedeutet gleichermaßen auch tiefe Erfüllung, wenn die Heilung und das Wachstum durch die Auflösung von aufkommenden Konflikten in Beziehung gelöst werden.

Nun ist es so, dass wir Menschen unter »Beziehung« etwas verstehen, was in Harmonie ablaufen sollte und nicht viel Arbeit benötigt. Viele Menschen neigen dazu, bei ersten Konflikten den Partner einfach auszutauschen. Das heißt, Konflikte und der Sinn von Beziehung werden in der Tiefe falsch verstanden und auch nicht heilend gelebt. Denn Beziehung ist Arbeit und Beziehung braucht Zeit. Jedoch ist aufgrund des heutigen Zeitmangels und der Leistungsgesellschaft kein Raum mehr für Beziehung. Dabei machen Kinder bereits nach dem ersten Lebensjahr, wenn sie dann endlich in die Kita geschickt werden, die Erfahrung, dass plötzlich die geliebte Bezugsperson nicht mehr da ist. Kinder benötigen aber bis zum dritten Lebensjahr den körperlichen und mentalen Kontakt zu den Bezugspersonen. Dies bildet die Basis einer sicheren Bindung – danach lösen sie sich langsam und der Wechsel zwischen Autonomie und Nähe beginnt. Diese Art, wie wir Menschen unsere Kinder heute so abschieben oder gezwungen sind, abzuschieben, ist lediglich ein Spiegel der Beziehung zu uns und anderen Menschen – ebenso zur Beziehung zur Welt. Beziehung ist nicht so attraktiv und wir erwarten hier auch nicht das große Los und Glück. Sie muss einfach laufen und passen.

Du weißt inzwischen auch: In wirkliche Beziehung kann ein Mensch nur gehen, wenn er mit sich in Beziehung geht und gegangen ist. Mit sich in Beziehung gehen kann ein Mensch nur, wenn er mit seinem Körper in Kontakt gehen kann. Mit seinem Körper in Kontakt gehen kann ein Mensch nur, wenn er aus der Abspaltung, Dissoziation mit dem Kopf aussteigt und im Körper landet. In der Abspaltung und Erstarrung befindet sich ein Mensch nur aufgrund einer Bedrohung im Außen – sehr häufig wegen alten Bindungsverletzungen und mangelnder Regulationsfähigkeit. Mangelnde Regulationsfähigkeit und Bindungsverletzungen hat ein Mensch aufgrund einer fehlenden richtigen Begegnung und Bindungsfähigkeit der Eltern. Hier merkst du, wie sich der Kreis schließt. Da unsere Eltern damals von Eltern großgezogen wurden, die den Nachkriegsjahren angehörten, ist es sehr wahrscheinlich, dass deren Trauma an die nächste Generation, also deine Eltern, weitergeben wurde und du dieses Trauma noch in dir trägst. Dies ist auch der Grund, weshalb es sich für dich nicht komisch anfühlt, wie diese Welt hier abläuft und wie Leben und Beziehung gelebt werden.

Menschen, die in einer permanenten Überforderung, Angst oder inneren Unruhe leben aufgrund von alten Ängsten und Traumata, die über Generationen weitergegeben werden und sich hier und jetzt in den jeweiligen Leben wieder zeigen, können kein Mitgefühl zeigen. Das ist biologisch nicht möglich. So musst du beispielsweise sehr von dir und deinem Körper abgespalten sein, um einem anderen Menschen körperliches und seelisches Leid zufügen zu können. Denn durch die Spiegelneuronen in deinem Kopf und das Mitfühlen hast du keine andere Wahl, als jeden Schmerz, den du einem anderen Menschen zufügst, selbst fühlen zu müssen. Und rein als biologischer Prozess ist es so, dass, wenn du dich aufgrund deiner Ängste im Überlebensmodus befindest, du automatisch nicht im Modus von Familie, Liebe und Mitgefühl bist. Deshalb ist es so wichtig, seine Ängste zu lösen und sein Nervensystem zu regulieren, den eigenen Körper als Kompass im Leben wiederzugewinnen und wieder ins Fühlen zu kommen. Und Mitgefühl ist das, was dann entsteht und uns in der Tiefe so nährt und worauf wir in der Tiefe doch so wenig Zugriff haben, wenn wir uns nicht fühlen können.

Toxische Positivität versus toxische Negativität – und die Angst dahinter

Wie du bereits in anderen Kapiteln heraushören konntest, leben wir heute in einer Gesellschaft, die sehr im Trauma von »Richtig oder falsch« lebt – im »Gut oder böse«. Das heißt in den Kontrasten der Trennung und wenig in der Verbundenheit, die sich in graduellen Abstufungen zeigt. So sehe ich das auch mit der Grundtendenz, mit der du durch dein Leben gehst. Diese hat sehr viel mit dem Aspekt »Sicherheit herstellen« zu tun. Und es gibt zwei Grundtendenzen, die ich in meinen Begleitungen und auch in meinem Leben mit anderen Menschen erkannt habe: die toxische Positivität und die toxische Negativität. Mit »toxisch« meine ich hier, dass diese Tendenzen in einem Ausmaß gelebt werden und aus einem Warum heraus, das nicht förderlich ist für ein Leben in Vertrauen, Sicherheit und Liebe.

Die toxische Negativität dürfte dir bekannt sein unter

dem menschlichen Jammern, den negativen Denkweisen, Grübeln und Sorgen. Dabei ist dein Blick auf das Leben und in deine Zukunft stets von Zweifeln belegt – und du spürst, dass du es im Hier und Jetzt nicht genießen kannst, weil du sehr mit deiner Zukunft beschäftigt bist. Du bist toxisch negativ und dein Leben hat einen Schleier von Schwere und wenig Selbstwirksamkeit. Wenn ich dich nach dem Ausgang einer Situation in der Zukunft frage, dann wirst du eher kritisch reagieren und einen zweifelnden negativen Ausgang erwarten. In dir entsteht das Gefühl, dass es tendenziell schlecht ausgeht, auch wenn du auf das Gute hoffst. Und dies hat einen Grund, den ich zutiefst nachvollziehen kann: Du versuchst, dich mit aller Kraft zu wappnen für das, was kommt. Das negative Ereignis oder einen negativen Ausgang assoziierst du mit einer starken Bürde oder auch einem Gefühl, diesem nicht gewachsen zu sein oder die Situation zu deinen Gunsten meistern zu können – damit meine ich auch im Innen gut damit sein zu können und es gut zugunsten deines Inneren meistern zu können. Du bereitest dich also auf den Worst Case vor, sodass es dann im entscheidenden Moment, in dem dieser eintreten kann oder eintritt, nicht schmerzt. An sich ist dies auch eine clevere Option, dem Leben zu begegnen und dafür gewappnet zu sein. Es stellt eine Art Sicherheit gegenüber dem, was kommt, her. Jedoch finden dieses Wappnen und die Vorbereitung nur in deinem Kopf statt – das heißt, du versuchst, durch Gedankenschleifen über das Ausgehen mögliche Ergebnisse und Ausgänge durchzuspielen, da du so Sicherheit im Innen schaffen willst. Hier handelt es sich allerdings nur um eine Scheinsicherheit, denn diese landet nicht tief in deinem Nervensystem und deinen Zellen. Es ist ganz so, wie ich schon mehrmals die Situation mit dem Säbelzahntiger beschrieben habe: Dieser steht vor dir und du spürst ganz konkret die Bedrohung in deinem Nervensystem. Allerdings kannst du dieses nur regulieren, wenn du deinen Instinkten folgst und Kampf oder Flucht wählst – danach spürst du eine körperliche Sicherheit, welche die Basis für die Ruhe in deinem Kopf und das Ende der Sorgenschleifen ist. Dies ist eine wahre, tiefe Sicherheit, die eine wahre Erdung zulässt. Dabei sendet der Körper, wie du schon mehrmals gelesen hast, seine Signale immer sieben- bis zehnmal mehr an dein Kopfgehirn und wird stets siegen. Deshalb hilft es sehr wenig, sich im Kopf durch Gedanken und Kontrolle für das Leben und schmerzhafte Ausgänge zu wappnen. Denn dadurch machst du sie in deinem Gehirn immer größer und auch wahrscheinlicher, dass sie eintreten, da dein Fokus auf diesem Ergebnis und Ausgang liegt. In dem Moment, wo der Worst Case dann real eintritt, fühlst du dich ebenso wenig dafür gewappnet, als wenn du die Sorgen nicht gehabt hättest – weil du körperlich keine Vorbereitung durchgeführt hast. Was du also im Grunde benötigst, ist, deine Angst über den Ausgang und die Worst Cases in deinem Leben ganz körperlich durch dein Nervensystem gleiten zu lassen und diese – indem du die richtige Sprache mit deinem Körper sprichst – wahr werden zu lassen, in dem Erlebnis, es jedoch zu schaffen. In dem Moment, wenn du dich hinstellst, dich schüttelst und zitterst, die Arme über den Kopf reißt, deinem negativen Ausgang begegnest und dein Nervensystem dabei Lebendigkeit und Größe wahrnimmt, wirst du das Alte überschreiben. Du wirst feststellen, dem Worst Case gewachsen zu sein und das negative Ereignis beziehungsweise den Ausgang nicht mehr mit Schmerz zu assoziieren. Dabei wird deine Art, Kontrolle und Sicherheit herzustellen, im Kopf aufhören und du wirst frei. Der nächste Schritt ist, dich auf den für dich förderlichen Ausgang der Situation zu konzentrieren. Du machst dies dadurch wahrscheinlicher, während du diesen Ausgang aber nicht brauchst.

Und hier komme ich zu der zweiten Grundtendenz, die viele Menschen in sich tragen: die toxische Positivität. Denn auf den ersten Blick scheint es so, als ob diese Menschen doch so viel leichter und angenehmer durchs Leben gingen. Aber dem ist nicht so, weil dieser Schein trügt. Denn dahinter, nur Positives ins Leben zu lassen und Ängste sowie negative Ausgänge auszusperren, steckt genau dieselbe Angst wie bei der toxischen Negativität. Wenn du in diesem rosaroten Schleier steckst und alles Negative aussperrst oder heruntermachst, dann ist es für dich notwendig, dass eine Situation gut für dich ausgeht. Auch hier kannst du nicht verhindern, dass das Leben dir mitunter unangenehme Aufgaben hinwirft. Und auch hier glaubt dein inneres System nicht, dass du den Wellen des Lebens standhalten kannst oder diese mit Bravour surfst. Du fühlst dich klein und hast ebenso Angst vor Kontrollverlust und Schmerz. Die sogenannte neue »Spiriszene« der Manifestation bedient sich dabei genau diesen Mitteln: Setzen wir uns alle täglich 30 Minuten hin und erschaffen wir uns unsere positive Zukunft durch Meditation! Auch dieser Ansatz ist in der Tiefe absolut verständlich und ergibt auch Sinn. Doch hier gilt es ebenso, den Bogen vollzumachen, damit dir dies auch nachhaltig dienlich ist. Denn die meisten Menschen, die ich in dieser Art der Lebensgestaltung und Lebensführung beobachtet habe, haben eine richtige Angst vor Worst Cases und versuchen, diese durch den rosaroten Einhornschleier zu übertünchen. Allerdings manifestieren und gestalten nicht deine bewussten Gedanken alleine dein Leben, sondern das, was es in dir unterbewusst denkt. Stimmen beide Ebenen überein, dann kein Problem! Aber wenn du dir an der Oberfläche wünschst, dass beispielsweise dein Partner immer für dich da ist, aber es innerlich in dir das einfach nicht glauben kann – oder du diesen Wunsch aufgrund einer Angst hast, den anderen zu verlieren, und deshalb mehr kontrollieren möchtest, dann manifestiert sich stets die Angst im Hintergrund und nie der bewusste Gedanke des positiven Ausgangs. Und auch hier gilt es, wie bereits beschrieben, dass du vor deinen positiven und Wunschmanifestationen deines Lebens immer in deine Ängste und Worst Cases gehst, die in keinem Fall in deinem Leben passieren sollen. Gib diesen Raum, indem du sie durch deinen Körper gleiten lässt, während du präsent, voller Würde und Größe stehst – und du wirst merken: Sie werden sich nicht mehr unbewusst in deinem Leben manifestieren. Allerdings wird dies auch weniger wichtig, weil du innerlich weißt, dass du jedem Ausgang im Guten begegnen, dich stets regulieren und dem Leben mit einem wunderbaren Surfen der Wellen begegnen kannst. Hier beginnt, wahre innerliche Sicherheit zu entstehen, die dich nährt sowie die Basis und ein stabiles Fundament für dein Leben ist. Beginne noch heute damit, deinen Worst Cases angemessen zu begegnen, werde wieder zum Mittelpunkt deines Lebens und zum Pionier deiner Zeit. Dein Leben und dein Körper sowie dein zukünftiges Ich werden es dir danken!

Ein kurzer Selbstcheck: Welcher Fraktion gehörst du an?

Toxische Negativität erkennst du, wenn

* du im Grübeln, Jammern und in Sorgenschleifen über deine Zukunft feststeckst,
* du dich für negative Ausgänge wappnen möchtest und dich daher im Kopf und Leben auf diese vorbereitest,
* du häufig dennoch Kontrollverlust erlebst, wenn diese dann eintreten,
* du wenig im Leben loslassen kannst und das Leben sich für dich schwer und ohne Möglichkeit, dies zu ändern, anfühlt,
* du gute Ausgänge und Geschenke nicht genießen kannst, da du immer ein ABER erwartest und einen Haken,
* deine Grundstimmung eher ist: Ich traue dem Leben nicht, denn an der nächsten Ecke kann mir das Leben nach einer guten Wendung wieder einen negativen Streich spielen.

Was hinter dieser Art des Schleiers steckt:

Du wappnest dich für negative Konsequenzen in deinem Leben, um so der Überwältigung und dem Schmerz besser begegnen zu können. Dein Körper spürt aber, dass du das in der Tiefe nicht bist und du durch deine Kopfregulation versuchst, Kontrolle herzustellen, um die eigentliche Angst dahinter nicht spüren zu müssen.

Deine Medizin ist es:

- deine Worst Cases des Lebens an dich heranzulassen und diese ganz körperlich zu bewegen und dich dabei stark und lebendig zu fühlen,
- dich danach ins Positive zu begeben und mit guten Ausgängen zu rechnen,
- dir bewusst Zeit zu nehmen, um das Leben zu genießen, und das in den Momenten, in denen du beispielsweise mit der Natur, anderen Menschen oder dir in Kontakt gehst,
- dein Leben mit einem Ja auszurichten,
- dein Nervensystem zu trainieren, hohe Frequenzen der Freude im Leben halten zu können und dies zu deiner Grundschwingung werden zu lassen, indem du dich zum Beispiel zwingst, Glück und Freude mit einer Gute-Laune-Playlist und einer körperlichen Freudeeskalation zu trainieren.

Toxische Positivität erkennst du, wenn

- du alles, was schmerzt, krank oder negativ ist, aus deinem Leben verbannst oder ablehnst,
- du stets stark sein möchtest und menschliche Schwäche zutiefst verabscheust und aussperrst,
- du die neue »Spiriszene« des Traumlebens auf ein Podest hebst,
- du dich gerne mit den guten Seiten des Lebens umgibst und schwierige Seiten eher als Last und lästiges Anhängsel siehst,
- du in der Tiefe Angst hast, in die »für dich negativen Seiten des Lebens« abzurutschen,
- du Jammerer und Nörgler verabscheust,

- du gerne sagst: »Es ist alles gut und halb so wild!«, obwohl du spürst, dass in der Tiefe ein Störgefühl ist,
- du dich unangenehmen Dingen in deinem Leben nicht gerne widmest und auch nicht genau hinschauen magst, aus Angst, etwas zu entdecken, was dir nicht zuträglich ist.

Was hinter dieser Art des Schleiers steckt:
Du hast in der Tiefe Angst, dass eine negative Konsequenz im Leben eintritt und du für diese nicht gewappnet bist. Daher versuchst du, diese abzutun und ihr nicht zu begegnen.

Deine Medizin ist es:
- deine Worst Cases des Lebens an dich heranzulassen und diese ganz körperlich zu bewegen und dich dabei als stark und lebendig wahrzunehmen,
- genau hinzuschauen, langsam mit Entscheidungen zu sein und dich und deine Bedürfnisse ernster zu nehmen,
- dich mit der Wunde der Schwäche und Stärke in deinem Leben zu beschäftigen.

Scan me

Sicherheit beginnt stets im Körper und
ist die Basis für Vertrauen und Liebe.

JENNIFER SUBKE

In der Tiefe erkennen, dass du sicher bist

Das Leben kann mir nichts!

Die Verletzlichkeit des eigenen Lebens zu spüren und gleichzeitig die Lebendigkeit darin – das ist die Kunst eines lebendigen und ekstatischen Lebens, frei von Kopfangst. Je mehr du verkörpert bist, desto mehr wirst du dir deiner Verletzlichkeit, der Magie des Lebens und gleichzeitig der Vergänglichkeit bewusst. Je mehr du im Kopf bist, desto mehr wirst du im Negativen, in der Angst oder dem Schönreden und Vermeiden stecken.

Doch in der Tiefe zu spüren, dass dir das Leben nichts kann – das ist eine wahre Kunst und gleichzeitig auch einer der Hauptbefreiungsschläge des Lebens. Damit möchte ich in diesem Kapitel Bezug auf deine größte Angst oder größten Ängste nehmen. Ich habe in letzter Zeit sehr viele Anfragen zu diesem Thema erhalten. Und bei jedem ist diese Angst individuell. Woher diese kommt, wirst du in den kommenden Abschnitten zum Thema Traumata erfahren. Denn diese Angst kann sich in deinem jetzigen Leben durch ein Geburts-, ein Kindheitstrauma oder auch andere Verletzungen zeigen. Sie kann aber auch in einem Vorleben deiner Seele oder auch transgenerational in deiner Familie weitergegeben worden sein. Oft auch in einem Konglomerat aus allem. Daher versuche gar nicht, direkt nachvollziehen zu wollen, woher diese Angst kommt – denn du hast darauf mit deinem Gehirn und deinen Gedanken keinen Zugriff. Das ist übrigens, wie bereits erwähnt, auch der Grund, weshalb das Reden oder die Ratio und die vielen Coachings und Therapien, die sich auf diese beziehen, dich in der Tiefe nicht von dieser Angst befreien können und lediglich an der Oberfläche kratzen. Nun gibt es aber einen Lichtblick: Die gesamte Angst und deine ganzen Erfahrungen sind stets in deinem Körper abgespeichert. Deshalb ist dein Körper der Schlüssel und die Landkarte zu deiner Veränderung und gleichzeitig der Ansatzpunkt der Veränderung und Heilung. Dein Gehirn, deine Ratio, deine Gefühle und Gedanken werden dann nachrücken und sich automatisch neu sortieren, sodass du anders denken, fühlen und handeln kannst. Denn, ich kann es nicht oft genug betonen, der Körper sendet sieben- bis zehnmal mehr an dein Kopfgehirn als andersherum. Da wir aber sehr kopflastig sind und die Dinge stets verstehen wollen, versuche ich, in diesem Kapitel und natürlich im gesamten Buch darauf einzugehen, wobei ich manches bewusst wiederhole, um dein Verständnis zu stärken. Allerdings erfolgt das wahre Verständnis erst durch ein aktives Erleben im Körper. Deswegen ist dein Körper der Schlüssel für alles: Er ist der Richtungsweiser, der dich durch dein Leben begleitet. Er ist die zündende Stelle, die Veränderung nachhaltig in den Ursprüngen ermöglicht. Das ist am Anfang relativ neu und ungewöhnlich – da es so gar nicht dem entspricht, was du und auch andere Menschen erfahren und gelernt haben. Und dafür habe ich das größte Verständnis. Wie soll es denn auch anders sein, da wir doch im Leben das Gehirn und dessen enorme Wirkung und Schaltstelle im Leben stets gepriesen bekommen haben?

So lernen wir spätestens ab der Schulzeit, dass das Stillsitzen und das Durchhalten wichtiger sind, als dem eigenen Körper und Bedürfnissen Ausdruck zu geben. Dabei werden wir reduziert auf Leistung und Noten, die sich, außer im Sport, lediglich auf unsere Gehirnleistung beziehen. Und wir werden als schlecht bewertet, wenn wir diesem System nicht folgen und uns Ausdruck geben möchten.

Ich empfinde auch die zunehmende Rate an ADHS-Diagnosen unter Kindern und Erwachsenen als Folge von zutiefst missverstandenen Menschen, die sich selbst und dem Leben Ausdruck geben möchten und dann im System Schule kleingehalten werden. Wir Menschen benötigen aber den Körper für jegliche Art von Gefühlen und Regulation. So ist es wichtig, diesen Gefühlen und Instinkten zu folgen. Wenn wir Angst haben, sollten wir zittern dürfen, wenn wir wütend sind, körperlich toben. Wir alle sind einzigartige Wesen, die eine Gabe haben und einen Auftrag in dieser Welt. Je mehr du dich mit dem Feld Astrologie beschäftigst, desto klarer wird dir, dass die Welt aus Gaben besteht und alles einen Sinn hat. Gleichzeitig strebt die Welt momentan danach, einen höheren Bewusstseinszustand zu erreichen. Sie ist gerade in einem enormen Umbruch und in diesem fällt uns alles auf die Füße. So befinden wir uns als Menschheit im Moment in der Wassermannfrequenz, die das letzte Mal zu Zeiten der Revolution (= Revolutionen in der Geschichte, die mit einem erheblichen gesellschaftlichen und individuellen Umbruch einhergingen wie die Französische Revolution) zu finden war. Das bedeutet, dass du feststellst, dass du alte Systeme als nicht mehr passend empfindest. Und das gilt im Großen wie im Kleinen. Das heißt, dir fallen deine eigenen Themen und Geschichten auf die Füße, wie auch der ganzen Menschheit als Kollektiv die Themen auf die Füße fallen. Dabei darfst du neu überdenken und bitte auch verkörpern, wer du sein möchtest und was deine Aufgabe in diesem Leben ist.

Frage dich doch einmal selbst, aus welcher Motivation heraus du deine Beziehung ausgewählt hast, deinen beruflichen Werdegang, deinen Urlaub und insgesamt deine nächsten Schritte. War das aus der Motivation des Mutes und der Liebe oder Motivation der Angst? Zu einem großen Teil treffen wir Menschen Entscheidungen aus Angst, die dann natürlich mehr Angst mit sich bringen. Und wie bereits erläutert, basiert das ebenso auf dem, was du gelernt hast. So hast du es gelernt, nur richtig zu sein, wenn du ruhig warst, nur gut zu sein, wenn die Leistung stimmt, dass dein Körper, deine Gaben und deine Nervensystemregulation nicht von Bedeutung sind. Womöglich hörst du in diesem Buch das erste Mal davon, wie es einige meiner Klienten beschreiben, wenn wir gemeinsam eine Begleitung starten. Du hast es also in deinem Leben sukzessive abtrainiert bekommen, dich und deinen Körper zu spüren, lebendig zu sein und die Liebe an erste Stelle zu stellen. Dir wurde beigebracht, dich abzuspalten, in Angst zu leben, nicht viel zu wollen, den sicheren Weg zu gehen und der Ratio und deinem Gehirn die Allmacht über dein Leben zu geben.

Bis zu einem gewissen Grad funktioniert das in deinem Leben ganz gut. Doch bei Ängsten und deiner Urangst, die sich immer wieder zeigt, kommst du damit an eine deutliche Grenze. Das heißt: Mit deinem Kopf und den Strategien, mit denen du bislang durch das Leben gegangen bist, stößt du eindeutig an deine Grenzen. Denn Angst kannst du im Kopf nicht lösen. Du benötigst dazu deinen Körper und dein Körpergedächtnis. Allerdings ist es, wie schon erwähnt, möglich, dass du Angst per se nicht wahrnimmst oder das, was ich schreibe, in der Tiefe nicht spürst. Das heißt aber nicht, dass sie nicht da ist. Eine meiner Lehrerinnen sagte einmal: »Ich habe früher nie Angst gespürt.« Dabei war sie in der Tiefe so kollabiert und von sich abgespalten, dass sie keinen Zugriff auf ihren Körper und damit auch keinen Zugriff auf ihre Angst hatte. Das sind dann die

Rückwege in den Körper und um wieder den Zugang zu dir zu bekommen. Die Urangst an sich, die jeder hat, ist in der Tiefe eine Todesangst. Jede Angst ist in der Tiefe eine Todesangst!

Dies durfte ich selbst am eigenen Leib zu einem Zeitpunkt erfahren, als ich bereits seit Jahren mit meinen Ängsten und auch mit Menschen arbeitete. Je länger du daran bist, mit deinem Körper zu arbeiten, desto geringer werden die Dissoziation und Abspaltung und desto mehr erlebst du, was gerade passiert. Doch gerade am Anfang kann dieses Wacher- und Lebendiger-Werden unangenehm sein, da du einfach mehr mitbekommst, was sich in deinem Leben und dir abspielt. Denn das meiste in dir und die meisten Muster laufen ja so unterbewusst ab, dass du sie als normal annimmst und nicht wirklich bewusst mitbekommst. Das macht es auch so schwer, diese Themen und Muster aufzulösen. Nun war es so, dass ich schon seit meiner Existenzgründung an Existenzangst litt. Sie war mein steter Begleiter. Allerdings ist mir hier wichtig, zu erwähnen, dass sie nicht erst mit der Selbstständigkeit begonnen hat, sondern immer schon in mir und meinem Körper abgespeichert war. Sie zeigte sich nur anders und ich wusste sie gekonnt zu kompensieren, also zu deckeln, um mir einreden zu können, dass sie mich nicht irgendwann einholt oder zur Wirklichkeit wird. Das heißt, sie hat wie jede Angst im Dunkeln gelauert und mich immer wieder verfolgt – und ich war auf der Flucht mit meinen Strategien, um ihr zu entkommen oder mir einzureden, dass ich entkommen bin oder entkommen kann. Tatsächlich ist das dadurch nicht passiert, denn wäre ich ihr entkommen und hätte sie in der Tiefe aufgelöst, dann hätte ich ja nicht mehr kompensieren oder wegrennen müssen. Das ergibt Sinn. Nun ist es so, dass ich bereits im Studium diese Angst tief in meiner Brust verankert in mir trug. Allerdings war ich zu diesem Zeitpunkt nur im Kopf unterwegs und spürte meinen Körper kaum. Mein

Leben bestand aus vielen Kompensationsstrategien, um mir die Illusion aufrechtzuerhalten, dass am Ende doch alles gut wird und meine Existenz gesichert ist. Ganz konkret sah das so aus, dass ich stets alles sehr lange vorausplante und wochen-, wenn nicht monatelang für die Klausuren gelernt hatte. Immer hatte ich meine Noten in einer Excel-Tabelle eingetragen und mir verschiedene Ausgänge simuliert. So wollte ich doch sehr gerne Psychologie studieren und dann nach dem Bachelor- in jedem Fall in das Masterstudium kommen. Stets gab es einen Anreiz und eine tiefe Angst, es nicht zu schaffen. Die Angst, es nicht zu schaffen, die hinter jedem Worst-Case-Szenario steckt, kannst du mit der Todesangst gleichsetzen. Und du merkst schon, dass ich diese Todesangst, die sich in der Existenzangst und darüber in der Angst, es nicht zu schaffen, in meinem Leben zeigte, gut mit meinen Strategien kompensieren konnte. Zumindest an der Oberfläche – denn geschafft hatte ich es immer auf eine bestimmte Art und Weise. Aber das Leben war dabei ein ständiger Überlebenskampf – natürlich, und das möchte ich auch dir mitgeben, nimmst du das währenddessen nicht so wahr und dennoch ist es nervensystemtechnisch und körperlich genau so einzuordnen.

Nun ist es so, dass ich dieses Muster in meine Selbstständigkeit mitzog – es war das gleiche Muster, nur hatte es einen anderen menschlichen, irdischen Ausdruck gefunden, sich in meinem Leben zu manifestieren. Damit meine ich: Das Leben und deine Ängste sind immer gleich – nur die Kulisse und die Schauspieler verändern sich in einem immerwährend gleichen Schauspiel oder Theaterstück, das aufgeführt wird. Bis du das Schauspiel an sich umschreibst – welches sehr oft auf einer Angst begründet liegt. Jetzt zeigte sich meine Existenzangst allerdings nicht mehr in Noten, sondern in Geld. So versuchte ich natürlich, viel einzunehmen und mir einzureden, es würde immer genug da sein und zurückfließen. Allerdings ist das eine Scheinsicherheit:

Denn wer sagt, dass dieses Schönreden und dieses »Es wird alles gut« auch so eintreten?

Angenommen, du hast eine andere Angst, die sich als Todesangst in dir manifestiert. Ich bitte dich, auch diese niederzuschreiben oder dich zu beobachten, falls dir diese noch nicht zugänglich ist. Ich habe eine Klientin, bei dieser ist es – neben ihrer Existenzangst – die Angst, zu erkranken und an einer schlimmen Krankheit zu sterben. Und so gibt es ganz viele Ausdrucksformen. Erkennen kannst du deine Urangst, wenn du dir einmal notierst, was dein Worst Case im Leben wäre. Was macht dir so viel Angst, dass du nicht einmal wagst, daran zu denken, weil du dann Angst hast, es könnte eintreten? Yes, und genau da sind wir am Knackpunkt – am Wendepunkt, an dem wir und an dem du ansetzen darfst. Am Schalter, der dein Leben in der Tiefe verändern wird und das Schauspiel aus Muster und Kompensationen in deinem Leben umschreiben lässt.

Zurück zu mir: Ich hatte also lange an mir gearbeitet und war im Körper gelandet und spürte die Angst sehr präsent, ohne dissoziieren zu müssen. Ich bekam immer genauer mit, welche Strategien ich lebte, damit ich mir einreden konnte, die Angst nicht spüren zu müssen. Das ist ein eher unangenehmer Zustand – zumindest für den Moment, wenn alles klar wird und sich der Schleier lichtet. Dennoch war es einer der befreiendsten Momente überhaupt. Denn zu diesem Zeitpunkt traf mich das Leben knüppelhart und warf mir alles vor die Füße, was ich all die Monate und Jahre nicht sehen und so gern unter den Teppich kehren wollte. Es kamen weniger Klienten und ich hatte über Monate deutliche finanzielle Einbußen. Gleichermaßen hatte ich dem Finanzamt alte Überfälligkeiten zu begleichen. So: Nun konnte ich mir das Leben nicht mehr schönreden und auch nicht mehr kompensieren. Das Leben mutete sich mir mit voller Bandbreite zu. Was habe ich getan? Ich habe natürlich viel Körperarbeit gemacht und mich geschüttelt und mein Nervensystem reguliert. Und an einem Tag stellte ich mich komplett und begann aufzuhören, mir schönzureden, dass es wieder gut werden wird. Ich gestand mir ein, dass die Angst mich holen kann. Ich gab auf im Weglaufen und nahm gleichzeitig Fahrt auf im Lebendig-Werden. Denn ich entschied mich dazu, lebendig im Tod zu sein. Lebendig in der Angst, es nicht zu schaffen – das war ein entscheidender Moment in meinem Leben. Denn ich fürchtete nicht mehr. Ich lief nicht mehr weg. Ich bangte und hoffte nicht mehr und ich spürte, dass, wenn mein Worst Case eintritt, ich lebendig und ekstatisch wie nie bin und mich in dieser Lebendigkeit sicher fühlen kann. Damit überschrieb ich in meinem Inneren die Illusion, zu sterben, wenn ich kein Geld mehr habe, wenn ich insolvent bin. Damit war ich maximal existent und lebendig in der Nicht-Existenz. Und genau darum geht es: Dein Inneres gaukelt dir vor, dass du stirbst, wenn dein Worst Case eintritt. In dem Moment, in dem du lebendig bleibst und ekstatisch, hebelst du diese Illusion komplett aus und du bist frei. Frei, lebendig und dem Leben zugewandt – egal, was es dir schickt.

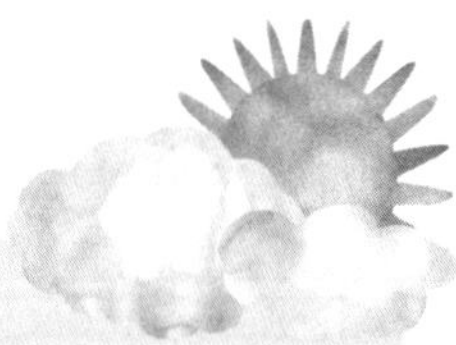

Ich bitte dich, hier einmal zu notieren, was deine Worst Cases sind, oder wenn du nur einen hast, dann schreibst du eben diesen einen auf:

Was ist das Schlimmste, was in deinem Leben passieren kann und woran du nicht mal zu denken vermagst?

____

____

Was tust du genau, um das zu vermeiden? Welche Gedanken redest du dir ein? Welche konkreten Handlungen machst du?

Wie fühlt es sich körperlich an? Schließe gerne die Augen: Wo spürst du deinen Druck? Wo spürst du nichts?

Sorge für Heilung durch die richtigen Rahmenbedingungen!

Ich mag den Begriff »Heilung« sehr gerne, da ich ihn als etwas Positives in mir abgespeichert habe. Und ich glaube, wir Menschen sind sehr unberührbar und verletzlich auf dieser Welt gelandet und das Leben hat sich allmählich in uns geprägt. Deshalb heißt es ja auch, dass die Zeit im Mutterleib und die darauffolgenden Jahre die prägendsten für uns Menschen sind. Nun ist es aber so, dass wir Menschen in eine Kultur hineingeboren wurden, die voll struktureller und menschlicher Gewalt ist. Ich möchte das hier so eindringlich sagen, weil es vielen Menschen zum einen nicht bewusst ist und zum anderen diese Art von Gewalt, die wir Menschen erleben – und welche auch du in deinem Leben erlebst und auch bisher erlebt hast –, gravierend ist. Diese Gewalt wird allerdings als »normal« erachtet und die Menschen, die sich dagegen auflehnen, eben als »nicht normal«. Doch genau das Gegenteil ist der Fall. Denn was ich in den letzten Jahren in der Tiefe erfahren durfte, ist, dass genau 180 Grad von dem, wie wir Menschen das Leben hier erleben, heilende und nährende Bedingungen für uns sind. Der Mensch an sich benötigt nämlich lediglich die richtigen Rahmenbedingungen, um zu wachsen und zu gedeihen. Sind diese aber nicht gegeben, dann entstehen Krankheit und psychisches Unwohlsein. Wenn du ein Kind bist, dann sind deine Eltern dafür zuständig, die richtigen Rahmenbedingungen für dich herzustellen. Bist du erwachsen, solltest du das dann von deinen Eltern gelernt haben und in eigener Verantwortung die passenden Rahmenbedingungen für dich herstellen können. Nun ist hier bereits ein Knackpunkt: Viele Eltern nehmen sich heute nicht mehr die Zeit, ihren Kindern die richtigen Rahmenbedingungen zu zeigen und – ich habe es schon erwähnt – sehr viele Menschen beschäftigen sich, bevor sie Kinder bekommen, sehr wenig mit sich und geben alte Traumata an die Kinder weiter und übernehmen sehr wenig Verantwortung für sich und das Leben. Und mit »Verantwortung« meine ich hier: die Extrameile zu gehen im Leben. Also sich und das Leben zu hinterfragen und dranzubleiben. Nicht einfach anzunehmen, was einem eingetrichtert wird, und einen eigenen Weg zu gehen, anstatt bequem mit der Masse zu schwimmen. Denn es steht fest: Wir Menschen sind kollektiv verwundet (traumatisiert) und leben in einer Welt, die täglich neu traumatisiert. Wir Menschen leben in einer Welt, in der uns von Kindheit an antrainiert wird, nach außen zu fallen, kontrollieren zu müssen und uns auf unsere Ratio zu beschränken. Wir Menschen leben in einer Welt des Mangels und des Egos. Und ich möchte hier keine Negativstimmung verbreiten – nein, ich möchte hier wiederholt darauf eingehen, dass es andere Wege und Möglichkeiten gibt und wir das, was wir im Täglichen in uns und in der Welt erleben, nicht als »normal« und gegeben annehmen sollten – nur einfach deswegen, weil wir so schon unser ganzes Leben leben oder weil es eben alle anderen Menschen genauso tun.

Wenn ich von guten Rahmenbedingungen spreche für deine Heilung und der Heilung der Menschheit im Ganzen, dann spreche ich in der Basis erst einmal davon, die Angst, die wir alle Menschen in uns tragen, gut und stimmig aufzulösen. Denn was ich momentan in der Welt sehe, ist, dass sehr viele vor Wut blinde und vor Angst erstarrte Menschen durch das Leben irren und versuchen, sich durch Handlungen im Außen in Sicherheit zu bringen. Die Medien und die Mächte in unserem Land nutzen dies, da die Menschen dadurch lenkbarer sind. Das heißt, es hat einen Grund, weshalb die Nachrichten hauptsächlich von angsterregenden und negativen Ereignissen berichten – und jedes Mal, wenn du sie siehst, alarmiert es in deinem Nervensystem den Impuls, dich in Sicherheit zu bringen. Und ich habe es schon gesagt, dass viele Menschen dies aber nicht mehr spüren, sondern bereits so im Kopf abgespalten sind, dass sie diesen Zustand der Angst in ihrem System als normal annehmen – dass sie den Zustand der Kompensation der Angst durch Konsum, Reden, Kontrolle oder andere Süchte als normal annehmen. Somit ist eine gesamte Gesellschaft entstanden, deren Mitglieder sich natürlich aneinander orientieren und sich ebenso verhalten. Und irgendwann fühlt sich das dann stimmig an, weil es zur Gewohnheit wird. Es gibt zahlreiche Studien der Massenpsychologie, die nachweislich belegen, dass wir Menschen uns unterbewusst aneinander orientieren. Jedoch haben wir wenige Vorbilder, die gewaltfreie und heilsame Wege einschlagen. So oft habe ich von meinen Klienten gehört, dass sie keine Vorbilder in ihrem Leben hätten. Ja, auch mir ging es so. Und ja, es stimmt: Momentan gibt es wenige – doch es werden immer mehr und du liest dieses Buch womöglich auch aus einem bestimmten Grund: die nächste Pionierin oder der nächste Pionier deiner Zeit und deines Lebens zu werden.

Meiner Erfahrung nach ist die Grundbasis, erst einmal wieder instinktiv zu erlernen, das eigene Nervensystem zu regulieren. Das heißt Sicherheit im Innen mit dir und deinem Körper herzustellen. Danach wirst du allmählich immer mehr merken, wie dein Kopf weniger dagegenschießt und wie du ruhiger und gelassener wirst, ohne dies zu erzwingen. Viele Menschen möchten am liebsten ohne einen Umweg direkt Entspannung trainieren. Allerdings ist das nicht möglich, weil du zunächst die Angst und andere Emotionen ganz körperlich im Nervensystem verarbeiten darfst und die natürliche Folge davon schließlich die Entspannung ist. Dies ist reine Biologie und hat mit deinen Hirnnerven und deinem autonomen Nervensystem zu tun. Das heißt, der erste Schritt ist es, das Nervensystem so zu regulieren und so einzutrainieren, dass du dich stets in Sicherheit bringen kannst. Wenn du das geschafft hast, lösen sich 95 Prozent deiner Herausforderungen im Leben von alleine auf. Eine natürliche Folge daraus ist, dass du im Sattel deines Lebens sitzt, Verantwortung übernimmst, mitfühlender wirst und deine Bedürfnisse und Gaben im Leben genau kennst und für diese einstehst und diese verteidigst. Dabei ist dein Körper stets der innere Kompass und die Ratio und der Kopf treten zurück – und du bist voller Energie und Lebensfreude. Zu diesem Zeitpunkt wirst du dann zunehmend auf dich zurückgeworfen. Das heißt, du erkennst allmählich, dass alles, dem – und alle, denen – du im Leben begegnest, nur du bist. Und dass das Leben dir deine Themen und aufgearbeiteten Themen liefert, um daran zu wachsen und diese zu heilen. Denn wir alle haben sehr viele Selbstwertverletzungen aufgrund von Traumata in diesem und anderen Leben erlebt und wir versuchen, diese auf andere zu projizieren und nicht bei uns anzufangen, weil es für uns der leichtere und bessere Weg ist und wir es häufig so von unseren Bezugspersonen gelernt haben. Allerdings ist tatsächlich genau der andere Weg der leichtere. Für uns Menschen ist das Leichte kompliziert geworden und das Komplizierte leicht. Und auch hier erkennst du wieder den Widerspruch des Um-180-Grad-Verkehrten. Das heißt, wenn dir die Säbelzahntiger deiner Vergangenheit begegnen und Angst auslösen, dann stell dich ihnen und lerne! Schau genau hin und wachse, auch wenn das mit Schmerz einhergeht. Denn jeder Schmerz, der einmal in der Vergangenheit in dir abgespeichert wurde, muss immer noch einmal erlebt werden, um dann gehen zu können.

Dies ist ein wunderschöner Prozess, der dich dir näherbringt. Du wirst in diesem Prozess bemerken, dass du dir selbst vertrauen kannst und immer mehr Verantwortung und Eigeninitiative übernehmen möchtest. Du hinterfragst andere und die Medien und prüfst genau, ob die Aussagen auch deiner Wahrheit entsprechen. Dann wirst du bemerken, dass du weniger Kontrolle brauchst und dich dem Leben mehr hingeben kannst. Du wirst merken, dass das Leben sich nie irrt, und wirst ein tiefes Vertrauen finden. Ebenso zieht es dich mehr zum Natürlichen und Einfachen. Du wirst nur noch wenige Reize benötigen, um dich innerlich stimuliert zu fühlen. Zudem wirst du feststellen, dass weniger Wellen im Leben kommen, und die, die kommen, weißt du auch zu surfen. Du strebst nach Wachstum und gleichzeitig erkennst du die Fülle und Liebe im Hier und Jetzt.

Dieser gesamte Prozess, in dem du deine Ängste transformierst und Vertrauen und Liebe spürst, ist Heilung. Dieser Prozess schenkt dir die Rahmenbedingungen, um zu wachsen und Sicherheit in dir zu finden und dich Sicherheit im Kontakt mit dem Leben spüren zu lassen. Und zu guter Letzt: Du, dein Körper und dein Nervensystem, also immer du erschaffst die Rahmenbedingungen für physische, psychische, seelische und kulturelle Heilung.

Wie und Warum sind entscheidend, nicht das Was

Vielen meiner Klienten und Menschen, die ihr Leben verändern wollen, begegnet immer wieder die Frage: Was genau soll ich denn verändern, um wahrhaftig innerlich dem Leben, der Liebe und der Angst zu begegnen? Das kann ich zutiefst nachvollziehen und auch mir ging es zu Beginn meiner innerlichen Veränderung nicht anders. Wir Menschen haben es alle gelernt, nach außen zu fallen und dort einwirken zu wollen, um uns dann innerlich anders zu fühlen. Das heißt, wir fokussieren uns sehr auf die Rahmenbedingungen, in denen wir leben. Beispielsweise wollen wir Fülle fühlen und bemerken, dass dies in unserem Job nicht möglich ist und dieser uns nicht erfüllt. Also sagt unser Inneres uns automatisch: Nur weg damit! Oder wir fühlen uns ohnmächtig in unserer Beziehung und uns fällt es schwer, Grenzen zu setzen, daher sagt unser Inneres: Das heißt dann wohl, ich muss die Beziehung kappen! Und so verhält es sich mit vielen kleinen und großen Rahmenbedingungen unseres und somit auch deines Lebens. Du merkst schon, dass es sich womöglich eher natürlich anfühlt, etwas an deinen Rahmenbedingungen zu ändern, wenn du im Inneren einem Störgefühl begegnest? Und ich sage: Ja, in unserer westlichen Welt und Kultur wird dir das im Laufe deines Lebens permanent gepredigt. Das heißt, in der Schule kommt kein Lehrer auf die Idee, mit dir eine Körperarbeit zu machen, damit du weniger Angst vor der Prüfung oder dadurch eine bessere Note hast, weil die Versagensangst einmal quer durchs Nervensystem geschickt wird. Nein, die Hilfeleistung ist eher die, dass deine Lehrer dir raten, einfach mehr zu lernen oder einen Spickzettel in deiner Tasche zu haben, den du natürlich während der Klausur nicht auspackst, der dir aber ein sicheres Gefühl geben soll. Oder du steckst in einer Beziehung, in der du immer mehr bemerkst, dass du Verlustangst hast, dann versuchst du, deinen Freund zu manipulieren und dich rarzumachen. Du tauschst dich womöglich mit deinen Freunden aus und sagst: »Er nimmt sich gar keine Zeit mehr für mich!«, und sie raten dir, einfach weniger zu schreiben, auch wenn du den Impuls hast, zu schreiben oder nachzuschauen, wann er das letzte Mal online war. Und so geht es im Kleinen und Großen in allen Lebensbereichen weiter. Und Tatsache ist: Du fällst aus dir heraus und versuchst, im Außen, an deinem äußeren Verhalten oder den Umständen etwas zu verändern und die Welt und andere Menschen so zu manipulieren, dass du dich wieder sicher und gut fühlst. Und genau hier kommen wir zum Knackpunkt: Erstens bist du abhängig von der Außenwelt; zweitens irrt sich das Leben nie und du kannst dich nicht um eine Lernaufgabe herumschlängeln, sodass es nicht ganz so unangenehm ist; drittens findet wahre Sicherheit stets im Inneren statt; und viertens geht es hier ganz klar um dein Warum und dein Wie und sehr wenig um das Was. Damit meine ich: Es ist an sich egal, was genau du tust im Leben – du darfst dich aber immer fragen, aus welchem Warum und mit welchem Wie du es machst.

Insbesondere bei Menschen mit Beziehungsängsten sage ich dann oft: Es ist nicht das, was du schickst, sondern das, welche Energie und Botschaft mitschwingt. Denn darauf reagieren Menschen. Du kannst also natürlich versuchen, dich in deiner Beziehung rarzumachen – jedoch wird der andere unterschwellig nicht auf dein Weniger-Schreiben reagieren, sondern auf dein Warum dahinter. Und zwar, um ihn so an dich zu binden und Sicherheit herzustellen. Das heißt, wir Menschen können unter den völlig gleichen Bedingungen leben, allerdings können diese sich komplett unterschiedlich anfühlen, weil diese aus einem anderen Warum und einem anderen Wie heraus stattfinden. Wenn du das nächste Mal Sport machst, dann überprüfe einmal: »Warum mache ich Sport und was erwarte ich mir vermeintlich davon?« Denn das ist einer der Knackpunkte, den ich als sehr wichtig empfinde. Wir Menschen haben komplett verlernt, etwas der Sache wegen zu tun, stattdessen tun wir es aufgrund des Danach, das damit einhergeht. Das bedeutet, wir lernen viel in der Schule, weil wir dann einen sicheren Job bekommen, wir verhalten uns brav, damit wir Lob, Liebe und Anerkennung von außen erhalten, wir gehen zum Sport, um schlank zu bleiben und abzunehmen. Wir treffen unsere Freunde sehr oft, wenn wir in einer Beziehung sind, weil wir sonst Angst haben, dass bei einem Beziehungsende keiner mehr da ist.

Du siehst also, wie viele Warum es gibt, Dinge im Leben zu tun. Und die Art und Weise, wie und auf welcher Basis das Warum gebettet ist, ist zumeist Angst. Wenn du also beginnst, dein Nervensystem zu regulieren und in dir selbst –

unabhängig von den Rahmenbedingungen – Sicherheit zu kultivieren, wirst du ebenso merken, dass sich das Warum und das Wie von Ereignissen und Situationen komplett verändern. Es wird weniger wichtig, dass etwas passiert, weil du per se im Geschehen lebendig bist. Und das ist dann die Magie des Lebens. Ich hatte das in einer meiner Qigong-Flow-Stunden erlebt, als ich so tief in die Arbeit und das Spüren mit mir und meinem Körper versunken war, dass Raum und Zeit sich aufgelöst haben. Also sich Sicherheit in meinem Nervensystem eingestellt hat und ich in der Tiefe loslassen und mich dem Leben hingeben konnte. Dieser Zustand ist Fülle – und dieser Zustand braucht auch nichts. Und das ist das Schöne: Denn eine Motivation eines Warum und Wie basierend darauf, zu schauen, etwas zurückzubekommen, wird stets im Mangel sein – und wenn dann das zurückkommt, was du erwartet hast, fühlt es sich leer an. Denn es füllt lediglich das Glas der Angst in dir, nährt dich aber nicht in der Tiefe.

Deshalb gehen tiefe Nährung, ein Vertrauen in dich und das Leben und die Kontrolle abzugeben sehr viel damit einher, wie sehr du in Vorarbeit gegangen bist. Ich hatte nach meiner Qigong-Stunde damals meiner Vertrauten eine Nachricht über die wunderbaren Zustände geschickt, die ich an diesem Tag erlebt habe, und ebenso über den wunderschönen Zustand des Nichtstuns, des »Es muss nichts mehr passieren und anders sein!« und der Fülle. Einfach wunderbar! Diesen Zustand versuchen sich viele Menschen anzutrainieren. Aber er ist eben nicht auf dem direkten Weg zu erreichen, sondern eine indirekte Folge der tiefen Arbeit mit dir und deinen Themen, der Auflösung der Traumata sowie des richtigen Umgangs mit der in deinem Nervensystem gespeicherten Angst. Deshalb führt der Weg immer zuerst über die Schatten und ist auch sehr körperlich – und das Licht und die Liebe sind dann natürliche Folgen, die sich von selbst ohne jegliches Zutun einstellen.

Werde dir bewusster über dein Warum und dein Wie, indem du die Aktivitäten des Alltags – also eines Tages oder auch deines Vortages – einmal niederschreibst. Notiere jeweils daneben, aus welchem Warum du diese Aktivität gemacht hast und mit welchem Wie. Dies hilft dir, dir mehr auf die Schliche zu kommen und bewusster zu werden – als erster Schritt deiner Veränderung.

Scan me

Sprechen alleine hilft dir, dich besser zu verstehen, jedoch nicht, dich anders zu fühlen und zu erleben.

JENNIFER SUBKE

Wie geht es weiter? Dein (Er-)Leben verändern

Wieso herkömmliche Therapien scheitern und wo die »Traumaorientierte Körperzentrierte Hypnose« ansetzt

Herkömmliche Therapien über die Krankenkasse fokussieren sich vor allem auf die Verhaltenstherapie. So befinden sich viele Menschen in jahrelangen Therapieprozessen, in denen sie vorwiegend sprechen und damit nur 5 Prozent des Potenzials an Veränderung angehen. Dabei werden aber lediglich die Symptome angegangen und nicht die Ursache – es geht vor allem darum, Denk- und Verhaltensmuster zu ändern. Doch Bindungstraumata und Traumata haben in diesem Bereich der Psychotherapie keinen Raum und sind auch ein Grund, warum die meisten Therapien nicht funktionieren. Die Betroffenen befinden sich meistens in einer Langzeittherapie von fünf Jahren und in der Tiefe ändert sich nichts. Denn Reden allein fördert nur, sich immer wieder dieselbe Opfergeschichte zu erzählen und sich auszukotzen. Symptome zu bearbeiten, kratzt lediglich an der Oberfläche, auch das habe ich schon erwähnt, und zudem ist es die innere Haltung des Menschen, der in Therapie geht. Denn der Psychotherapeut kann mich nie heil machen. Stattdessen geht es darum, dass er dir hilft, deine Heilung anzustoßen – und die ist nur möglich, wenn du in die Tiefe gehst. Du bist der Dreh- und Angelpunkt der Veränderung und nicht dein Gegenüber. Doch sehr viele Menschen kommen zu mir, die sich nicht mehr trauen, weil sie derart häufig erlebt haben, dass eine Therapie, ein Coaching oder ein Angebot nicht funktioniert hat. Das ist sehr schade! Jedoch gibt es eben viele Angebote am Markt, welche die grundlegende Basis von Veränderung im Körper nicht verstehen und deshalb nicht funktionieren. Ich sage nie, dass etwas nichts bringt, doch in unserer Gesellschaft fühlt sich das bei vielen Menschen so an, als hätten sie umsonst Zeit, Energie und auch Geld investiert. Falls dich das betrifft, kann dir hier aber sagen: Aufgeben ist keine Option – durch deine Erfahrungen bist du jeweils gereift und das Leben irrt sich nie. Bleib dran, denn du tust es für dich! Ich habe auch viel Zeit, Energie und Geld für mich und meine Entwicklung ausgegeben und am Ende hat es sich stets gelohnt, weil ich in mir meinem Ziel ein Stück nähergekommen bin, auch wenn ich damit mein Endziel nicht erreicht hatte.

Weshalb die meisten Therapien und Coachings »scheitern«:

* Die meisten Therapien versuchen, Symptome zu verändern, aber nicht die Ursache.
* Der aktuelle State of the Art der Psychotherapie über die Krankenkasse ist das Sprechen – Sprechen an sich spricht allerdings nur 5 Prozent deines Inneren, also die bewusste Ebene, an. Die anderen 95 Prozent, die im Körper und Unterbewusstsein abgespeichert sind und den entscheidenden Effekt haben, werden nicht berücksichtigt.

* Symptome zu verändern, bringt schlicht und einfach nichts, da stets die Ursache aufgelöst werden darf.
* Zwischen Erkennen und verkörpertem Erleben besteht eine massive Lücke. Denn das Erkennen einer Herausforderung oder Ursache verändert diese nicht. Es ist ein erster Schritt, jedoch müssen stets die neue veränderte Erkenntnis und der Zielzustand verkörpert werden, da der Körper immer sieben- bis zehnmal intensiver an den Kopf sendet als andersherum. Ein Beispiel: Wenn du Beziehung als Gefängnis erlebst, weil deine Eltern eine schwierige Beziehung hatten, und du einen potenziellen Partner kennenlernst, dann wird dein Körper einen Rückzieher machen, bis du dich entfernen musst, auch wenn der Kopf sagt, du sollest dich auf die Beziehung einlassen.
* Die Beziehungsebene ist eine der ausschlaggebendsten Rahmenbedingungen dafür, ob Veränderung in dir stattfinden kann. Daher sind das persönliche »Du«, das Erreichbarsein und Dasein im Alltag unermesslich, um ein Milieu der Sicherheit beim Patienten/Klienten, also bei dir, herzustellen, was dann Veränderung zulässt. So etwas ist bei der distanzierten Psychotherapie überhaupt nicht vorgesehen.
* Eine Veränderung erfordert Individualität. Doch einem Menschen eine Diagnose zuzuteilen und nach einem Manual zu behandeln, ist so etwas von nicht individuell, dass die Therapie gar nicht gelingen kann.
* 95 Prozent der Veränderungen entscheiden sich im Alltag. Das heißt, es ist sehr wichtig, dass du im Alltag begleitet wirst und dein Coach/Therapeut/Wegbegleiter für dich erreichbar ist. Ebenso sinnvoll ist eine Onlinebegleitung, weil du die Veränderung dann nicht an deinen Wegbegleiter oder dessen Räumlichkeiten knüpfst, sondern an dich, deinen Alltag und deinen Körper.

* Dein Wegbegleiter muss selbst die Themen und Herausforderungen durchlaufen haben. Es genügt nicht, nur studiert oder eine Ausbildung absolviert zu haben. Die Selbsterfahrung bildet die Basis dafür, dich in der Tiefe zu begleiten. Viele Therapeuten und Coaches therapieren in den Sitzungen nur sich und nicht dich, da sie aufgrund mangelnder innerer Entwicklung und Selbsterfahrung sich nicht zurücknehmen können, um dir Raum zu geben.
* Das autonome Nervensystem muss auf Sicherheit gepolt sein. Das heißt, du brauchst gar nicht mit einer Veränderung starten, wenn du in Angst und Überforderung, also ganz biologisch im Überlebensmodus, bist. Daher ist die Basis meiner Arbeit mit der »Traumaorientierten Körperzentrierten Hypnose«, dass ich dir zunächst helfe und beibringe, dich selbst zu regulieren und dich in einen grünen Sicherheitsbereich deines Nervensystems zu bringen. Und dann lassen sich Veränderungen erzeugen. 95 Prozent der Herausforderungen lösen sich aber bereits von selbst auf, da du mit deinem Körper und nicht gegen deinen Körper arbeitest und dieser, wenn er sich in Sicherheit befindet, ganz natürlich zu heilen beginnt.
* Die meisten Coachings und Therapien stellen Co-Abhängigkeiten her, da sie dir nicht helfen, dass du selbstwirksam aus dir herauswächst, sondern der Hebel stets bei deinem Begleiter liegt. Somit brauchst du diesen auch jeweils für eine weitere Veränderung.
* Veränderung und Heilung finden stets im Körper statt und nicht im Kopf. So sagte Einstein bereits: »Probleme kann man niemals mit derselben Denkweise lösen, durch die sie entstanden sind.« Die meisten Herausforderungen entstehen im Kopf und müssen im Körper gelöst werden. Der Dreh- und Angelpunkt von Veränderung ist stets das Nervensystem und der Körper – nie der Kopf!

An diese Punkte knüpft die Begleitung mit der »Traumaorientierten Körperzentrierten Hypnose« an. Denn diese beachtet und beinhaltet alle diese Knackpunkte, sodass ein Effekt und eine Veränderung in wenigen Wochen möglich sind. Der Fokus liegt hier zunächst auf Trauma und darauf, Sicherheit in deinem Nervensystem herzustellen – das heißt, dass du dich ganz körperlich sicher fühlst und dadurch 95 Prozent deiner Herausforderungen von selbst verschwinden. Ebenso lernst du ganz konkret und selbst, dich zu regulieren, und kannst das immer unabhängig von mir oder meinem Team selbst herstellen. Außerdem gehen wir die 95 Prozent des Unterbewussten an. Überforderung, Ängste und innere Unruhe hängen zu 99,9 Prozent wie erwähnt mit Geburts-, Entwicklungs- und Bindungstraumata zusammen, die pränatal im Mutterleib, während der Geburt oder in den ersten drei Lebensjahren entstehen und sich in deinem Körper ablegen. Du hast bewusst durch dein Gehirn und Erinnerungen keinen Zugriff darauf, allerdings vergisst dein Körper nie. Deshalb gilt hier: Körper über Kopf ist der Weg! Ich bin immer für sehr alltagstaugliche Lösungen und daher sind meine Begleitungen stets in den Alltag integrierbar und online. Für manche ist das generell wunderbar, während andere sich fragen, ob das nicht »schlechter« sei, weil sie nur die herkömmlichen Vor-Ort-Begleitungen kennen. Aber genau das Gegenteil ist der Fall. Vor einigen Jahren veröffentlichte »Der Spiegel« einen Artikel, der beschrieb, dass sich Angstpatienten vor allem in den Räumlichkeiten ihres Therapeuten und bei ihrem Therapeuten sicher fühlen – aber nicht mit sich, in ihrer eigenen Haut, in ihrem Alltag und den eigenen vier Wänden. Doch hier entstehen Co-Abhängigkeiten und ein innerer Konflikt, weil das Körpergedächtnis immer Veränderungen an Personen und Orte knüpft. Daher ist die Begleitung online in deinem Alltag optimal, sodass dein Körper die Veränderungen an dich, deine eigenen Räumlichkeiten und deinen Alltag knüpft und diese so zu deiner neuen verkörperten Wirklichkeit werden. Meine Klienten sagen am Ende der Begleitung stets zu mir: »Ich brauche dich jetzt nicht mehr.« Der beste Satz, der kommen kann!

Außerdem pflege ich, wie auch hier im Buch, in den Begleitungen das persönliche »Du«. Für mich ist es eine Qual, jemanden zu siezen, da es doch das Natürlichste ist, so in Verbindung zu gehen und die Beziehungsebene zu stärken. Mit »Sie« halten wir Menschen uns künstlich auf Distanz und speziell bei einem persönlichen Begleitungsprozess ist das absolut kontraproduktiv. Denn dann öffnet sich das innere System nicht und Vertrauen kann kaum entstehen. Immer bleibt eine Distanz erhalten. Alle Menschen, die ich begleite, würde ich privat auch auf einen Kaffee treffen – das ist auch die Basis dafür, ob ich einen Menschen begleite.

Mein Team und ich stellen Selbsterfahrung an erste Stelle. Denn du musst Dinge erlebt haben, um anderen Menschen helfen zu können. Natürlich bin ich Psychologin, mag Wissen und die Wissenschaft. Doch lebe ich genauso, wie ich das meinen Klienten weitergebe – sehr authentisch. Denn dein Nervensystem lernt von meinem und kann daher auch von meinen Veränderungen völlig unterbewusst profitieren. Hier fühlst du dich auf tiefer Ebene verstanden und gesehen. Es ist nämlich so wichtig, dass dein Gegenüber sich zurückstellen und sich dir widmen kann. Einem bedürftigen Coach oder Therapeuten ist das nicht möglich, da die eigenen Bedürfnisse noch nicht ausreichend genährt wurden. Somit leidet natürlich auch deine Veränderung, wenn du dich von einem solchen begleiten lässt.

Doch ich habe mit der Begleitung mit der »Traumaorientierten Körperzentrierten Hypnose« all die oben genannten Knackpunkte ausgehebelt, sodass mein Team und ich Menschen wieder in ein gutes Fühlen und heraus aus dem Kopf begleiten können. Mittlerweile haben wir Tausende Menschen begleitet und sind an weiteren Möglichkeiten und Methoden der Unterstützung dran, um dir deinen Weg bestmöglich gestalten zu können. Das ist unsere Mission und das ist meine innere Leidenschaft, für die ich jeden Tag antrete und wofür ich sehr dankbar bin. Deshalb geht auch ein großer Dank an dich, dass du dich mit diesen Themen beschäftigst und dieses Buch hier liest und somit ein paar Extrameilen gehst. Ich sage dir: Es wird sich in jedem Sinne auszahlen!

Erlebe ganz körperlich innere Ruhe, Angstfreiheit und Sicherheit!

Ich habe mir lange und gut überlegt, wie ich dich neben dem Verstehen und Erkennen in diesem Buch auch praktisch begleiten kann. Und ich empfinde die Praxis, wie du vielleicht schon herausgelesen hast, als unerlässlich für deine Veränderung. Deswegen möchte ich dir natürlich auch Praxis ermöglichen – und zwar mit meinem begleitenden Onlinekurs, dazu gleich mehr. Mir ist es nämlich zudem besonders wichtig, dir eine Botschaft von Herz zu Herz mitzugeben: Es ist mein innerer Wunsch, diesen Inhalt und die Wichtigkeit von Trauma und Körper möglichst vielen Menschen auf dieser Erde zu vermitteln. Daher ist es mir auch ein großes Anliegen, dass dieses Buch und seine Anleitungen und Botschaft möglichst viele Menschen erreichen. Und genau an diesem Punkt bitte ich dich um Mithilfe und Unterstützung. Denn gemeinsam können wir groß und stark sein und aus der Ellenbogengesellschaft aussteigen, die überhaupt nicht mehr der kommenden neuen Zeit entspricht. Ein Buch gerät dann mehr in Umlauf, wenn es empfohlen wird und vor allem viele Bewertungen erhält. Deshalb habe ich mir folgenden wunderbaren gegenseitigen Energieausgleich überlegt, mit dem ich dich und du mich unterstützen kannst.

Eigens für dich habe ich einen umfassenden Onlinekurs mit vielen weiteren Informationen und vor allem der praktischen Umsetzung entwickelt. Das ist ein Riesengeschenk und Tool, das ich dir gern kostenfrei zur Verfügung stellen möchte. Ich würde mich gleichzeitig sehr freuen, wenn du mir auf Amazon, Weltbild oder einem anderen Portal eine Bewertung hinterlässt und mich so unterstützt, dieses Buch zu verbreiten. Denn nur durch viele Bewertungen wird es auch für andere Menschen sichtbar. Und es muss für andere Menschen sichtbar werden, damit sich auch bei ihnen und auf dieser Welt etwas ändern kann. Ich bedanke mich nun schon sehr von Herzen und schicke einen Herzensgruß von mir zu dir!

Hier im Buch findest du QR-Codes für die praktischen Übungen mit der »Traumaorientierten Körperzentrierten Hypnose«, die du ganz leicht in deinem Alltag absolvieren kannst.

Du kannst dich natürlich auch auf anderen Wegen begleiten lassen und deshalb gebe ich dir im Folgenden alle Kontaktmöglichkeiten und weiterführenden Möglichkeiten deiner persönlichen Entwicklung an:

- Alle Informationen gesammelt findest du unter: **www.jennifersubke.de**
- Werde Teil des Online-Raumes WOLKENWEICH, der dich über mehrere Wochen per App gemeinsam mit anderen Menschen in deinem Alltag begleitet: **www.jennifersubke.de/wolkenweich**
- Du kannst dich von mir oder einer Mitarbeiterin auch ganz persönlich begleiten lassen unter: **www.jennifersubke.de**

- Schau bei einem Retreat vorbei und spüre die Veränderung gemeinsam mit anderen Menschen: **www.jennifersubke.de/retreat-seminar**
- Lausche mir gerne und lass dich durch »Moment mal! Dein Psychologiepodcast für innere Ruhe & Kraft!« mit wöchentlich neuen Folgen inspirieren: **www.jennifersubke.de/podcast-uebersicht**
- Folge mir gerne auf diesen Sozialmedien, um dich auch so unterstützen zu lassen:

  Facebook: **psychologin.jennifersubke.de/facebook**

  Instagram: jennifer.subke.official oder **instagram.com/jennifer.subke**

  YouTube: Psychologin Jennifer Subke oder **psychologin.jennifersubke.de/youtube**
- Trage Dich gerne für die innere Ruhe und Kraft Impulse per E-Mail ein: **www.jennifersubke.de/ruhe-impuls**
- Bei Fragen und Anregungen zum Buch erreichst du mich unter **buch@jennifersubke.de**.
- Bei allgemeinen Anfragen unter **kontakt@jennifersubke.de**.

Quellen und weiterführende Literatur

Bander, Ratziel: Hsin Tao: Der sanfteste Weg zu Gesundheit und langem Leben. Lotos Verlag, 2004.

Cantieni, Benita: Tigerfeeling: Das perfekte Beckenbodentraining für sie und ihn. Südwest Verlag, 2012.

Charf, Dami: Auch alte Wunden können heilen: Wie Verletzungen aus der Kindheit unser Leben bestimmen und wir dennoch Frieden in uns selbst finden können. Kösel Verlag, 2018.

Charf, Dami: Die 3 Quellen echten Lebensglücks: Was wirklich wichtig ist für ein erfülltes Leben. Gräfe und Unzer Verlag, 2020.

Dittrich-Opitz, Christian und Salvesen, Christian: Normopathie – das drängendste Problem unserer Zeit: Selber denken – kritisch bleiben. Kamphausen Media, 2021.

Gendlin, Eugene T.: Focusing: Selbsthilfe bei der Lösung persönlicher Probleme. Rowohlt Taschenbuch Verlag, 1998.

Heller, Laurence und LaPierre, Aline: Entwicklungstrauma heilen: Alte Überlebensstrategien lösen. Kösel Verlag, 2013.

Hintringer, Sandra: Der Vagusnerv – unser innerer Therapeut. Irisiana Verlag, 2021.

Konrad, Sandra: Das bleibt in der Familie: Von Liebe, Loyalität und uralten Lasten. Piper Verlag, 2014.

Levine, Peter A.: Sprache ohne Worte: Wie unser Körper Trauma verarbeitet und uns in die innere Balance zurückführt. Kösel Verlag, 2011.

Lindau, Veit: Genesis: Die Befreiung der Geschlechter. Gräfe und Unzer Edition, 2021.

Porges, Stephen W.: Die Polyvagal-Theorie und die Suche nach Sicherheit: Traumabehandlung, soziales Engagement und Bindung. G. P. Probst Verlag, 2023.

Richardson, Diana: Zeit für Liebe. Innenwelt Verlag, 2013.
St. Just, Anngwyn: Soziales Trauma: Balance finden in einer unsicheren Welt. Kösel Verlag, 2005.
van der Kolk, Bessel: Verkörperter Schrecken: Traumaspuren in Gehirn, Geist und Körper und wie man sie heilen kann. G. P. Probst Verlag, 2024.
von Aderkas, Friederike: Wutkraft: Energie gewinnen. Beziehungen beleben. Grenzen setzen. Beltz Verlag, 2021.
Wilber, Ken: Mut und Gnade: Die Geschichte einer großen Liebe – das Leben und Sterben der Treya Wilber. Fischer Taschenbuch Verlag, 2009.